巷子口
行為經濟學

鍾文榮——著

破解決策背後的行為祕密與思維陷阱

五南圖書出版公司 印行

Behavioral Economics

推薦序

在決策偏誤中一瞥智慧曙光

巷口的人們，不時議論著街坊鄰居的糗事，例如：明知道不該加購，卻仍在結帳時失手？股票跌無可跌時，卻仍捨不得賣？但故事的主人翁，也不乏精明幹練、理性思考之人。**這些看似不理性的決策行為，其實隱藏著行為經濟學的奧祕。**《巷子口行為經濟學》讓我們從熟悉的日常情境中，重新審視習以為常的決策模式，探究其背後的影響因素，並彙整出偏誤的小解方。

經濟人一向自詡為「理性行為分析者」，這正源於傳統經濟學中「理性」決策者的假設。但即便人們深知偏離「理性」的決策可能帶來潛在的損失，現實中卻仍常常受到各種心理偏誤的影響。行為經濟學正是在傳統經濟學預測的基礎上，修正並貼近真實行為，並幫助我們做出更明智的決策。

本書最大的特色，在於作者以**簡潔易懂的文字，搭配貼近生活的情境，將行為經濟學理論轉化為你我都能感同身受的經驗。**例如：社群媒體上流行的「信封袋記帳法」如何體現「心理帳戶」的概念（第 52 頁）；政府發放「振興三倍券」又如何因「自掏腰包」的設計而扭曲了民眾的「心理帳戶」效果（第 56 頁）。書中更指出，在面對琳瑯滿目的商品和促銷活動前，我們如何因「懶得想太多」的有限理性而做出「差不多就好」

的決定（第 4 頁）。這些信手拈來的例子，宛如發生在身邊的故事，讓人在會心一笑之餘，也恍然發現過去許多「不小心」的決定，原來都有跡可循。

書中也**介紹了許多有趣且引人深思的行為經濟學概念**。例如：「限時特價製造出『錯過就沒有了』的緊迫感」，說明我們因「怕輸」下所產生「損失規避」心理，進而引發搶購（第 166 頁）。在親子教養中，父母或因不經意戴上「只看到想看的」有色眼鏡而「確證偏誤」，忽略了孩子的真實需求（第 104 頁）。「決策疲勞」則解釋了為何經歷長時間的會議或是在選擇過多的購物網站上瀏覽後，我們會感到疲憊，從而做出不理想的決定（第 203 頁）。針對這些偏誤，本書也在每章節**貼心地附上解決方法或注意事項**。不僅讓人看清現實，也提供了**更佳的選擇處方**。

《巷子口行為經濟學》，是一本**輕鬆有趣、實用性高的行為經濟學入門書**。它平易近人，如同與好友在巷口、樹下、街坊或飯桌上談笑風生，將艱澀的行為經濟學理論，轉化成引人入勝的生活小品。相信你也會和大多數人一樣，在翻閱本書時獲得意想不到的啟發，而在日常的決策偏誤中一瞥智慧的曙光。

林常青

2025 年 4 月 2 日

時任 成大經濟系教授兼系主任、台灣經濟學會理事長

自 序

　　各位街坊鄰居、鄉親父老，你們知道嗎？我們每天在巷子口發生的那些雞毛蒜皮小事，像是買菜、殺價、逛街購物和喝咖啡等日常生活，其實都跟經濟學有關！不信？讓我娓娓道來。

　　想當年，當我寫第二本書《巷子口經濟學》的時候，那可真是吃了不少閉門羹！投稿後屢屢被退稿，在我的想像中，大概是出版社的編輯一看到我的稿子就皺眉頭：「這哪是經濟學？連個數學公式和經濟模型都沒有！」害我差點想把稿子丟到資源回收桶，從此打消當作家的念頭！還好作家夢沒有從此打住，後來美國出了本《蘋果橘子經濟學》，用一些有趣的例子來解釋經濟學，方才讓大家發現，原來經濟學也可以這麼貼近我們的生活！當年這本書，就像在我心中點起了一把火，讓我重拾寫作信心，立志要用最簡單的方式，和大家分享我發現的生活中經濟學的奧祕！

　　近二十年來，我陸續寫了《巷子口經濟學》、《搞笑經濟學》、《拜拜經濟學》等書，就是想讓大家知道，經濟學不是只有那些學者、專家才懂的玩意兒，我們一般人更應該一窺經濟學的堂奧，因它原本就和我們的生活息息相關，就在我們的生活周遭，不在學院的高牆與象牙塔之內！

　　然而，我發現傳統的經濟學似乎把人想得太厲害了！每

個人都像電腦一樣，做什麼事都超級理性，一點都不會犯錯。這讓我想起小時候我常看《星際爭霸戰》（Star Trek）中的史巴克（Spock），一位瓦肯星人與地球人的混血兒，個性冷靜、喜歡邏輯分析，積極控制自己的情緒，認為情緒無助於判斷，史巴克的人格特質，大概是趨近於經濟學中的「經濟人」（Homo economicus）。

　　如果，我把史巴克的人格特質進一步分析，我發現一件有趣的事，正因為史巴克是人類與瓦肯星人混血，就這麼剛好讓經濟學「經濟人」與行為經濟學中人類行為偏誤的特性，在這個角色上交互出現。史巴克的理性與邏輯特質對應經濟學中的「經濟人」。經濟人假設人類行為始終理性且自利，追求利益最大化。史巴克壓抑情感，依靠邏輯和理性決策，符合這一假設。然而，史巴克的內心矛盾和情感掙扎則反映行為經濟學的觀點，他在情感與理性間的掙扎，展示了人類行為的複雜性和非理性的一面。但是，史巴克的忠誠與責任感則超越了經濟人的自利假設，顯示出人類行為中的道德和社會責任感，史巴克根本上符合亞當·斯密（Adam Smith）在《道德情操論》（*The Theory of Moral Sentiments*）中所提的「道德感」、「同理心」、「不偏不倚的旁觀者」（impartial spectator）[1] 概念。

---

[1] 亞當·斯密提出「不偏不倚的旁觀者」概念，是指個體在面臨道德抉擇時，能夠想像有一個客觀、公正且不帶個人利益偏好或情緒傾向的旁觀者在審視自身的行為。此概念有助於個人修正自身的道德判斷，使得行為能超越自我利益，轉向更廣泛的公共利益與善良目標。

事實上，我們又不是機器人也不是史巴克，我們哪有可能每次都理性的做出完美的決定？

　　讀者一定也會反問我，我也是個標準「經濟人」嗎？事實上，一點也不！我偶爾也會不太理性，就像我衣櫃裡的放了幾十年的西裝，我固定會放除溼劑，而且我很少有機會能夠穿出門，但我並沒有打算扔掉這些西裝。我還是會想像一下，當年我年輕時西裝筆挺的模樣，至少，我現在的身材還穿得下啊！

　　照道理，我那些早已不會穿的西裝（是不常穿，而不是穿不下），不是應該扔掉才對嗎？還依舊擺在衣櫃裡占空間，不理性啊！

　　所以，我決定要寫這本《巷子口行為經濟學》，跟大家分享一個更人性化的經濟學！這本書就要告訴你，我們的行為充滿了很多偏誤，而且我們不太理性，我們會衝動，我們還很容易被人所利用，我們根本不是經濟學所假定的那類「經濟人」。我之所以要告訴大家我們不理性的原因，不是要讓大家明白人性的缺點，而是要讓大家明白我們不是這麼理性，更應該要避免這些不理性的行為發生在生活當中。

　　還記得我在大學的時候，有次讀到「次佳理論」（theory of the second best）和「有限理性」（bounded rationality）這兩個概念時，這簡直是醍醐灌頂啊！原來，很多時候，我們根本找不到所謂的「完美解決方案」，我們充其量只能在有限的條件下，選擇一個「差不多就好」的答案。就這樣，各位會不

會以爲我們就是胡適筆下的「差不多先生」，「凡事只要差不多，就好了。何必太精明呢？」

「差不多先生」的行爲不是很負面嗎？行爲經濟學爲什麼要我們「差不多就好」？

事實上，這兩者是不一樣的概念。胡適的《差不多先生傳》描繪的「差不多先生」是一個對凡事不求精確、只求「差不多」即可的庸常人物，其「差不多」更多是源於一種懶散、隨遇而安，甚至對責任及後果較不在意的態度，是一種文化與個人性格塑造的行爲模式。相較之下，行爲經濟學的「有限理性」及「次佳理論」中所謂的「差不多就好」，則是指決策者面對資訊不完整、計算成本過高、時間受限時，理性地選擇不追求絕對最優解，而在條件限制下採取滿意解或次佳解以降低決策成本。換言之，胡適筆下的「差不多」是性格與文化惰性使然，側重心理傾向，然而行爲經濟學理論中的「差不多就好」則是理性有限下的策略妥協，以次佳方式求得務實解決方案。前者帶有嘲諷的文化意味，後者則是經濟理論下對人類決策行爲的分析。

你回憶一下，就像你去巷子口吃麵，你會先研究哪家麵攤的麵條最 Q 彈、湯頭最濃郁、價格最便宜嗎？不會嘛！你只要看到一家看起來順眼的，就走進去點一碗麵了，對吧？或者，你只是根據網路評價哪一家好吃就選定了，抑或是剛好路過，看見麵攤門口有人排隊就決定了。

這就是「有限理性」！我們的大腦，就像一臺老舊的電腦，處理資訊的能力有限，所以只能用一些簡單的方法來做決定，差不多就好！

行為經濟學，就像一面照妖鏡，把我們內心那些不理性的想法，照得一清二楚！你會發現，原來自己很容易被「錨定效應」（anchoring effect）影響，被「框架效應」（framing effect）牽著鼻子走，被不同的說法的「框架效應」搞得暈頭轉向；更糟糕的是，我們天生就害怕損失，常常為了避免損失，而錯失了賺錢的機會！

別擔心！這本書不單只是要讓你認清現實，更要教你如何克服這些人性弱點，做出更明智的決定！我會用最簡單的語言、最生活化的例子，帶你認識各種有趣的行為經濟學理論，讓你知道我們的行為中到底有哪些不理性的偏誤，並且學會如何控制自己的衝動、克服選擇障礙，以及讓自己在各種誘惑中保持清醒。

我希望，這本書能成為你的好朋友，陪伴你走過人生的每個階段，幫助你在各種大小事情上做出更好的選擇。讓我們一起探索行為經濟學的奧祕，用更聰明、更快樂的方式，享受精彩的人生吧！

鍾文榮

2024 年 12 月 31 日

目　錄 *Contents*

腦袋裡的戰爭，當傳統經濟學碰上行為經濟學

各位朋友，你們有沒有想過一件事，爲什麼我們常常在做決定時，偶爾會感到左右爲難，甚至會做出一些讓人後悔的選擇呢？

上面這個問題有無困擾著各位？而這些困擾，到底是如何產生的？

沒錯，就是行爲經濟學要探討的問題！

讓我帶你們回到我的大學時代。我讀的是經濟學系，經濟學原理第一堂課，在我尚未搞懂所謂的「供給」與「需求」時，翻開那本厚厚的經濟學原理課本，首先映入眼簾的便是「稀缺」（scarcity）這個概念。

「稀缺」不就是數量很少的意思嗎？有什麼好研究的？

我讀的是 Michael Parkin 寫的《經濟學原理》（當年是 1994 年第 2 版，目前是 2023 年第 14 版），雖然大學時期沒好好把每本教科書都好好讀過一遍，我更相信沒有多少學生會一輩子保有他在大學時讀過的任何一本書。然而，基於「稟賦效應」（endowment effect）與情感（當年買原文書花的錢是辛苦打工換來的），這本書依舊還在我的書架上（事實上大學時每一本教科書都還安在）。

我在書上讀到的第一個特定單字是「稀缺」。

我不清楚 Michael Parkin 爲何在他寫的教科書上一開頭就講「稀缺」的用意，但似乎就是，因爲「稀缺」，我們就要有所選擇才對，不是嗎？他提到：「所有的經濟問題，都源自於

一個不可避免的事實：你不可能總是得到你所想要的。」然後，他在文章下面附上一則Modell在1985年刊載在《紐約客》雜誌（*The New Yorker*）上的一則單幅漫畫，一隻鳥王在講臺上對著臺下的眾鳥們宣稱：「不僅我想要一塊餅乾，我們都想要一塊餅乾！」（Not only do I want a cracker — we all want a cracker!）好吧，我相信餅乾只有一塊，但會是哪一隻鳥會先吃到呢？

「稀缺」，顧名思義，就是指資源的有限性。由於資源有限，但我們的欲望卻是無窮的，因此我們必須做出選擇。這就像是我家巷子口那家熱門的雞排攤，每天下午總是排滿了人潮，晚來的人只能望著空空的攤位興嘆，因為雞排攤的雞排不會無限量供應啊！

至於，經濟理論是如何創造出來的？

Michael Parkin在第一章畫了一個流程圖，首先，必須有「模型」（model），這些「模型」是基於「假設」（assumption）再推論其影響（implication）程度。根據「模型」再形成「理論」（theory），而「理論」是依據實際現況進行預測，再依據實際的結果回頭修正「模型」。照理，如果經濟理論是根據事實而來，為何到最後會如行為經濟學家所言，出了偏差，走了味呢？難不成沒了事實根據？

如果，我們用理性建立了經濟模型，但實際上，人類根本不理性，那麼，這些已存在的經濟模型，是不是受到了極大的

挑戰？

　　還好，當年我在大學時行爲經濟學並不是一門顯學，教授們也不教，不然，我覺得學生會錯亂——爲什麼我們學的理論，彼此會矛盾打架啊？

　　經濟學作爲探究人類在有限資源下如何做出選擇的學科，長期以來就是建立在一系列關於人類行爲是理性的假設之上。傳統經濟學乃根植於理性人假設，然而，隨著心理學、神經學等學科的發展，以及對現實世界中人類行爲的深入觀察，學者們逐漸發現，傳統經濟學的假設常常與實際情況存在很大的差距。這種認識促進了行爲經濟學的興起，它巧妙地結合了經濟學、心理學和其他社會科學的洞見，致力於更準確地描述和預測人類的經濟行爲。

　　傳統經濟學假設人們在做選擇時，都是理性的「經濟人」。「經濟人」會仔細計算每個選項的成本和收益，然後做出最符合自身利益的決定，就像在雞排攤前，精明的「經濟人」會根據自己的預算、口味和時間成本，選擇最划算的雞排套餐。

　　然而，行爲經濟學告訴我們，我們的大腦就像巷子口那家老舊的雜貨店，空間有限，只能擺放一些常用的商品。所以，每當我們做決定時，事實上也只能根據有限的資訊和經驗，做出一個「差不多就好」的選擇，而不是追求完美的最佳解。於是乎，我們只會選了一塊「差不多就好」的雞排。

真的是這樣嗎？老實說，我明知道去麥當勞根本不應該點套餐，我只偏好點「大麥克」（Big Mac），這絕對不是因為「大麥克指數」（Big Mac index）的影響，但行為上我卻常常點「1 號餐」（就是「大麥克」套餐）。然而，我很想搞清楚一件事，那就是為什麼麥當勞的「1 號餐」[1] 就是「大麥克」？這一定有理由的！

其實，麥當勞的漢堡餐仍有其他選項，甚至還有新的口味，但是，我每次點餐時，就好像只默認「1 號餐」才是我的選項，這一點也不理性，不是嗎？

普羅大眾對於經濟學系的看法

有一位高中生在 Threads 上問我：「大學選擇進經濟學系，對於操作股票賺錢這件事，會不會有幫助？」這真是普羅大眾對於經濟學系的共同疑問，問題是，經濟學系壓根也不教投資理財。如果，經濟學系的教授們個個都是理財高手，我相信他們也不會在大學教書了，除非他們不夠理性！

同樣的，經濟學系的畢業生好像很會投資理財玩股票，

---

[1] 我查閱了麥當勞官方網站對於「大麥克」的介紹，麥當勞的識別系統，除了「金色拱門」之外，首先想到的很可能就是「大麥克」——於 1967 年由來自美國賓夕法尼亞州的麥當勞加盟商首次推出。這應該是「大麥克」成為「1 號餐」的理由，也因為「大麥克」全世界都有，所以《經濟學人雜誌》才刻意編制了「大麥克指數」。

這個問題很多朋友也會問我，事實上，我有很多系友的確是箇中高手，但不是每個系友都是。有一次，我到一家軟體公司上班，報到第一天董事長和總經理特地找我進去面談，就因為我是公司唯一經濟學系畢業的同仁，就以為我是股市高手。他們拋出一個問題：「你知道明天哪一檔股票會漲嗎？」我答：「給我 30 秒，我告訴大家答案！」

就在第 29 秒的時候我說了：「要是我知道明天哪一檔股票會漲，我還會來這裡上班嗎？」這是大家對經濟學最大的誤解，以為經濟學是拿來玩股票，搞投資理財的工具！

傳統經濟學談論的是理性，認為只有理性才能邏輯地分析並解決經濟問題。在這種觀點下，情感被視為理性的絆腳石。因此，理想中的「經濟人」不應受到情感的羈絆，其偏好與決策應該是穩定的，這種觀念甚至影響到了大眾對經濟學系學生的看法。

在我大學求學時期，其他系同學常常將我們這群經濟學系的學生視為「理性」、「精打細算」、「貪小便宜」、「錙銖必較」、「玩股票投資」與「摳門」的綜合體，這種對「經濟人」的誤解，可以說是源自傳統經濟學的理論假設所產生的刻板印象。

實際上，我們在大學時所受的教育，真的就是我們要追求理性。

我記得大一首次全系聚餐時，我們選定了吃到飽的西式自

助餐。班代表用導師費統一付了錢，一群追求消費理性的經濟學系師生（超過 120 位），忘卻了邊際成本（班代已經先付了錢），統一從邊際效用最高的肉食區開始獵食。大家可以想像一下，當時的畫面有如蝗蟲過境。當每一隻蝗蟲都充滿了理性的消費智慧時，餐檯上只要我們經過的地方，幾近是空的，這場景有多可怕？

聚餐前的上午才剛剛上完經濟學原理，馬上就忘記 Michael Parkin 在書中講的「稀缺」！在餐廳裡，因爲吃到飽，眾師生們壓根也感受不到什麼是「稀缺」。因爲服務生會盡責的把餐點補好補滿，我們可是集眾師生之力，充分感受不到何謂「稀缺」啊！但別的消費者可就不是這般想，他們充分感受到餐點的「稀缺」，爲何在經濟學系師生聚餐的時候，餐檯上的餐點，總是空空如也？

那時候，大一新生的經濟學原理，根本還沒有教到何謂「外部性」，經濟學系師生的蝗蟲消費習性，當然是對餐廳其他消費者造成了用餐的「外部性」。但我們壓根不知，自顧自的享受邊際成本爲零的自助美食。

在此，我要說的是，我們在學校學的是一套，怎麼到實際生活現場時，實際行爲表現的又是另外一套？在吃到飽餐廳，我們不是應該「適可而止」，追求「效用極大」，用餐時讓邊際效用等於邊際成本時就應該放手才對，怎會吃到如《莊子・馬蹄》所提到的「鼓腹而遊」——眾師生拍拍肚子，滿意的回

學校？這一點也不理性，不是嗎？

經濟學的核心假設：理性經濟人

在深入探討行為經濟學之前，我們有必要先了解傳統經濟學與行為經濟學之間的區別和關聯。這不僅能夠幫助我們更好地理解行為經濟學的理論和應用，還能讓我們以更全面的視角看待經濟學這門學科。

傳統經濟學的核心假設之一是「經濟人」，根據這一假設，經濟主體（無論是個人還是企業）都被視為是完全理性的，他們能夠做出最大化自身利益的決策。這意味著經濟主體擁有完全的資訊，能夠正確處理所有相關資訊，具有穩定且一致的偏好，行為上總是追求自身效用的最大化。

回到前面我講的聚餐的故事。一群號稱理性的經濟蝗蟲，因為剛剛學完邊際效用等於邊際成本時總效用最大的理論，偏好具有一致性，追求效用最大。實在沒有更好的案例可以說明，哪一門學科可以在極短時間內，將一群大學生塑造成偏好一致的理性「經濟人」？當然只有經濟學有此能耐！

「經濟人」它描述了一個完全理性、自利且具有無限資訊處理能力的個體。這個假設為經濟學家們構建複雜的經濟模型提供了強大的基礎，使得對經濟現象的分析和預測成為可能。現在想起來，當年全系師生在聚餐時，真的每個人的邊際效用都是一致的嗎？事後諸葛，如果當年我開始懷疑理論，我真的

會懷疑，我可能會走不出經濟學系這個大門……。

在「經濟人」的假設下，每一個體都被視為一個精明的計算機器，這讓我想到，「經濟人」真的像是 AI 機器人（或者像史巴克）。他們能夠在每次決策時，權衡所有可能的選擇，並且精確計算每個選擇背後的成本和收益，然後選擇能夠最大化自身利益的方案。這種行為模式被認為是穩定且可預測的，當然不會受到情感、習慣或社會影響等外在因素的干擾。

但我們都知道，理論上的「經濟人」在現實生活中是不存在的。

大家可以試著想一件事，你的每次大小決策，真的是用盡心機，窮其一切計算出得失與損益嗎？我們要知道，資源是有限的，當然，時間也是有限的，除非你的腦袋裡放著高階圖形處理器（GPU）與 AI 系統，但是，這豈不和機器人無異？

經濟學家所創造出來的「經濟人」具有幾個關鍵特徵：首先，他們是完全理性的，能夠在任何情況下做出最優決策；其次，他們擁有完全資訊，知道所有可能影響決策的因素；再者，他們的偏好是穩定且一致的，不會因環境或表述方式的改變而改變；最後，他們追求自身利益的最大化，這通常被解釋為效用或利潤的最大化。

這個概念在經濟學中扮演著重要角色，它簡化了人類行為的複雜性，使得經濟學家能夠構建數學模型來分析和預測市場行為，例如：在供需理論中，「經濟人」假設幫助我們理解價

格如何在市場中達到均衡；在賽局理論中，它幫助我們分析策略互動和均衡結果。

行文至此，各位應該大致清楚知道一件事，所謂的「經濟人」基本上是一種假定，如果沒有這種假定，很多事情我們很難找到標準且一致的答案。所以，經濟學家最被人詬病的舉止，就是一句放諸四海皆準的話──「假定其他條件不變」（Ceteris paribus, all other things being equal.），但我們都知道，其他條件常常在變，不是嗎？

當然，「經濟人」的假設也面臨著諸多批評。

批評者指出，現實中的人類行為遠比經濟人模型所描述的複雜，人們常常受到情感、社會規範、認知偏差等因素的影響，做出看似非理性的決策，例如：人們可能因為慣性而不轉換更便宜的電話費率，因為「損失規避」（loss aversion）而不願意賣出虧損的股票，或者轉換電話門號費率。

回到前述我在 Michael Parkin 書中看到的理論流程圖，理論與模型不是透過事實的觀察與驗證而來的嗎？怎麼會走味了呢？

儘管如此，「經濟人」假設仍然在經濟學中占有重要地位，它提供了一個有用的基準點，讓我們能夠理解，在理想情況下的經濟系統的運作狀況。同時，透過比較現實與理想模型之間的差距，我們可以更好地理解影響人類經濟行為的各種因素，所以，「經濟人」當然還是有存在的必要。

認知有限的「有限理性」

　　相較之下，行為經濟學認為人類的理性是有限的。赫伯特‧西蒙（Herbert Simon）提出的「有限理性」（bounded rationality）概念指出，人類的認知能力是有限的，處理資訊的時間和精力也是有限的。因此，人類的決策常常基於簡化的思維模型和啟發式方法，並可能受到情緒、社會規範等因素的影響。

　　我舉個大家所熟知的例子。2024 年 7 月 24 日強烈颱風凱米（Gaemi）登陸臺灣本島，各縣市政府宣布連兩天停止上班上課，消息一出，百貨公司、電影院和 KTV 到處都是人潮。颱風天，大家好像都在慶祝連放兩天假？但法令可不是這麼規定的喔！

　　根據「天然災害發生事業單位勞工出勤管理及工資給付要點」規定：「颱風發生時，如工作地、居住地或上班必經途中任一轄區首長已通告各機關停止上班時，勞工可不出勤。未出勤的勞工，雇主不宜扣發工資，亦不得視為曠工、遲到或強迫勞工以事假或其他假別處理，且不得強迫勞工補行工作、扣發全勤獎金、解僱或為其他不利之處分。」中文字的奧妙就在法令當中，所謂的「不宜」白話講就是「不適合」，「不得」就是「不可以」，這「宜」和「得」二字，相當灰色，所以按法令解釋，颱風天不上班，雇主不給工資並未違法喔，這樣一來，大家在慶祝颱風假做什麼？颱風天不上班，白白損失

兩天工資，依據行為經濟學的「損失規避」，我們不是應該喊「痛」才對，怎麼會樂到四處慶祝？除非我們根本不知道法律上不存在颱風假，颱風天不用上班，對大多數上班族而言就是無薪假啊！

另外一件事，在臺灣，民生物資照理講應該是不虞匱乏才對，但我們見到新聞報導颱風消息一出現，大家都忙著採購物資，菜價應聲上漲。當凱米颱風尚未登陸，新聞標題出現「民眾防颱搶物資，香菜每斤 140 元變 380 元」，我開始懷疑，香菜何時變成是民生必須物資，而且到「非吃不可」的程度？同時，新聞馬上帶到超市，泡麵被「橫掃一空」的畫面，為什麼颱風一來，大家就要衝出去掃貨買泡麵呢？

這個新聞很有趣，但未見有專家學者深入探討過。湊巧，颱風當天在 Threads 上有大學的行銷學教授丟出這個問題，如果以行為經濟學討論消費者行為的話，基本上我會這麼回答：

1. 風險規避（risk aversion）：面對潛在的災害威脅，人們傾向於過度準備以降低風險。泡麵作為一種方便、易貯存的食品，成為人們應對不確定性的選擇。

2. 從眾效應（bandwagon effect）：當人們看到他人搶購泡麵時會產生跟風心理，擔心自己萬一不買會買不到，這種行為會在社會中迅速蔓延。

3. 可得性捷思（availability heuristic）：媒體報導和過往經驗使人們對颱風導致斷水斷電、無法外出採購的情況記憶深

刻，因此高估了這種情況發生的機率。

4. 損失規避（loss aversion）：人們更害怕失去現有的東西（食物供應），而不是獲得新的東西，這促使他們選擇囤積食物。

5. 控制感（sense of control）：在面對不可控的自然災害時，囤積食物給人一種掌控局面的錯覺，能夠減輕焦慮感，增加安全感。

6. 便利性考慮（convenience considerations）：泡麵確實是在斷水斷電情況下方便食用的選擇，有其實用性。

由此可見，我們的消費行為充滿了很多偏誤，我們的確不理性，不是嗎？

「自利」與「自私」是有別的

傳統經濟學假定我們的行為是理性的，但事實上僅是「有限理性」，另外一方面，經濟學也假定我們的行為是「自利的」。在此，我必須澄清一件事，經濟學的「自利」（self-interest）與「自私」（selfish）是兩件事，切記不可以混為一談！

「自利」在經濟學中是一個核心概念，指的是個人或企業在做決策時會考慮自身的最大利益。「自利」概念有以下特點：

1. 理性選擇：假設個體會基於可用資訊做出理性的選擇，以最大化自身的效用或利潤為前提。

2. 不一定會損害他人利益：追求自利並不意味著必然要損害他人利益。

3. 可能導致社會效益：依據亞當·斯密在《國富論》提到的「看不見的手」，在某些情況下，個體追求自利可能會無意中促進社會整體福利。

4. 包含長期利益：自利考慮可能包括長期利益，如建立良好聲譽等。

但「自私」可不一樣，「自私」通常在日常用語中帶有負面含義，具有以下幾個特點：

1. 過度關注自我：不顧他人感受或利益。

2. 短視行為：往往只考慮短期利益。

3. 可能會損害他人利益：自私行為常常以犧牲他人利益為代價。

4. 社會不認可：自私通常被視為一種不道德或不受歡迎的行為。

如果要判斷何者是「自利」？何者是「自私」？一時之間恐怕不容易分辨，但我們可以從三個方面就可以分辨出來。第一，從道德判斷，「自利」是一個描述性概念，具有中立性，通常不帶道德評價，但「自私」通常帶有負面的道德評價；第二，從範圍分析，「自利」可能包括考慮長期利益和社會關係，但「自私」往往更加短視，具備狹隘性；第三，依據社會影響觀察，「自利」行為在某些情況下可能對社會有積極影

響，反之，「自私」行爲通常被認爲對社會有害。

　　這樣一來，大家就不會搞混「自利」與「自私」，而經濟學所假定的，理性「經濟人」是「自利」的喔！

　　傳統經濟學假設經濟主體主要關注的是自身的利益，但行爲經濟學的研究表明，人們的決策常常考慮到他人的福祉、公平性和互惠性，不見得只考慮自己的利益，例如：在「最後通牒賽局」（ultimatum game）[2] 實驗中，人們願意放棄部分利益來懲罰不公平的行爲。在「公共財賽局」（public goods game）[3] 中，許多參與者願意爲集體利益做出貢獻。在現實生

---

2 「最後通牒賽局」是研究人類公平觀念的經濟學實驗。規則很簡單：提議者獲得 100 元，需決定如何與另一位參與者（接受者）分配。接受者可以接受或拒絕這個提議。接受則依方案分錢，拒絕則雙方都拿不到錢。

按照經濟學理性原則，接受者應該接受任何金額，因爲總比沒錢好。但實驗發現，若分配太不公平（如 90/10），接受者寧可兩手空空也要拒絕。

這導致提議者通常會提出較公平的方案（如 50/50），以提高被接受機率。這說明人們在乎公平勝過利益，行爲模式不符合傳統經濟學的「理性人」假設。

3 「公共財賽局」研究人們如何面對公共資源的困境。遊戲規則是：每位參與者獲得 10 元初始金額，可自由決定投入多少到公共基金。公共基金會翻倍後平均分配給所有人，不論他們是否有投入。

舉例來說，4 人遊戲中若每人投入 5 元，公共基金共 20 元會翻倍變40 元，每人可分得 10 元。算上未投入的 5 元，每人最終得 15 元。但若有人選擇不投入，卻仍能分到公共基金收益，他的總收益反而最高。

活中，我們也經常看到人們進行慈善捐贈或參與志願服務。

我記得當年在學校時討論到捐血的個案，捐血的行為明顯不利己，為什麼要去捐血呢？我記得當年教授是說捐血的供給與需求依舊是平衡的，只不過價格均衡點的位置是負值。至於為什麼價格均衡點是負值？課堂上教授沒有多做說明，學生也不敢舉手發問，所以損己利人也是自利的行為。事實上，幾年後我才知道，捐血的行為並沒有損己，所以利得也不是負值，只是某些效益只是很難用價格來表示罷了。

我當學生時，固定三個月都會去捐血中心捐 500cc，捐血次數多到甚至還領過獎狀。基於捐血助人還可以利己的觀念，我可以免費知道自己的健康情況，甚至還可以加速身體的新陳代謝，我還依約記得當年如果有捐血資歷，親友有輸血需求時可以優先領用，如同「一人捐血，全家保障」[4]，根本上我認為

這就產生了典型的社會困境——個人最佳選擇是「搭便車」（不投入但享受收益），但若人人皆如此，公共基金將無法產生效益，大家都損失。研究發現，若有信任基礎或懲罰機制，人們更願意合作，且在重複遊戲中，參與者會根據他人的表現調整自己的策略。

4 民國 63 年捐血機構創立後，為了鼓勵捐血，即訂定了「捐血互助辦法」，民國 71 年 9 月修正辦法，更放寬了限制，凡捐過血液的個人及機關團體，在供血次數及數量上的限制取消，給予優先不限次數及數量的供應，僅在血荒期間，得視庫存血量酌為限量供應，以兼顧其他急需輸血的病患用血；且凡捐血者本人及其配偶、直系親屬及同胞兄弟姊妹急需用血時，得優先供應並可享受免收材料工本費或減半收費的優待，這項措施對於捐血人本身及親屬用血給予優待

捐血依舊對我有利，均衡價格照理說不應該為負值才對啊。

你該追求最大值嗎？

傳統經濟學認為，決策者會考慮所有可能的選項，精準的計算每個選項的成本和收益，然後選擇能夠最大化效用的選項，這種方法假設決策者有能力進行複雜的計算和比較。然而，行為經濟學則認為，這種策略雖然節省了時間和精力，但可能導致「次佳」的決策。

我在 2002 年 9 月 24 日的《經濟日報》「副刊」曾經寫過一篇短論，內文提到：「一隻猴子闖進玉米田裡想摘剛剛成熟的玉米，由於兩隻手只能摘兩根玉米，於是乎這隻猴子看到較大的玉米，就將手中較小的玉米丟棄。直到盡頭的時候，突然農夫出現，猴子驚嚇之餘隨便抓了兩根未成熟的玉米落荒而逃。」事實上這隻猴子可能手上連兩根玉米都沒著落，被農夫嚇到一溜煙就逃走了，如果這隻猴子選擇「滿意化」適可而止，而不是「充分理性」的比較玉米大小，至少猴子手上會有兩根玉米，而不是到頭來雙手空空，落荒而逃，不是嗎？

及保障，正符合「一人捐血，全家保障」的意義（引用資料來源，台灣血液基金會：https://www.blood.org.tw/Internet/main/docDetail.aspx?uid=7588&pid=7587&docid=34765）。

我們還有哪些不理性的行為？

　　傳統經濟學假設人們的偏好是穩定的，不會受到表述方式或環境的影響。然而，行為經濟學研究發現，偏好常常是有「參照點」（reference point）依賴的，正如「前景理論」（prospect theory）所描述的那樣，同樣的選擇，如果用不同方式呈現，可能導致不同的決策。此外，環境因素，如「錨定效應」（anchoring effect），也可能顯著影響人們的判斷和決策。

　　在金融領域，傳統理論中的「效率市場假說」（efficient market hypothesis）[5] 認為，市場價格已經充分反映了所有可獲得的資訊，因此不可能透過分析或策略持續獲得超額回報。然而，行為金融學指出了許多市場異常現象，如股票市場的「過度波動」、「動量效應」和「反轉效應」、「日曆效應」（如

5　效率市場假說（EMH）由尤金・法瑪（Eugene Fama）於 1970 年代提出，其核心觀點是：市場價格已完全反映所有資訊，因此無法透過分析獲得超額報酬。

　這個理論分為三個層次：弱式，價格反映所有歷史交易資訊，結論是技術分析無效；半強式，價格反映所有公開資訊，結論是基本面分析也無效；強式，價格反映所有資訊（含內部消息），結論是連內部人士也無法獲得優勢。

　這個理論的主要啟示是投資者應該接受市場平均報酬，而非試圖透過選股或判斷時機來戰勝市場。但這個理論也面臨質疑，市場泡沫、投資者非理性行為，以及某些基金經理持續獲得高報酬的現象，都顯示市場可能並非完全有效。

一月效應、週一效應）等，以及投資者情緒對市場的影響。這些現象表明，市場並不總是有效的，投資者的非理性行為可能導致價格偏離基本面。

　　傳統經濟學認為，任何市場低效率都會很快被套利者消除。然而，行為經濟學卻指出，現實中存在諸多套利限制，如交易成本、風險和法律限制。某些非理性行為（如「羊群效應」[6]），往往可能在短期內加劇，而非減少價格偏離。

　　在政府干預方面，傳統經濟學通常認為，除了「市場失靈」（market failure）[7]的情況之外，政府干預往往也會降低市場效率。相比之下，行為經濟學為某些類型的政府干預提供了理論支持，例如：「推力」（Nudge）指出政策透過改變「選擇架構」（choice architecture）來引導人們做出更好的決策，

---

6 羊群效應（herding effect）是指人們傾向跟隨大眾，而非依據自己判斷做決定。這種現象背後有三個主要原因：第一，資訊不對稱，當缺乏資訊時，人們會認為大眾的選擇不會錯；第二，社會壓力，為避免與群體意見相左而受批評，選擇隨波逐流；第三，責任分散，群體決策出錯時，責任被稀釋，降低個人風險。
　　這種效應在三個領域特別明顯：金融市場，投資者盲目跟風買賣，造成市場劇烈波動；消費行為，新產品因大眾追捧而快速流行；社會輿論：網路觀點因從眾心理而快速擴散。這解釋了為什麼市場泡沫、流行風潮和輿論風向往往來得快、去得也快。

7 「市場失靈」是指在某些情況下，市場無法有效地分配資源，導致資源浪費或分配不公平，從而未能達到「帕累托最優」（pareto optimality），也就是說，市場機制無法實現最大化社會福利。這種現象的主要原因包括外部性、公共財、資訊不對稱和自然壟斷。

同時保留自由選擇。「默認選項」（default option）的設計利用人們的惰性來促進有益的行為，如自動加入養老金計畫。此外，考慮到人們處理資訊的侷限性，行為經濟學還提出了更有效的資訊披露設計規則。

在教育和財務素養方面，傳統經濟學可能認為，提供更多資訊和教育就足以改善決策。然而，行為經濟學則強調，僅有知識往往不足以改變行為。我們需要考慮心理因素和社會因素，在設計干預措施時，應考慮和習慣的作用。

研究方法上，傳統經濟學主要依賴數學模型和統計分析，這些方法的優點包括能夠處理大量數據，提供精確的預測，易於形式化和推廣。然而，這種方法也有侷限性，如難以捕捉複雜的心理和社會因素。相比之下，行為經濟學則大量使用實驗方法，包括實驗室實驗和現場實驗。這種方法能夠直接觀察行為，可以控制變量，探索因果關係，更容易研究出難以量化的因素，如情緒和社會影響。此外，傳統經濟學研究通常從理論假設出發，然後使用數據進行檢驗。行為經濟學則更多地採用探索性方法，透過觀察和實驗發現新的行為模式，基於這些發現提出新的理論，並重視跨學科研究，整合心理學、神經科學等領域的洞見。

在消費者行為方面，傳統經濟學模型假設消費者會理性地權衡所有選項的成本和收益。然而，行為經濟學研究發現，消費者常常受到「框架效應」（framing effect）的影響，如對折

扣的不同反應。「心理帳戶」（mental accounting）影響消費決策，如對意外收入和常規收入的不同對待。此外，「自我控制」（self-control）問題可能導致過度消費或儲蓄不足。

在投資決策方面，傳統金融理論假設投資者是理性的，會根據風險和回報做出最優決策。然而，行為金融學指出，投資者常常表現出「過度自信」（overconfidence）[8]，導致過度交易。「處置效應」（disposition effect）[9]使投資者傾向於過早賣

---

8 「過度自信」是指個體對自己的判斷、知識或能力過於自信，超過了實際的水準。這種現象在各種情境中都很常見，包括個人決策、投資行為、職業選擇等。過度自信通常會導致低估風險、忽視警告信號，從而做出錯誤的決策。

過度自信的表現形式包括高估自己知識的準確性、低估任務的難度以及高估自己在未來成功的機率，例如：在金融市場中，投資者可能過度相信自己選擇股票的能力，忽視市場風險，從而做出過度冒險的投資決策，這可能導致重大的財務損失。

此外，過度自信也會影響職業選擇和職業發展。人們可能會高估自己的能力，選擇過於困難或不適合自己的職業路徑，或者在工作中低估任務的挑戰性，導致失敗或表現不佳。

9 「處置效應」是指投資者傾向於過早賣出獲利的資產，並長期持有虧損的資產，這種行為偏差會影響投資決策的合理性和最終的投資回報。這種效應反映了人們在面對收益和損失時的不同心理反應，特別是對「損失規避」和對收益的滿足感。

在「處置效應」中，當投資者看到某項投資已經獲利時，往往會急於將其賣出，實現收益，因為這樣可以帶來即時的心理滿足。然而，當投資者面對虧損時，卻不願意認賠離場，反而選擇繼續持有，期望資產價格能夠回升，以避免實現損失帶來的痛苦。

出盈利股票，而持有虧損股票。「家鄉偏見」（home bias）[10] 可能導致投資組合過度集中在本國或本地區資產。

在公共政策領域，傳統經濟學強調激勵的作用，如透過稅收或補貼來影響行為。行為經濟學則提供了新的政策工具，如利用社會規範來促進社會行為，例如：減少能源消耗；透過改變選項的呈現方式來引導更好的決策，如健康食品的擺放；設計更有效的資訊揭露方式，考慮到人們的認知限制。

總括來說，傳統經濟學和行為經濟學從基本假設到研究方法，再到政策含義上的確存在顯著的差異性。行為經濟學的獨特之處，在於更貼近現實的人類行為假設，整合了心理學和其

10「家鄉偏見」是指投資者在投資決策中偏好本國或本地資產，而不是分散投資於國際市場。這種現象表現在投資組合中，投資者通常會持有過多的本國股票、債券或其他資產，而忽視或低估了國外投資機會的潛在收益和分散風險的好處。

「家鄉偏見」的原因可以歸結為以下幾點。首先，投資者對本國市場和企業的了解通常比對國外市場和企業更為深入和詳細，這使得他們對本國資產更有信心。其次，語言、文化和法律制度的相似性，使得投資者在本國投資時感到更加舒適和安全。此外，投資者可能對國外市場存在不確定性和風險的擔憂，這進一步強化了他們的「家鄉偏見」。

「家鄉偏見」會導致投資組合過於集中在本國市場，從而增加風險。如果本國經濟或市場表現不佳，投資者的整體回報將受到嚴重影響。而分散投資於國際市場可以降低這種風險，因為不同國家和地區的經濟表現通常不會完全同步，這有助於平滑投資回報，減少波動。

他社會科學的洞見，強調實驗方法和實證觀察，並提供了新的政策工具和干預方法。然而，值得注意的是，行為經濟學並非要完全取代傳統經濟學，而是對其進行補充和擴展。許多經濟學家認為，兩種方法可以相輔相成，共同推動我們對經濟行為的理解。

第一篇

腦袋打結了？原來我們都這樣做決定！

在日常生活中，很多我們自以為理性的決策其實受到各種心理偏誤的影響。本篇的特色在於，用簡單的語言和生活中的例子，介紹了「有限理性」、「心理帳戶」、「前景理論」等九種常見的行為經濟學理論，幫助你理解為什麼自己有時候會做出看似不合理的選擇。

透過這些探討，反思自己的決策模式，從而在未來做出更清晰、更理性、更符合自身利益的選擇。

1

懶得想太多，「有限理性」讓你差不多就好

「有限理性」指的是人類在決策過程中，因受限於認知能力、可用資訊及時間等因素，無法做出完全理性的選擇，而是傾向於尋求滿意解，而非最優解的決策模式。

爲什麼業者比你還了解你自己？

請你想像一下，你的生活中是否曾經，或者常常出現以下的場景。

當你在購物時，面對貨架上琳瑯滿目的商品，你會不會被這些商品迷住了？面對這麼多商品，你感到興趣，卻又感到有些困惑和不安，每一個商品你都感覺不錯，但卻又無法立即做出決定。此時，你開始拿出手機上網查詢商品的評價和推薦值，希望這些資訊能幫助你做出決定。問題是，網站上的評價與評論也是各說各話，優與劣都有，資訊過多反而讓你更加的猶豫不決。這時候，你是否感到自己的認知資源已經被大量資訊所淹沒且耗盡，難以讓你進行理性的分析。此時，你會怎麼處理呢？

你可能會簡化決策過程，並且決定設立幾個簡單的門檻，例如：設定價格的上限，根據這些門檻再次篩選，你最終有可能選擇了某個商品，或者乾脆放棄。事實上，當我們進行消費決策時，面對大量的選擇和資訊，我們有時會感到困惑和不安，這是因爲我們的認知資源是有限的，無法全面去分析每一個可能選項。最終，我們可能使用了一種簡化決策的方法，設立了幾個關鍵門檻，根據這些門檻出了選擇，或者，根本上就放棄決策，停止消費。

以我爲例，滑開手機的購物 APP，首頁上琳瑯滿目的商品，我看似都喜歡，這是因爲這些 APP 可以根據過往我的消

費紀錄，以及我所搜尋商品的歷程中，依據演算法推播出一些我可能會消費的商品。簡單來說，就是推我「入坑」。而我對抗這誘人的資訊也不是舉雙手投降，看了這些推薦評語，也許不小心我會「入坑」——把商品放進購物車，但在臨結帳的時候，我會讓自己踩下煞車，因為我不確定自己是否真的需要這些商品，於是乎，乾脆就放在購物車裡再斟酌幾遍。幾天後，我的購物欲望自然而然就會冷卻，最後被忽略，甚至刪除購物車裡待結帳商品。但業者也不是省油的燈，系統後臺會知道我尚未結帳，就會急於發送通知我有未結帳的商品，然後呢？我一概選擇忽略。

　　業者當然急於將每一個消費者送進結帳櫃臺，用盡各種不同的認知手段，因為「有限理性」（bounded rationality）的限制，在消費時，我們可能都變成待宰羔羊，不是嗎？

　　有一天早上我提早出門上班，剛好路邊有個賣竹蓆的攤商擺攤，那陣子我覺得天氣有點熱，應該買個竹蓆涼快一下。我挑了件竹蓆問老闆多少錢？老闆一開口就說 2,000 元〔老闆用了「定錨效應」（anchoring effect）這招〕！我是一個會殺價的中年大叔，一口氣就殺到 1,500 元，老闆當然不肯，我轉頭就走了。此時，老闆見我無意戀棧，馬上退讓到 1,800 元，我見他退讓了，一口氣殺到 1,200 元，我不是非買不可啊！幾次的殺價後，我用 1,000 元成交，當下我覺得還不錯，有一點

「消費者剩餘」（consumer surplus）[1]。我回家時向丈母娘展示我的殺價戰果，但她卻很不屑的和我說，那件涼蓆在菜市場上用 800 元就可以買到了！

我發現，婆婆媽媽天天在菜市場中穿梭，她們比我還懂市場，而且資訊充分，完勝我這個會殺價的中年大叔。所以，我殺價買涼蓆，正因為我的時間有限，我無法和我丈母娘一樣，有充裕的資訊與時間和攤販們斡旋殺價，所以我的選擇是殺價到一個讓我覺得滿意的價格即可，我就可以接受了。用經濟學理論的說法是，我得到一個讓自己「差不多滿意」的「消費者剩餘」，我就決定下手了。

我再舉個例子，有買過新屋的朋友也許還有印象，進建商的購屋中心時，為什麼你很容易就「入坑」，很快的你就會滿意你所看的房子，為什麼？照理說，購屋這件事的消費「涉入性」（involvement）[2]非常高，畢竟，在高房價的臺灣，買房是動輒上千萬元的決策，怎麼可能在售屋業務帶你走一圈之後，

---

1 「消費者剩餘」是經濟學中用來衡量消費者從購買商品或服務中獲得的額外好處或滿足感的概念，它表示消費者願意支付的最高價格與實際支付價格之間的差額。

2 在行銷與消費者行為學中，「涉入性」是指消費者對某項產品、服務或購買決策投入的心理與行為關注程度。它反映消費者對該產品的重要性與相關性，以及他們在選擇時所投入的時間、精力和情感程度。「涉入性」可高可低，這取決於產品的性質、購買情境與個人的需求。

你就滿意了呢？

　　這其實有個認知的陷阱。售屋業務一開始一定會帶你看一間你一定不會滿意的房子，為什麼他會這麼做？你不是告訴對方需求了嗎？業務怎麼會不專業至此呢？事實上，購屋時你與業務之間充滿了「資訊不對稱」（asymmetric information），你一定會將你的需求一五一十的告訴業務，但你不甚清楚這個建案裡的資訊。一般來說，售屋業務會刻意先帶你看一間你一定不會喜歡的房子，你也一定會反應不符你的需求，這時候，業務只要帶你到另一個條件稍微好一點的房子，你當然就會滿意了，不是嗎？

　　我們的認知是極其有限的，尤其消費主場是建商的售屋中心，這裡頭的陳設、流程、風格與環境，都是為了讓你快速簽約而設計的，你的腦力與認知本來就很難與業者對抗。你再試著回憶一下，業務是不是告訴你剛剛看的那間房子可能會有點「問題」與「障礙」，可能是公司的保留戶，也可能是某個客戶還在「猶豫」，他會告訴你房價是多少，你會覺得貴且開始議價。這時候，業務會藉機退場，回頭去請示他的主管，或者打電話問那位猶豫不決的消費者。沒多久，他出現了，告訴你好消息，所有的「問題」與「障礙」全都一掃而空。這時候你會有一點驚喜，於是乎，差不多就會打算支付訂金簽約了。

　　這個場景各位是不是很熟悉？如果你把購屋拿掉，換成購車，同樣也是成立的！

這三個故事告訴我們，當我們面對複雜的決策時，我們經常會受到「有限理性」的影響。透過設立簡單的決策標準和使用滿意化策略，我們可以在認知資源有限的情況下做出決策，這個決策的結果，好與壞很難說。

前述提到「資訊不對稱」，指的是交易雙方在進行經濟活動時，掌握的資訊不對等的情況，這種不對等可能會導致市場運作失靈或無效率。

在「資訊不對稱」的情境下，一方擁有更多或更精確的資訊，而另一方的資訊卻不足，這樣的差距可能會影響交易行為，例如：賣家可能知道商品的真實品質，但買家無法完全得知，這可能使得買家無法合理評估商品的價值。

「資訊不對稱」的概念由經濟學家喬治・阿克洛夫（George Akerlof）、麥可・斯賓塞（Michael Spence）和約瑟夫・斯蒂格利茨（Joseph Stiglitz）所提出，他們因在這一領域的貢獻於 2001 年獲得諾貝爾經濟學獎。

在二手市場中，阿克洛夫在〈檸檬市場：品質不確定性與市場機制〉（The Market for Lemons: Quality Uncertainty and the Market Mechanism）一文中，描述了二手車市場中資訊不對稱的問題。賣家知道車的真實狀況，但買家無法完全掌握。因此，買家願意支付的價格低於車的實際價值，高品質車輛的賣家可能退出市場，導致「劣幣驅逐良幣」。

在保險市場中，投保人對自己的健康狀況比保險公司了解

得更多。健康狀況較差的人更可能購買健康保險，這導致了保險公司可能遭受「逆選擇」（adverse selection）[3]的風險。在就業市場中，應徵者了解自身能力，但雇主無法完全掌握，因此需要憑藉學歷、推薦信等外部信號來評估應徵者的實際能力。

這些例子顯示出資訊不對稱如何影響市場的正常運作，從而降低交易效率，甚至導致市場失靈。為了減少這種影響，增進市場透明度和強制資訊披露是重要的手段。

「資訊不對稱」可能導致市場失靈，但也不是沒方法解決，這需要一些「特殊手段」，例如：使用「信號機制」（signaling），由資訊較多的一方主動提供可信的訊息，如求職者提供學歷或專業證書；或者使用「篩選機制」（screening），由資訊較少的一方採取行動以獲取更多資訊，如保險公司要求投保人提供體檢報告，以及利用法律與規範，如政府透過資訊披露要求，以減少「資訊不對稱」帶來的問題與風險。

「有限理性」：決策時所面臨的現實限制

「有限理性」是赫伯特・西蒙（Herbert A. Simon）所提出的重要理論概念，旨在描述人類在做決策時所面臨的現實限制。

---

3 「逆選擇」是「資訊不對稱」的一種典型結果，指的是交易中，擁有較少資訊的一方無法區分參與者的不同特徵，導致市場中品質較差的產品或服務被留下，而品質較好的逐漸退出市場。

「有限理性」澈底改變了我們對人類決策過程的理解，這個理論不僅挑戰了傳統經濟學中的「完全理性」假設，同時，還為我們提供了一個更貼近現實的決策模型。

　　傳統經濟學假設人類是「完全理性」的「經濟人」，他能夠在充分資訊和無限計算能力的情況下，做出最佳決策。然而，赫伯特・西蒙指出，這種假設與現實情況並不符，實際上，人類在決策過程中礙於認知能力、資訊的有限性以及時間的限制，根本無法做到「完全理性」的理論程度。

　　「有限理性」的核心思想是，當人類在面對複雜的決策問題時，會採用「滿意化策略」（satisficing），意即只會選擇一個足夠好的解決方案，而不是最佳的解決方案。這種策略的採用是基於人類的認知資源有限，無法在短時間內處理所有可能的選項和資訊。因此，人類的選擇往往會在達到某個滿意的結果後，就會停止搜索和分析，進而做出決策。

　　「有限理性」就像是我們大腦裡的省電模式。想想看，我們的大腦就像巷子口那家老舊的柑仔店，空間有限，只能擺放一些常用的商品。如果突然要塞進一大堆新奇古怪的玩意兒，肯定會塞爆！

　　同樣的道理，當我們面對大量的資訊和選擇時，大腦的處理能力也會不堪負荷。這時，我們就會啟動省電模式，也就是「有限理性」，用一些簡單的規則和捷徑來快速做出決策，而不是像電腦一樣，仔細分析每個選項的優劣。

舉例來說，你去超市買牛奶，面對琳瑯滿目的品牌和種類，你會不會花時間研究每一種牛奶的成分、產地、價格，然後再精挑細選呢？大部分人應該不會吧！你可能只是隨手拿了個熟悉的品牌，或是價格看起來合理的牛奶，就放進購物籃了。

　　這就是「有限理性」的表現。我們不會追求完美的「最佳解」，而是選擇一個「差不多就好」的方案。畢竟，人生苦短，時間寶貴，我們不可能把時間都花在做決定上，對吧？

　　更何況，很多時候，我們根本沒有足夠的資訊和能力來做出完美的決定。就像我之前買竹蓆的故事，我雖然殺價成功，但最後還是買貴了，因為我不知道市場行情。

　　還有，買房子、買車這種大事，我們對商品的了解肯定不如業者。這時，我們很容易被業務員牽著鼻子走，掉進他們所設下的陷阱而不自知。

　　所以，「有限理性」就像一面鏡子，反映出我們在做決策時，會受到哪些限制。只有了解這些限制，才能避免做出錯誤的決定，在資訊爆炸的時代，成為一個精明的消費者！

認知限制：大腦會自動進行篩選和簡化

　　人類的大腦具有強大的處理資訊能力，但這種能力並非沒有限制。當我們面對大量的資訊時，大腦會自動進行篩選和簡化，雖然這個過程可以提高決策的效率，但也可能會帶來一

些偏差和錯誤，例如：在購物時，我們可能無法同時考慮所有商品的價格、品質和功能，最終只能根據一些顯著的特徵做出選擇。

這種認知限制，往往會導致人們在決策時依賴於一些簡化的規則或「捷思」（heuristics），這並無好壞之分。「捷思」是一種快速的決策方法，透過簡化資訊的處理過程，幫助我們在有限的時間內做出合理的決策，例如：當我們選擇一家餐廳時，可能會根據過往的經驗或朋友的推薦來做出決定，而不是逐一評估所有可供選擇的餐廳。

「捷思」也有可能造成決策偏誤，其中以「代表性捷思」（representativeness heuristic）最為經典。在這種捷思中，人們傾向於根據某事物是否與他們心目中的典型形象相符，用以評估它的可能性，卻反而忽略了其他關鍵的統計資訊。

假設我們遇到以下問題：琳達是一位 31 歲的單身女性，非常聰明且善於表達。在大學時，她主修哲學，並且熱衷於社會正義議題，參與過反核活動。現在請判斷以下哪個情境最有可能：

一、琳達是一家銀行的職員。

二、琳達是一家銀行的職員，同時也是女性主義運動的活躍分子。

許多人直覺會選擇第二項，因為琳達的描述與女性主義運動活躍分子的形象更加吻合。然而，這種判斷忽視了基本的統

計原則，即聯合機率必然小於單一機率。實際上，第一種情境的可能性更高，因為它包含了所有的銀行職員（包括那些參與女性主義運動的人），為什麼大多數的人會選擇第二項呢？顯然是被某些資訊所誤導。

這種偏誤源於人們過度依賴「代表性捷思」，而忽視了基礎機率和邏輯推理。

上述琳達的故事案例是行為經濟學中著名的例子，出現在丹尼爾·卡尼曼（Daniel Kahneman）和阿莫斯·特沃斯基（Amos Tversky）的《快思慢想》（*Thinking, Fast and Slow*）這本書中。

前述的三個購物經驗，展示了「有限理性」在決策過程中的作用。我們面對大量選擇和資訊時會感到困惑和不安，這是因為我們的認知資源有限，無法全面分析每一個選項。最終，我們會使用了一種簡化決策的方法，設立了幾個關鍵門檻，根據這些門檻做出了選擇，而不會選擇窮於計算，讓自己更苦惱。

資訊不完全性：受控與主觀偏見

除了認知限制，資訊的不完全性也是我們決策時會選擇「有限理性」的重要因素。在現實生活中，我們常常無法獲得所有相關的資訊，這使得我們的決策過程充滿了不確定性，例如：在投資理財時，我們不可能預知所有的市場走勢和經濟變

化，只能依靠有限的歷史數據和市場分析來做出決策。

　　資訊不完全性使得人們在決策時不得不依賴於預期和猜測，而這些預期和猜測往往會受到個人經驗和主觀偏見的影響。為了應對這種不確定性，人們通常會採取一些保守的策略，避免潛在的風險和損失。這種策略的採用，雖然能夠減少決策的風險，但也可能導致機會的錯失。

　　但上述購屋的案例顯示，因為資訊的不完全與不對稱，我們即使採取保守策略也無濟於事，唯一能夠破解的方法就是熟悉消費者行為與業者的策略，但這不是一般常人可以有的方法。

時間限制：我們不可能在有限時間內進行決策

　　各位朋友，你們有沒有這樣的經驗，在百貨公司週年慶，面對琳瑯滿目的商品和洶湧的人潮，你是否感到時間緊迫，恨不得多長出幾雙眼睛和幾隻手來？或是，在餐廳點餐時，看著菜單上密密麻麻的菜色，你是否感到眼花撩亂，不知道該如何選擇？

　　這就是「時間限制」的影響。在現代生活中，時間就是金錢，我們不可能把所有時間都花在做決定上。尤其是在一些需要快速反應的場合，例如：股票交易、限時搶購等等，時間更是分秒必爭。

　　我在大學教消費者行為學的時候，就常常跟學生分享一

個例子：如果看到一對情侶到專櫃購物，聰明的店員一定會先把男士請到旁邊休息，奉上茶水、點心，甚至雜誌，讓女士可以安心購物。為什麼呢？因為男士通常比較沒有耐心，如果讓他們在一旁等太久，可能會開始催促女士，甚至影響她的購物心情。

所以，各位男士們，下次陪太太或女朋友逛街的時候，不妨主動找個地方休息，讓她們可以盡情享受購物的樂趣，扮演個好伴侶，同時也避免自己陷入「時間限制」的焦慮之中。

另外，我還有一個殺價祕訣要跟大家分享：如果要出國購物，最好選在商店快要關門的時候進去。這時候，店員通常都急著下班，比較沒有耐心跟你討價還價，你就可以趁機殺個好價錢！

在現實生活中，我們往往需要在有限的時間內做出決策，根本無法進行無限的搜索和分析，例如：在超市購物時，我們不可能花費大量的時間來比較每一件商品的價格和品質，而是根據經驗和直覺快速做出選擇。

時間限制使得人們在決策時必須進行權衡，選擇一個能夠在合理時間內做出的最佳方案。這種權衡的結果，往往是選擇一個滿意的而非最佳的解決方案。這也就是為什麼赫伯特・西蒙會強調，現實中的人類決策更多的是滿意化，而非最佳化。

在有限的時間內，我們不可能把所有選項都仔細分析一遍，只能選擇一個「差不多就好」的方案。所以，下次你在做

決策的時候，不妨提醒自己：「時間有限，要懂得取捨」，不要讓時間壓力影響你的判斷。

滿意化策略：片面的評估取代全面評估

在人生的道路上，我們常常需要做出各種各樣的決策，例如：選擇學校、選擇工作、選擇伴侶等等。這些決策往往涉及到大量的資訊和選項，如果我們想要做出完美的決定，恐怕要花上一輩子的時間！

還好，我們的大腦很聰明，懂得變通。當我們面對複雜的決策時，會自動切換到省電模式，也就是採用「滿意化策略」。

什麼是「滿意化策略」呢？簡單來說，就是「差不多」的意思。我們會先設定一個「差不多」的門檻值，只要找到符合這個門檻的選項，就心滿意足地做出決定，不再繼續猶豫。

舉個例子，你去巷子口買菜，看到一籃蘋果，你會不會仔細檢查每一個蘋果，挑選出最大、最紅、最甜的那一個呢？應該不會吧！你可能會隨手拿幾個看起來還不錯的蘋果，就付錢走人了。

這就是「滿意化策略」的應用。你並沒有追求「最佳」的蘋果，而是選擇了幾個「差不多」的蘋果。

同樣的道理，在找工作的時候，你可能會設定一些基本條件，例如：薪水、地點、公司規模等等。只要找到符合這些條

件的工作，你可能就會接受，而不會再花時間去尋找其他可能更好的工作機會。

當然，「滿意化策略」並不總是能讓我們做出最好的選擇。但它可以幫助我們節省時間和精力，減輕決策的壓力，讓我們更快地做出決定，把時間和精力用在更重要的事情上。

所以，下次你在面對選擇困難症的時候，不妨試試「滿意化策略」，告訴自己：「差不多！」也許你會發現，生活會突然變得輕鬆多了。

捷思與偏差：快速的決策往往只是讓大腦偷懶走捷徑

我們的大腦就像一個懶惰的員工，總是喜歡走捷徑、抄近路。在做決策的時候，大腦也常常偷懶，用一些簡單的規則和經驗來判斷，而不是仔細分析所有資訊。這些簡單的規則，就是「捷思」。

捷思就像是大腦的懶人包，可以幫助我們快速做出決定。但是，捷思也常常讓我們掉進陷阱，做出錯誤的判斷。

在「有限理性」的框架下，「捷思」是一種常見的決策工具，幫助我們在面對複雜問題時快速做出選擇。然而，「捷思」的應用往往會導致一些系統性的偏差（bias），例如：「可得性捷思」（availability heuristic）指的是人們根據記憶中最容易想起的例子來做出判斷，這可能會導致過度重視一些近期發生的事件，而忽視其他更重要的資訊，例如：我們常常會根

據記憶中最容易想起的例子來做判斷，如新聞報導說最近發生了幾起車禍，你可能就會覺得現在開車很危險，於是選擇搭乘大眾運輸工具。這就是「可得性捷思」的影響。

另一個常見的捷思是「代表性捷思」，指的是人們根據某個事件是否與典型案例相似來進行判斷，這可能會導致忽視統計機率的影響，例如：在招聘過程中，面試官可能會根據求職者是否符合某個理想典型來做出評價，而忽視求職者的實際能力和經驗。

除了捷思之外，「錨定效應」（anchoring effect）是另一個常見的認知偏差。在談判或定價時，最初提出的數字往往會成為一個錨點（還記得攤商老闆賣竹蓆時要價 2,000 元，就是錨點），從而影響後續的決策，例如：房地產經紀人可能會先展示一個較高價位的房子，這樣客戶在看到實際目標房產時，會覺得價格更加合理。了解捷思和偏差，可以幫助我們看穿這些陷阱，避免被大腦的偷懶行為所誤導，做出更理性的決策。

面對新冠肺炎（COVID-19）的「有限理性」：疫情下的資訊迷航

大家還記得在新冠肺炎（COVID-19）疫情期間，你聽到或者你做過哪些讓人啼笑皆非的「都市傳說」嗎？為什麼大家會做這些傻事？首先，不外乎是自己道聽塗說，其次，就是虛假傳播與誤導。前者可能聽說打疫苗可能會有嚴重副作用，讓

大家不敢打疫苗，無法形成集體免疫；後者可笑的是政府會傳播錯誤訊息，例如：口罩缺貨，要大家用電鍋蒸口罩。

這些荒謬的傳言，為什麼會有人相信呢？這就是「有限理性」在疫情下的困境。在疫情爆發初期，資訊混亂，真假難辨。我們的大腦就像一臺老舊的收音機，只能接收有限的訊息，而且很容易受到干擾。這時，一些未經證實的資訊、小道消息，甚至惡意謠言，就很容易趁虛而入，影響我們的判斷。

英國廣播公司（BBC）的特約記者 Elizabeth Seger 在 2021 年 2 月 10 日的「後真相時代最大的安全威脅」[4] 報導中提到網路時代的資訊爆炸，讓我們更容易接觸到大量未經查證的資訊。而「過濾氣泡」（filter bubble）效應，又讓我們更容易接收與自己觀點一致的資訊，排斥不同的聲音，這就導致我們更容易陷入「資訊繭房」[5]（information cocoons）——被困在自己的認知世界裡。

---

[4] Elizabeth Seger, "The greatest security threat of the post-truth age", 2021.02.10, BBC, https://www.bbc.com/future/article/20210209-the-greatest-security-threat-of-the-post-truth-age.

[5] 「資訊繭房」這個概念最早是由美國法學學者凱斯‧桑斯坦（Cass Sunstein）在他 2001 年出版的著作《網路共和國》中提出的。桑斯坦認為，在網際網路時代，人們可以自由選擇自己想要接收的資訊，而演算法的推薦機制，更會強化這種選擇性接觸的現象，導致人們愈來愈封閉在自己的資訊泡泡裡，就像蠶寶寶吐絲結繭一樣，把自己封閉在一個小小的空間裡，最後變成一隻飛不出去的蛾。

Elizabeth Seger 的觀點讓我們警覺到一件事,「有限理性」如果被惡意利用在大眾傳播上時,因為信任基礎被惡意利用,如果破壞了社會的信任基礎,將會帶來不可避免的認知錯誤。這也讓我聯想到一件事,2023 年橫空而起的 AI 技術,隨著 AI 技術的發展,我們面臨的資訊挑戰更加嚴峻。AI 可以生成以假亂真的文字、圖片和影片,讓我們更難分辨真偽,例如:AI 可以偽造政治人物的演講影片,或是製造虛假的新聞事件,這些都可能對社會造成嚴重的影響。我想,這可能就是 Elizabeth Seger 所言,「後真相時代」(post-truth age)的最大隱憂!

「有限理性」的理論應用:生活中的大小事

「有限理性」不只是個理論,它和我們的生活息息相關,不論是食衣住行各個方面,處處都能看到它的影響。

政府在制定政策時,開始使用簡單易懂的圖表與懶人包來解釋政策,目的是讓公眾更容易理解,提高政策的效果。商品行銷方面,很多商品推出「精選組合」和「限量套餐」,這是業者利用「有限理性」來減少選擇的複雜度,幫助消費者做決定,並提高購買的意願。

在職場中,公司的主管也會利用「有限理性」來提高員工的工作效率。他們透過簡化決策流程或提供決策輔助工具,讓員工能更快、更有效率地完成工作。個人理財上,許多人會利

用「有限理性」幫助自己存錢，例如：設定自動扣款，將錢定期轉到另一個帳戶，這樣就減少了看到錢並衝動花費的機會。

學校教育方面，老師在設計課程時會考慮學生的「有限理性」，將複雜的知識拆解成小單元，用淺顯易懂的方式進行教學，讓學生更容易吸收。健康生活的推廣中，政府的健康教育宣導活動使用簡單的圖表和朗朗上口的口號，幫助大眾了解並實踐健康的生活方式。

在金融投資中，金融機構設計投資產品時，會考慮投資者的「有限理性」，因此提供清晰簡潔的風險揭露說明和投資者保護措施，避免因資訊不足而做出錯誤的決策。

總之，「有限理性」的應用範圍非常廣泛，從政府政策到個人理財，從教育到健康，它就像一個隱形的助手，默默地影響著我們的生活。

生活應用

案例一：從購物決策中學到的教訓

在購物過程中，認知限制常常對我們的決策產生影響。當面對過多的選項和資訊時，人們容易感到不知所措，進而導致決策效率下降或做出草率選擇。然而，透過採取一些有效的策略，可以幫助我們更理性地做出購買決定，從而減少認知負擔。

在購物之前，設定明確的優先事項是關鍵。確定哪些功能或特點是最重要的，能夠有效縮小決策範圍，例如：如果需要選購手機，可以先確認是否優先考慮攝影功能、電池續航或價格範圍，從而排除不符合需求的選項。

此外，利用他人的評價和推薦能幫助我們縮小選擇範圍，消費者評價、專業測評以及口碑資訊是可靠的參考來源，例如：透過查看購物網站上的高分評價產品或向朋友諮詢建議，可以快速篩選出值得考慮的選擇，避免浪費時間在不符合標準的產品上。

提前進行研究也能有效提升購物決策的方向性。購物前查閱不同品牌和產品的特點，對比其性價比和功能差異，有助於在進入購物情境時更清楚地知道自己需要什麼，例如：想購買家電時，可以查詢專業網站上的詳細評測，確保對目標產品有基本的認識。

為了應用這些策略，還可以設定購物清單，限制臨時衝動購買的可能性，進一步減少決策負擔。同時，適當設置購物預算，確保選擇符合經濟條件。這些方法不僅能提升決策效率，還能讓

我們更理性地分配資源，避免因資訊過多而感到壓力。透過這些實用的應對策略，購物過程將變得更加簡單且有效。

案例二：投資理財的啓示

在不確定的市場環境下，依賴有限資料進行決策是常見的情況。然而，透過採取一些策略，可以有效提高決策品質，降低風險並增加成功的機率。

首先，多元化投資是降低單一投資風險的關鍵策略。將資金分散投資於不同的資產類別、行業或地區，能夠在市場波動時減少整體損失，例如：可以將資金分配到股票、債券、基金以及房地產等不同類型的投資工具，這樣即使某一類資產表現不佳，其他資產仍有可能提供穩定收益。

其次，持續學習並更新市場資訊能提升投資者的決策能力。定期關注市場動態、研究行業趨勢，並參考專業報告或分析，能幫助投資者對市場有更全面的理解，例如：了解影響市場的經濟指標，如利率、通膨率以及國際局勢，能幫助投資者更準確地預測市場走向，從而制定更有效的投資策略。

此外，在面對重大投資決策時，尋求專業理財顧問的建議可以提高決策的理性程度。專業理財顧問能夠根據投資者的風險承受能力、財務目標和市場狀況，提供量身訂做的建議，幫助投資者避免因情緒或認知偏誤而做出錯誤決策，例如：在市場劇烈波動時，專業顧問能提醒投資者保持冷靜，避免因恐慌而賣出具有潛力的資產。

最後，投資者應建立長期的投資規畫，並堅持按照規畫執行。在市場不確定性增加時，長期規畫能提供穩定的方向感，避

免短期波動對投資決策的過度影響。這樣的規畫可以包括定期檢視投資組合並進行必要的調整，以保持資產配置與個人目標一致。

透過多元化投資、持續學習、尋求專業建議以及建立長期規畫，投資者能在不確定的市場環境中更有效地管理風險並做出更理性的決策。

案例三：時間管理的策略

上班族在有限的時間內面臨多項決策時，採取具體行動措施能有效提高時間管理和決策品質。第一步是制定詳細的計畫，提前設置時間表，將每日或每週的工作進行分解並分配到具體的時間段。這種安排能確保每項任務都有足夠的時間完成，避免因缺乏規畫而導致的臨時抱佛腳情況。

其次，設立任務的優先順序能幫助集中精力處理關鍵工作。以任務的重要性和緊急性為標準進行排序，例如：可以採用「艾森豪矩陣」來分類，將「重要且緊急」的任務優先完成，而「不重要且不緊急」的任務則安排在後期或適當委派他人處理。這樣的排序能讓工作更有條理，減少因同時處理多項任務而產生的壓力。

此外，有效利用零碎時間也是提高效率的重要策略。在等待會議開始或通勤等零散時間裡，可以完成一些簡單但必要的小任務，例如：回覆電子郵件、記錄工作備忘或進行簡短的學習。這些零散時間的合理利用能釋放出更多集中精力的時間來完成複雜的主要任務。

在執行這些措施的同時，也應注重適當休息和反思，避免因

過度緊張導致效率下降。透過規畫時間表、設立優先順序和利用零碎時間，上班族能更高效地管理時間和決策，減輕繁忙工作的壓力，同時提升整體的工作品質和生活品質。

應用四：購物選擇的智慧

購物時，時間限制對決策產生影響，因此採取有效的策略能幫助我們更有條理地完成購物任務。首先，預先計畫購物內容是一個關鍵步驟。在出發前列出購物清單，確定需要購買的商品項目，這不僅可以減少因臨時決策而產生的壓力，也能讓整個購物過程更加有序和高效。

其次，在購物前進行充分的研究能顯著提升決策品質。透過比對各品牌和產品的特點、價格及使用評價，提前掌握關鍵資訊，能幫助我們在到達購物現場時快速鎖定目標商品，避免陷入選擇過多或不知如何選擇的困境。

最後，科技是應對時間限制的有力工具。購物應用程式和網站提供的價格比較、用戶評價和推薦功能，能讓我們在短時間內對不同商品進行全面評估，從而幫助做出更明智的購買選擇。同時，設定優惠提醒或使用購物清單同步功能，也能進一步提升購物的便捷性。

透過預先計畫、充分研究和科技輔助這三種策略，我們可以在面對時間限制的購物情境下更有效地做出決策，減少不必要的壓力，並提升購物過程的效率與滿意度。

應用五：職業選擇的實踐

上班族在面對複雜的職業選擇時，採取實用的方法可以幫助自己更有信心地做出最合適的決策。首先，根據個人的興趣、

能力和需求設立職業選擇的基本門檻。這些門檻可以包括薪資範圍、工作地點、職位發展潛力等，幫助快速篩選出符合條件的工作機會，避免浪費時間在不合適的選項上。

其次，對每個工作機會進行全面的比較是至關重要的。透過蒐集資訊，了解每個選項的薪資福利、工作環境、企業文化以及職業發展前景，可以讓評估更具體和全面。這種多方比較不僅有助於發現每個選項的優缺點，還能讓決策更具有根據和理性。

最後，在決策過程中保持靈活性是成功的關鍵。隨著情況的變化，適時調整選擇標準，例如：在競爭激烈的市場中降低某些條件的優先順序，或在遇到特別吸引人的機會時重新評估個人需求，能夠幫助避免過於僵化的標準導致錯失良機。

透過設立門檻、全面比較和靈活調整這三種方法，上班族可以在複雜的職業選擇中更加有條理地篩選機會，提升決策的合理性和可行性，最終找到符合自身條件和期待的理想工作。

2.

腦中的小金庫，「心理帳戶」讓每個人都有好幾個錢包

「心理帳戶」指的是人們在心理上將金錢和資源劃分為不同類別，並根據這些分類來制定各種財務決策的傾向

「信封袋記帳法」你用過嗎？

　　你相信你皮包裡的錢，彼此會認識且獨立運作嗎？這到底是什麼理財概念？

　　最近，我看到社群媒體中有人提倡「信封袋記帳法」，簡單來說就是在每月的第一天依據不同的預算，將每筆打算要花費的預算金額，放進每一個對應的信封袋裡。爾後，需要動用金錢的時候，就依據每個信封袋裡預先設定好的預算支用，並且記錄支用的金額，且每個信封袋裡的預算，要符合預算精神，不得彼此挪用。

　　「信封袋記帳法」有什麼好處？就是強迫自己編立預算，並且讓每個預算都各自獨立，強迫自己記帳與儲蓄。事實上，這招我早在退伍後進入職場時就用過，比較特別的是，我去文具店買一本專記流水帳的帳本，天天記流水帳，只要有動用到金錢的日常花用，就必須在每個信封袋和帳本上各自記入。特別的是，我除了強迫自己從每個不同的信封袋裡拿錢之外，剩下的錢還必須還回各自的信封袋，並計算總餘額，這種為自己添麻煩的記帳方式，的確讓我節省日常花費。

　　因為天天記帳，也因為預算限制花費，更因為每次從信封袋裡掏錢，讓我有損失的感覺，大腦會覺得有「痛感」，每個信封袋裡還剩多少錢，往往一清二楚。當想要破壞規矩，違反預算獨立精神，動用其他信封袋裡的錢的時候，我往往就會把手抽出來。一個月結束之後，每個科目的餘額不可以留用到下

個月，將所有餘額統計後存到銀行帳戶，進行強迫儲蓄。

「信封袋記帳法」這招好用嗎？我覺得很好用，但很麻煩，很多限制，年輕的時候限制自己消費，強迫自己儲蓄也是一件好事。直到現在，我還是養成天天記帳的習慣，因為每天記帳知道自己的消費，大腦就會痛一次！

各位會不會得很好笑，每次出門前我得從每個不同的信封袋裡掏錢，而且好似要對信封袋報告拿了多少錢；回家之後，再對每個信封袋報告花費了多少錢，並且記帳。此時各位發現一件事了嗎？我回家之後皮包是空空如也，一塊錢也不剩，全部上繳到不同的信封袋裡，但我可以允許不同的信封袋裡互換零錢，只要餘額相符即可。

然後，明天出門前，再從各個信封袋裡抽錢，就這樣天天自找麻煩！

如果你也想試試「信封袋記帳法」，我可以給你一些小建議：

第一，設定合理的預算，不要把預算定得太緊，也不要定得太鬆，要根據自己的實際情況來調整。

第二，選擇適合自己的信封袋，但我建議用最便宜的空白信封袋即可。

第三，持之以恆，記帳是一件需要長時間的維持的工作，不要因為一時的麻煩就放棄了。

小孩子的生活費帳本

各位爸媽，你們有沒有被家裡的小孩吵著要零用錢的經驗呢？「爸，我的鉛筆盒壞了，要買新的！」「媽，同學們都穿新球鞋，我也要！」「爸，我想跟朋友去看電影！」

面對孩子的需索無度，很多爸媽可能會感到頭痛不已。給，又怕孩子養成亂花錢的壞習慣；不給，怕孩子覺得委屈。其實，給孩子零用錢，也是一種很好的機會教育。我們可以趁機教導孩子如何管理金錢、如何做預算、如何記帳。

直到身為人父之後，我依舊要家裡讀書的小孩建立記帳的習慣，小孩要零用錢是沒問題，但必須拿帳本來交換，否則一律免談！

我給家裡讀大學的女兒每個月固定一筆除了房租之外的生活費，生活費每個月會電匯過去，但條件是要看到當月的生活開銷帳本。帳本以 Excel 檔案的方式進行，也有很多 APP 可以利用，基本上運作起來沒有多大的困難。只是每逢月底生活費快用罄的時候，女兒自然會撙節開銷，否則生活上會挺不過去。

各位一定很好奇，為什麼要拿帳本換生活費？我的用意很簡單，單純只是每個月支付生活費，我女兒會認為這筆錢是天上掉下來的，特別不會撙節開銷。用帳本換生活費，就會在儀式上變成是她自己的錢，每天記帳，當然天天都痛，不是嗎？我是把「心理帳戶」（mental accounting）的理論在生活中實踐！

後來有一次和幾位老師一起吃飯，聊到給家裡小孩的生活費預算是多少，我記得是一個月 6,000 元，當場就有老師幫我女兒說話，在通貨膨脹的年代，難道生活費沒有反映物價嗎？這位老師說得很有理，我把生活費上調到 10,000 元（調得夠多了吧），幫女兒辦一張信用卡附卡，額度剛好就是 10,000 元，刷卡花了什麼錢？銀行的 APP 會通知我，要是刷爆了只能自救了（第一月就刷爆，以後就不敢了）！

所得稅的退稅，意外出現的錢？

每年 5 月報稅季，總是讓人心情沉重。看著辛苦賺來的錢，一筆筆上繳給政府，就像是被扒了一層皮，真是讓人心疼啊。所得稅申報，對很多上班族而言，當然是很有「痛感」的，感覺上就是政府對我們拔毛，不是嗎？

不知道各位是否曾經檢視自己的所得清單，有些所得稅竟然是事先扣繳，但我們竟然一點感覺有沒有，實在非常奇特，不是嗎？正是因為我們重視的所得項目，對預先扣抵的稅額根本不重視，於是乎，只要在每筆所得預先扣繳一筆金額，在隔年 5 月申報所得稅的時候，不就少繳一些稅金嗎？

這就形同在收到一筆收入的時候，預先就開立一個帳戶，將我們隔年要繳的所得稅，預先放在這個帳戶裡。事前我們沒有感覺，繳稅的時候拿這個帳戶的錢扣繳所得稅，到真正繳稅時，心裡頭的痛感，至少也不會很強烈。

但反過來說，預繳的稅金超過實際應繳的稅金時，不就該退稅？那麼，我們又如何看待這筆退稅的錢呢？

我相信大部分的人都會視這筆退稅的金額是一筆意外之財，正因為是意外，意味著我們可以隨意處分或者是花用這筆錢不是嗎？等等，這筆退稅不也是去年辛苦的所得，怎麼換個方式，換個時間，這筆錢就華麗轉身，成為意外之財？

退稅很容易形成另一個「心理帳戶」，在每一個「心理帳戶」裡，錢與錢並不等值，這違反了經濟理論，只要是錢，都是等值的，不會有所差異。但各位要清楚一點，只要進了「心理帳戶」，這帳戶裡的錢並不一定都等值喔！

我的經驗是，為了避免退稅（如果真的退稅的話）所造成的「心理帳戶」效應，也就是讓退稅失去了保護傘，簡單來說就是不要拿退稅支票，直接申請匯入自己的銀行帳戶。只要在銀行帳戶下，所有的錢效用都一樣，不就避免產生意外之財的心態了嗎（但不要刻意去想「退稅」這件事）？

「振興三倍券」的心理帳戶效果：政府的美意，民眾的盤算？

因應新冠肺炎疫情造成的全球景氣不穩定，為了振興經濟與紓困等目的，2020 年 7 月 15 日起，政府提供每一位申請的國民及其有居留權的配偶，發放等值新臺幣 3,000 元的「振興三倍券」。

這 3,000 元的三倍券，可不是白白送你的，你得先掏出 1,000 元去買！

政府原本的策略是希望透過「振興三倍券」，鼓勵大家消費，刺激經濟成長。但是，這個「自掏腰包」的設計，卻意外地扭曲了民眾的「心理帳戶」！

怎麼說呢？這得從「振興三倍券」所形成的民眾的「心理帳戶」說起。

以 2009 年的「消費券」為例，這像是天上掉下來的一筆財富，因為不是自己努力賺來的，也就不會特別注意該怎麼花這筆錢，即使花掉了也不會心痛，所以「消費券」很快就會兌換完畢，而事實上也是如此。所以，這個「消費券」的「心理帳戶」比較像是一種獎勵，因為是額外的一筆金錢，花掉對不會心痛。

但「振興三倍券」呢？如果抽掉了自費的 1,000 元，這絕對是百分百縮了水的「消費券 2.0」。但問題在於這自費 1,000 元所帶來的「心理帳戶」效果，恐怕會完全改觀，從獎勵變成是自己辛苦賺來的錢。那麼，原本只是自費 1,000 元的效果，會因為用 1,000 元購買的「振興三倍券」，心理帳戶歸因為原始帳戶，不再是獎勵帳戶。

「振興三倍券」去頭去尾捨掉兩群人，一群有錢花的人，一群對錢敏感的人。篩選後，剩下的人可能是購券的對象，但完全無法排除替代消費與進口消費，加上會歸因為自己的錢，

也就達不到亂花錢的前提。同樣的，消費效果有，但更可能是因為自己的錢，而完全的替代消費。

從皮包掏錢很苦，不是嗎？所以，這自費的 1,000 元，剛剛好扭曲了「心理帳戶」效應，與行政院預期的效果剛好背道而馳，結果會出現花 1,000 元買券，感覺又再花 3,000 元，結果得花 4,000 元，而且是強迫在短期內消費。於是乎，不買券沒事，買了券事情就大條了，錢沒賺得更多，反而花得更多！

原本政府希望大家可以把「振興三倍券」拿去消費，刺激經濟。但是，因為大家覺得這是自己的「辛苦錢」，所以反而會更加謹慎地使用，甚至捨不得花。於是乎，三倍券的推出，根本沒有達到預期的政策效果。這也提醒我們，在設計政策的時候，不能只考慮經濟因素，也要考慮心理因素，才能達到預期的效果。

「心理帳戶」：在心裡上劃分每一個帳戶的用途

事實上，「信封袋記帳法」就是實體的「心理帳戶」！

「心理帳戶」是由行為經濟學家理查德・塞勒（Richard Thaler）提出的一個重要概念，用於解釋人們如何在心理上對金錢和資源進行分類和管理。「心理帳戶」理論指出，人們會將金錢分成不同的帳戶管理，並賦予每個帳戶不同的價值和用途，這種行為經常導致非理性的經濟決策。

「心理帳戶」的運作方式類似於傳統會計中的帳戶劃分，

但它並不是實際存在的財務紀錄，而是人們在心理上對金錢的分類。這種分類影響了人們對金錢的感知和使用方式，從而影響了他們的消費、儲蓄和投資行為。

「心理帳戶」就像是你腦袋裡的一個個小錢包，每個錢包都有不同的用途，例如：「吃飯錢包」、「娛樂錢包」、「旅遊錢包」等等。當你拿到薪水的時候，你可能會把它分成好幾份，放進不同的「心理帳戶」裡，例如：把一部分放進「吃飯錢包」，用來支付日常的伙食費；把一部分放進「娛樂錢包」，用來跟朋友聚餐、看電影；再把一部分放進「旅遊錢包」，用來規畫年底的家庭旅遊計畫。

為什麼我們要把錢分門別類呢？因為這樣可以幫助我們更好地管理金錢，避免過度花費，這就是預算制度。

例如：如果你把所有的錢都放在同一個「錢包」裡，你可能會不小心把「吃飯錢」拿去買了潮牌的鞋子，結果到了月底，就沒錢吃飯了。但是，如果你把錢分成不同的帳戶，你就可以清楚地知道每個帳戶的用途，避免把錢花在不該花的地方。

帳戶劃分與心理影響

各位有沒有想過，為什麼意外得到的獎金總是很快就花光了，而辛苦賺來的薪水卻可以存下來呢？為什麼買菜的時候會斤斤計較，買奢侈品的時候卻可以一擲千金呢？

這就是「心理帳戶」在作祟！

「心理帳戶」就像是你腦袋裡的一個個小金庫，每個小金庫都有不同的用途，例如：「柴米油鹽小金庫」、「吃喝玩樂小金庫」、「投資理財小金庫」等等。

但是，如果你把錢分成不同的「心理帳戶」，你就可以清楚地知道每個帳戶的用途，避免把錢花在不該花的地方。當然，「心理帳戶」也可能會讓我們做出一些不理性的決定。

例如：你可能會因為「心理帳戶」的影響，把辛苦賺來的薪水花得很省，但是卻可以把中獎的彩券獎金全部花光光。

這是因為，我們會把不同來源的錢，歸類到不同的「心理帳戶」裡。辛苦賺來的錢，會讓我們覺得格外珍貴，所以花的時候會比較謹慎；而意外得到的錢，則會讓我們覺得「反正不是我辛苦賺來的」，所以花的時候會比較大方。

「心理帳戶」的行為效應

「心理帳戶」的劃分方式會導致一些常見的行為效應，這些效應經常出現在日常生活中，並影響人們的經濟決策。人們對不同來源的收入會賦予不同的價值，進而影響其使用方式，例如：工資收入和獎金收入通常被視為不同的帳戶，前者通常用於日常支出，而後者則可能用於奢侈品或娛樂消費。此外，人們也會根據支出用途設立不同的帳戶，並對這些帳戶進行嚴格的資金限制，例如：娛樂支出往往受到限制，而家庭必需品

的支出則較為寬鬆。

　　不同的「心理帳戶」之間通常是獨立運作的，人們不會傾向於將一個帳戶中的錢轉移到另一個帳戶，即使這樣做可能更符合經濟利益，例如：某人在娛樂帳戶中花費過多，但在儲蓄帳戶中過度節省，這種獨立運作的方式會影響整體的資金管理效率。此外，當某一心理帳戶中的資金減少或耗盡時，人們會感到不安，並試圖透過增加該帳戶的收入或減少支出來使帳戶恢復平衡，例如：在股票投資虧損後，人們傾向於投入更多資金，以彌補損失，這是「損失規避」與「帳戶閉合」心理的典型表現。

「心理帳戶」的實際應用

　　「心理帳戶」理論在許多領域中都有廣泛的應用，這些應用幫助我們更好地理解和影響經濟行為。

　　在個人理財方面，理解「心理帳戶」理論有助於個人更有效地管理財務。當人們認識到自己在心理上是如何將金錢劃分為不同用途時，就能更理性地進行財務規畫，減少非理性的支出行為，例如：如果個人能意識到自己在購物時往往會將額外收入（如紅包或獎金）當作額外花費，那麼他們就可以有意識地將這些額外收入用於儲蓄或投資，從而更好地達到財務目標。

　　在行銷策略方面，企業常常利用「心理帳戶」理論來影響

消費者的購買行為，例如：企業會提供購物金或優惠券，將其視為額外收入，以此激勵消費者購買更多的商品。這些促銷策略利用了消費者對額外收入的心理分類，使得他們更傾向於將這些金額花費在不必要的商品上，從而達到提升銷售的目的。

在公共政策的設計上，政府也可以利用「心理帳戶」理論來影響公民的經濟行為，例如：政府可以透過購屋補貼或節能獎勵，將這些補助視為特定用途的「心理帳戶」，從而引導公民進行特定的消費或儲蓄行為。這樣的設計可以促使更多人選擇購買節能產品或進行投資行為，從而達到政府的政策目標，如促進經濟發展或環境保護。

生活應用

案例一：收入來源的多樣性與靈活性

　　上班族在面對年終獎金等收入時，「心理帳戶」的劃分對支出決策產生了顯著影響。人們往往將不同來源的收入賦予特定的價值和用途，例如：將年終獎金視為額外收入，用於獎勵性的消費，而將工資用於日常支出。這樣的劃分方式雖然有助於理財管理，但也可能在資金分配上限制靈活性，導致資金在不同用途之間無法充分流動。

　　為了提高經濟決策的靈活性，我們需要學會打破「心理帳戶」之間的界限，根據實際需求進行資金調整。如果某個帳戶因突發情況而出現超支，可以考慮從其他帳戶中調配資金，以應對短期的資金缺口，例如：當意外醫療支出超出預算時，可以從原計畫用於旅行或購物的帳戶中調配資金，從而維持財務的穩定性。

　　此外，建立一個綜合的儲蓄帳戶可以進一步提升靈活性。將部分收入集中於這個帳戶，並根據需要在不同用途之間進行分配，可以有效應對收入來源和支出需求的不確定性。這種方法能幫助上班族在享受年終獎金的同時，更加從容地面對突如其來的財務壓力，實現長期的財務健康。

案例二：遺產和一次性收入的處理

　　當意外分配到遺產時，「心理帳戶」往往會影響一次性收入的使用決策。遺產通常被視為額外收入。然而，這種單純根據收入來源來分配資金的方式，可能忽略了整體財務狀況和長期目標

的需求。

　　在處理遺產或其他一次性收入時，應該以整體財務目標為核心來進行分配，而不是僅僅按照「心理帳戶」的劃分方式，例如：將部分遺產用於償還高利率債務，可以減輕財務負擔並提高經濟安全性。同時，劃出一部分作為應急資金，為未來的不確定性做好準備。此外，將遺產的一部分投入長期投資，可以增值資產，助力實現長期財務目標。

　　在進行這些分配時，應該綜合考慮自身的收入來源、支出結構和財務風險，確保資金使用的有效性和靈活性，例如：若遺產金額龐大，可以諮詢專業的財務顧問，根據個人需求量身制定分配計畫。同時，也需要克服「心理帳戶」的影響，避免將遺產視為僅供消費或奢侈用途的資金，從而實現更理性的財務管理，將一次性收入的價值最大化。

案例三：家庭預算的靈活性

　　家庭預算中，「心理帳戶」的劃分有助於將財務管理更有條理。將收入和支出分配到不同的帳戶，例如：生活費帳戶、儲蓄帳戶和娛樂帳戶，可以清晰地追蹤各項資金的用途，避免過度消費。然而，這種劃分方式也存在挑戰，特別是當某個帳戶出現資金短缺時，不同帳戶之間的資金轉移可能受限，影響整體財務靈活性。

　　為了提高靈活性，設立一個專門的應急帳戶是一個有效的策略。這個應急帳戶可以用於應對各個「心理帳戶」之間的臨時調整，幫助家庭在突發情況下維持財務平衡，例如：當生活費帳戶短缺時，可以臨時從應急帳戶中提取資金，而不影響儲蓄或其他

帳戶的長期目標。此外，應急帳戶的建立也有助於降低突發支出對家庭財務健康的衝擊。

定期檢視和調整預算則是維持財務健康的另一關鍵措施。透過定期分析各帳戶的收支狀況，可以發現不必要的支出或資金配置不當的問題，進而進行優化，例如：若娛樂帳戶的支出長期超過預算，可以重新分配資金或調整娛樂習慣。同時，根據家庭的收入變化或生活需求的更新，適時調整預算結構，確保財務計畫能與實際情況相匹配。

將「心理帳戶」劃分與應急帳戶結合使用，再輔以定期的預算檢視和調整，不僅能發揮心理帳戶管理財務的優勢，還能避免其帶來的資金轉移受限問題，從而實現家庭財務管理的靈活性和穩定性。

案例四：購物決策的合理性

消費者的購物決策常受「心理帳戶」的影響，不同的收入或預算會被劃分到特定的用途帳戶，例如：日常開銷、娛樂消費或長期儲蓄。這種劃分方式雖然有助於管理支出，但也可能讓人們在購物時過度拘泥於既定的帳戶框架，忽略了實際需求和財務全局。

購物決策應該以實際需求和整體財務狀況為依據，而不是完全受制於「心理帳戶」的限制，例如：假設某件商品超出了娛樂帳戶的預算，但其用途能顯著提升生活品質且符合長期需求，那麼從其他帳戶調配資金支持這筆消費是合理的。相反，若僅僅因娛樂帳戶有餘額而購買不必要的商品，則可能導致資金的非最佳配置。

為了在購物決策中平衡「心理帳戶」的限制與實際需求，消費者可以採取幾項措施。首先，購物前確認自身需求，確定哪些支出能帶來真正的價值。其次，對每筆支出進行全面的財務評估，考慮其對其他帳戶的影響，例如：購買一臺高效能家電雖需較高初始支出，但可能降低未來的能源費用，這樣的長期價值應被納入決策考量。

　　此外，定期檢視「心理帳戶」的劃分與實際情況是否一致，根據需要調整各帳戶的比例，例如：若某段時間的娛樂開銷增加但生活必需品的支出減少，可以靈活地從一個帳戶調配資金至另一個，避免浪費或不必要的拘泥。

　　最重要的是，消費應該服務於整體生活品質的提升，而非僅僅遵循「心理帳戶」的框架。將「心理帳戶」視為財務管理的輔助工具，而非束縛，才能更靈活地進行消費決策，實現更高的財務效益與生活滿意度。

3.

你是樂觀派還是悲觀派?「前景理論」告訴你

當我們面對不確定的選擇時,決策過程往往並非完全理性,而是深受心理因素的影響。相較於獲得收益所帶來的喜悅,我們對於損失的恐懼往往更為強烈。這種心理偏差導致人們在決策時傾向於迴避風險,但在面臨潛在損失時,卻更容易選擇冒險行為,試圖挽回損失。

新冠疫情下的心理戰場：恐懼、框架與不確定性

2020 年爆發的新冠疫情不僅是一場公共衛生危機，如同看不見的敵人席捲全球，引發的恐慌更是一場全球性的心理戰役。在疫情期間，口罩、消毒酒精、民生物資，頓時成了戰備物資，在貨架上消失得無影無蹤，當時人心惶惶，風聲鶴唳，疫情不僅挑戰了公共衛生系統，更是一場心理的攻防戰。人們的行為模式，揭示「前景理論」（prospect theory）如何解釋這些看似非理性的反應。

首先，疫情引發人們「風險規避」（risk aversion）的心態，這造成人們因為資訊不足所引發的恐慌，並驅動一些極端行為。正因為在疫情期間，人們對生命威脅的恐懼達到了空前高度，新聞媒體與政府機構持續傳播確診病例和死亡人數的訊息，因為人數的攀升，引發了一連串極端行為。

我們試圖回憶一下，疫情期間，你是否因為不確定的資訊，做過以下不理性的行為。

疫情期間，面對大量不確定的資訊，我們當中的許多人可能都曾做出一些非理性的行為，例如：瘋狂搶購口罩和防護用品，這是基於對未來供應不足的恐慌而過度反應的結果。雖然適當的防護是必要的，但過度囤積卻加劇了市場的供應緊張，導致真正需要的人無法獲得這些物資。

此外，許多人會大規模囤積食品和生活必需品，遠超過日常實際需求，這也是一種非理性的決策行為，通常源於對供應

鏈中斷的過度擔憂。結果是，這種行為可能導致短時間內供應緊張，也讓自身承擔了保存和浪費的風險。

同樣的，選擇長時間不出門，與外界完全隔絕，雖然在某些時期是出於自我保護的考量，但在長期來看可能造成心理健康問題和對正常生活的過度恐懼。因為有人確診就疏遠他們，甚至認為他們做過一些不應該的事情，這種標籤化的行為也源於確證偏誤及恐懼心理，這會對個人和社會的和諧造成負面影響。

幾年之後，大家對於疫情可能有點遺忘，我幫大家梳理一下疫情初期引發的口罩搶購現象[1]，現在看起來，是不是很瘋狂？

1. 西班牙：兩片裝口罩 12.6 歐元，市民因此被迫頭戴塑膠袋出門。

2. 義大利：口罩價格從 10 分歐元漲到 10 歐元（漲價 100 倍）。

3. 日本：口罩價格普通的一盒醫用口罩（40 片裝）最高賣到 20 萬日元，平均每片 5,000 日元。

4. 美國：最高加價到 1,000 美元。

5. 韓國：KF94 口罩售價超過 4,000 韓元，較疫情前的 700 韓

---

[1] 「疫情全球大流行　多國口罩價格開始瘋漲，2020.03.17」社團法人國家生技醫療產業策進會，資料來源：https://ibmi.taiwan-healthcare.org/zh/news_detail.php?REFDOCTYPID=&REFDOCID=0q7bd22zbwezuqez。

元到 800 韓元，漲價了 6 到 8 倍之多。

6. 伊朗：口罩高價難求，一個口罩的價格高達 33 萬伊朗里亞爾，漲了 30 倍之多。

　　我記得疫情剛開始在國內擴散的時候，我服務的學校某些學生的群聚行為，造成部分的人確診，當天晚上，學校緊急通知所有師生與員工，全數至醫學中心的快篩站進行檢查。我記得醫院的醫護人員全數穿著防護服，快篩後全部的人必須在現場等候「放榜」，因為確診的學生與我在同一間教室上課，當報出自己的名字是陰性之後，當場讓我鬆了一口氣。但我的下一號民眾卻是陽性，當場就被醫護人員架走隔離，人群中自然形成如「摩西分海」一般的情境，遠遠的分成兩半，就深怕空氣中的病毒提自己太近，讓自己也染疫！

　　在資訊混亂的疫情初期，「確定性效應」（certainty effect）顯著影響了人們的風險認知。每一個確診病例都會引發強烈的社會反應，因為這代表了一個確定的損失。但相比之下，人們對潛在的感染風險估計則相對樂觀。這種反應差異直接反映了「前景理論」中的「確定性效應」，人們對確定的損失比對可能發生的損失更加敏感。

　　疫情一開始，大多數的專家都覺得很樂觀，端出一些統計分配的理論指出，疫情應該很快就消散，但事實上完全出乎大家的意料之外，一波比一波還嚴重。人們對疫情的恐慌，直接影響消費的需求，與公眾有關消費產業幾乎是百業蕭條，而與

個人有關的消費，直接是供不應求。

　　同樣的，「參考點改變」（reference point shift）也改變了我們對於幸福的感知，疫情澈底改變了人們的日常生活。社交距離、居家辦公、遠距教學、線上會議等措施使得原本熟悉的生活方式變得陌生。這種巨大的轉變在「前景理論」中可以解釋爲「參考點改變」，人們難以適應新的生活方式，因爲他們的參考點仍停留在疫情前。即使客觀條件上可能沒有太大變化，但與過去相比，人們的主觀幸福感明顯下降。然後，懷舊情緒上升，人們開始懷念與美化疫情前的日子。這種「參考點改變」不僅影響了人們的心理狀態，也改變了他們的決策行爲，例如：人們可能更願意爲恢復正常生活付出更高的代價。

　　在這場全球危機中，媒體的報導方式深刻影響了公衆對疫情的認知和反應。同樣的資訊以不同方式呈現時，會對人們的行爲產生截然不同的影響，這就是「前景理論」中的「框架效應」（framing effect）。

　　媒體與政府報導死亡率和生存率會給人完全不同的心理感受，儘管它們表達的是同一個事實，但我們大多數接收到的資訊是死亡率，這當然會造成恐慌。此外，使用積極或消極的措辭描述疫措施，會影響公衆對政府政策的支持度，例如：在疫情期間，「中央流行疫情指揮中心」公布的口罩限購、快篩限購等措施，直接讓人民認爲政府對於疫情應對的無力。排隊買口罩、酒精與快篩的人潮，以及有點無厘頭的做法，如電鍋蒸

口罩,日晒口罩,女用胸罩當口罩,直接降低人民對於政府防疫的信心度。

　　媒體的報導與政府防疫資訊與作為,這些「框架」不僅影響了公眾情緒,更深刻地塑造了整個社會對疫情的認知和應對態度,若我們都處在負面的「框架」中時,當然,我們就會誇大損失的效應與危機。

疫苗疑慮下的心理博弈:以 AZ 疫苗事件為例

　　還記得 2021 年,我國開始施打 AZ 疫苗時,新聞報導陸續出現一些接種後發生血栓的案例嗎?儘管政府再三強調,血栓的發生機率微乎其微,但媒體的渲染,仍然讓許多民眾對 AZ 疫苗產生疑慮,甚至出現「疫苗猶豫」的現象。

　　為什麼會這樣呢?讓我們用「前景理論」來分析。

　　「前景理論」指出,人們在面對風險決策時,往往會受到一些心理因素的影響,例如:「損失規避」和「確定性效應」。「損失規避」是指人們對損失的感受,遠比對獲得的感受強烈。因此,即使接種疫苗後出現副作用的機率很低,但潛在的健康風險,仍然讓許多人望而卻步。而「確定性效應」則是指人們傾向於高估確定事件的發生機率。因此,媒體報導的那些血栓案例,即使只是個案,也足以讓許多人產生恐懼,認為自己接種疫苗後,也可能會出現類似的副作用。

在 AZ 疫苗事件中，媒體的報導方式[2]，加劇了民眾的「損失規避」心理和「確定性效應」的效果。新聞標題中經常會標上「血栓」與「死亡」等負面字眼，反而對於疫苗的保護力和安全性數據卻略去不談。我們不能說媒體嗜血，但在媒體流量為王的時候，眼球經濟就是流量，流量就是廣告收益，因此，愈驚悚的新聞標題可看性當然就愈高！這種報導方式，會讓民眾產生「疫苗很危險」的印象，進而降低接種意願。

以事後諸葛角度而言，政府當然可以讓民眾更為理性，但萬一政府也落入不理性的決策，又該如何化解民眾的疫苗疑慮呢？依據「前景理論」，當萬一有極端的疫情問題發生時，可以用以下三個步驟對社會與民眾進行溝通：

第一，資訊透明化：政府和衛生單位應該提供清楚、準確的疫苗資訊，讓民眾了解疫苗的效益和風險，並破除關於疫苗的錯誤迷思。

第二，風險溝通：用淺顯易懂的方式，向民眾說明疫苗的安全性，並以數據和案例佐證。

第三，正面宣導：多報導接種疫苗後的正面案例，例如：避免重症、降低死亡率等等，增強民眾對疫苗的信心。

透過這些方法，可以幫助民眾克服「損失規避」和「確定

---

2 「COVID-19／AZ 疫苗引起血栓風暴！指揮中心決議：不停打！疫苗仍是利大於弊」，資料來源：https://tw.news.yahoo.com/covid-19-az疫苗引起血栓風暴 - 指揮中心決議 - 不停打 -062904067.html。

性效應」的影響，可以做出更理性的疫苗接種決策。

沉睡的巨人：台積電 ADR 與散戶的投資心理

2022 年底，台積電美國存託憑證（ADR）的價格，如同坐上雲霄飛車般，經歷了劇烈的波動嗎[3]。從 10 月的谷底 60 美元，一路攀升到 12 月的 90 美元，漲幅超過 50%。然而，在這波漲勢之前，台積電 ADR 的價格，卻是從 2021 年底的 120 美元，一路跌到 2022 年 10 月的 60 美元，也是跌了 50%，台積電 ADR 的價格走勢，大漲大跌，往往讓許多投資人措手不及（註：2024 年 10 月 ADR 價格約 190 美元）。

這場台積電 ADR 的價格震盪，除了反映市場對半導體產業的預期變化外，也展現了投資人在面對不確定性時，是如何受到「前景理論」影響的。

白話說，「前景理論」是投資人投資心理的放大鏡。

「前景理論」指出，人們在做決策時，並非總是理性的，而是會受到一些心理偏差的影響，例如：

「損失規避」：人們對損失的感受，遠比對獲得的感受強烈。

「確定性效應」：人們傾向於高估確定事件的發生機率。

---

3 「巴菲特波克夏首度買進台積電 ADR 激勵台股大漲 371 點」，資料來源：https://news.pts.org.tw/article/609367。

「框架效應」：人們對同一件事的看法，會受到描述方式的影響。

台積電 ADR 的案例，正好可以說明這些心理偏差，是如何影響投資人決策的。

首先上場的是「損失規避」，這是追高殺低的陷阱。

當台積電 ADR 價格從 60 美元漲到 90 美元時，許多投資人受「損失規避」心理的驅使，害怕錯過這波漲勢，紛紛追高買進。然而，當價格開始回落時，這些投資人又因為害怕虧損，而趕緊拋售股票，導致股價加速下跌。這種「追高殺低」的行為，正是「損失規避」心理的典型表現。投資人因為害怕虧損，而做出不理性的決策，反而加劇了市場的波動。而事實上，2022 年 10 月以後的 ADR 價格，除在 2023 年短期震盪外，在 2024 年起一路飆漲，「損失規避」的心理障礙，的確讓很多投資人在 2024 年為之扼腕，錯失了一次大漲的機會，不是嗎？

其次，是「確定性效應」，這意味著市場消息具有放大效應。

在台積電 ADR 上漲的過程中，市場上也出現許多利多消息，例如：美國政府推出《晶片法案》，扶持半導體產業發展，還有台積電先進製程技術領先全球，市場需求強勁，以及巴菲特旗下波克夏公司買進台積電 ADR，引發市場關注等利多消息。這些利多消息，雖然提升了投資人對台積電的信心，但也可能因為「確定性效應」，而被過度解讀。投資人可能會

高估這些利多消息的影響力，認為台積電 ADR 的價格會持續上漲，而忽略了市場的風險和不確定性。

期間，有個插曲是「股神巴菲特難道也失算」。波克夏在 2022 年第三季首次進場買進約 6,010 萬單位台積電 ADR，金額超過 41 億美元，這消息讓台積電 ADR 一晚大漲 7% 之多。但時間只不過超過一季的時間，2023 年 2 月中波克夏就公告出清 86% 台積電 ADR，由持有 6,006 萬單位 ADR，減持至 829.27 萬單位，但台積電 ADR 並沒有因為波克夏大幅賣出，價格就大幅下挫。以事後諸葛來說，難道巴菲特的波克夏，過度解讀了台積電的所處的地緣政治風險嗎？

再來就是「框架效應」，我們可以解讀是市場情緒的渲染力。

媒體的報導方式，可能會影響投資人的決策，例如：當媒體大肆報導台積電 ADR 價格創新高的消息時，會營造出一種樂觀的市場氛圍，讓投資人更容易受到情緒感染，而忽略風險。反之，當媒體報導台積電 ADR 價格下跌的消息時，則會加深投資人的恐慌情緒，導致股價進一步下跌。這就是「框架效應」的影響。媒體的報導方式，就像一個框架，會影響人們對事件的解讀和判斷，不理性的投資人，當然可能隨媒體報導而讓投資決策「隨波逐流」。

面對市場的波動和不確定性，投資人應該如何克服「前景理論」的陷阱，做出更理性的投資決策呢？白話說，投資就是

一場「心理的修煉」！

第一，理性分析，不要被市場情緒牽這鼻子走，要根據公司的基本面和產業發展趨勢，理性分析投資標的的價值。

第二，分散風險，不要把雞蛋放在同一個籃子裡，要分散投資，降低風險。

第三，進行長期投資，不要追逐短期波動，要聚焦在長期投資價值。

第四，控制情緒，不要因為恐懼或貪婪而做出衝動的決策，要保持冷靜，理性判斷。

我們都知道投資不僅是一場金錢遊戲，也是一場心理的修煉，追高殺低是人性的弱點，如果我們了解「前景理論」，不但可以幫助我們更好地理解自己的投資心理，也可以避免做出不理性的決策。

賭徒謬誤：隨機事件中的錯誤預期

「賭徒謬誤」（gambler's fallacy）是一種常見的認知偏誤，指的是人們錯誤地認為，過去的隨機事件會影響未來的隨機事件，特別是在具有獨立性且無關聯的情境中。換句話說，人們會將偶然事件，誤解為帶有某種模式或趨勢。

「賭徒謬誤」常出現在機會遊戲中，例如：擲硬幣或輪盤賭。在這些情境中，每一次的結果都是獨立的，但人們卻往

往認為，如果某一結果（例如：正面）已連續出現多次，那麼相反的結果（例如：反面）更有可能在下一次出現。事實上，這種想法是錯誤的，因為每次擲硬幣的機率，正反面的機率約是 50%。

舉例來說，一位賭徒在賭場中觀察到輪盤連續出現了 5 次黑色，便認為「紅色即將出現」，於是將全部籌碼押在紅色上。他的推測基於「賭徒謬誤」，因為輪盤的每一次結果都是獨立的，之前的黑色結果並不會影響下一次是紅色或黑色的機率。

同樣的，「賭徒謬誤」不單只是發生在賭博上，我們對於機率的識別，往往是很不理性的。

在籃球賽中，賭徒謬誤的典型表現是「手感錯覺」（hot hand fallacy）的逆向思維。假設一位球員在比賽中連續投籃命中 5 次，有些觀眾或教練可能會認為該球員下一次出手更有可能失手，因為他「不可能一直保持命中」。然而，這種想法忽略了球員每次投籃的成功機率是基於技術、場上情境和防守壓力等因素，而非之前的投籃結果。

在某場 NBA 比賽中，球員 A 連續命中 5 個三分球，觀眾認為他的下一球很可能不會進，因為「命中次數已經太多」。相反，球員 B 在之前 5 次投籃中均失手，但教練仍然堅信他下一球會進，因為「再不進的話，機率上就說不過去了」。這兩種判斷都屬於「賭徒謬誤」，因為每次投籃的結果是獨立

的，之前的命中或失手並不會改變下一次投籃成功的機率。

這種謬誤在球場上可能導致教練做出錯誤的戰術決策，例如：過度依賴某名球員或忽略其他隊員的表現潛力。對於球員來說，這種思維可能影響信心，讓他們在連續得分後過於自滿，或在連續失手後過度懷疑自己的能力。

我們要知道，數據和機率的獨立性是關鍵，例如：分析球員的命中率、對手防守強度和出手位置，才能更理性地評估球員下一次投籃的可能結果，而非依賴過去結果的表象來預測未來的表現。

「賭徒謬誤」源於人類對隨機性的不正確理解，人們期望短期結果能反映長期機率（即小樣本定律），然而實際上，短期結果可能存在很大的隨機波動，並不會符合長期的理論機率。

「賭徒謬誤」可能導致人們在機會遊戲中做出錯誤的投注決策，或在其他情境中高估某些事件發生的可能性，例如：股票市場中，有些投資者可能會因為某股票連續上漲而認為它必定會下跌，但實際走勢可能仍然由市場供需和基本面決定。

前景理論：人們在面對風險和不確定性時的決策行為

許多實驗研究證實了「前景理論」的假設和預測，例如：在一個經典實驗中，參與者被要求選擇以下兩個選項之一：

1. 獲得 100 美元的確定收益。

2. 50% 的機率獲得 200 美元，50% 的機率獲得 0 美元。

　　大多數參與者選擇了確定的 100 美元，儘管兩個選項的期望值相同（都是 100 美元）。這表明人們傾向於避免風險，尤其是在面對確定收益時。

　　相反，在另一個實驗中，參與者被要求選擇以下兩個選項之一：

1. 損失 100 美元的確定損失。

2. 50% 的機率損失 200 美元，50% 的機率損失 0 美元。

　　大多數參與者選擇了第二個選項，儘管兩個選項的期望值相同（都是 -100 美元）。這表明人們在面對損失時，傾向於冒險以避免確定的損失。

　　前景理論（prospect theory）是由丹尼爾‧卡尼曼（Daniel Kahneman）和阿莫斯‧特沃斯基（Amos Tversky）在 1979 年提出的一種行為經濟學理論，用於解釋人們在面對風險和不確定性時的決策行為。這一理論挑戰了傳統經濟學中預期效用理論（expected utility theory）的假設，揭示了人們在實際決策過程中的非理性行為。

　　「前景理論」有四項基本假設，「參考點效應」（reference point effect）指出人們在評估選項時，並不是基於最終結果的絕對值，而是基於參考點進行相對變化的評估，這個參考點通常是人們當前的狀態或期望值，因此獲得和失去的

感受都是相對於這個參考點的，並且人們對相同的結果可能有不同的反應，取決於它與參考點的距離和方向。

「損失規避」（loss aversion）指出，人們對損失的敏感度遠高於對收益的敏感度，也就是說，損失帶來的痛苦通常要大於等額收益帶來的快樂，這也是為什麼人們在面對潛在損失時往往表現得更加保守和謹慎。

「邊際效用遞減」（diminishing marginal utility）則說明「前景理論」中的價值函數，收益部分的邊際效用隨著增加而逐漸減少，損失部分的邊際效用則是增加的，這意味著每額外單位的收益帶來的效用變化會愈來愈小，例如：從 100 元增至 200 元所帶來的快樂，遠大於從 1,000 元增至 1,100 元所帶來的快樂。

最後，「機率加權」（probability weighting）指人們對機率的感知並不精確，丹尼爾‧卡尼曼和阿莫斯‧特沃斯基在「前景理論」中引入了「機率加權」函數，指出人們對小概率事件往往高估，而對大概率事件低估，這導致人們在決策時可能偏向於做出非理性的選擇，因為他們對風險和機會的估計並不精確。

這裡我特別提出《經濟學季刊》（*The Quarterly Journal of Economics*）一篇〈弱信號的過度推理和強信號的欠推理〉（Over Inference from Weak Signals and Under Inference from

Strong Signals）[4]中提到的幾個現象，人類在面對資訊時，對於「小訊號」往往過度反應，但對於「大警訊」確有反應不足的問題，這種模式在運動賭盤和股票市場中均有所表現，且被證明是一種根深蒂固的資訊誤判現象。作者以籃球和市場行為進行分析，以 NBA 籃球賽和股票市場的期權交易為例，人類在比賽或市場開始時往往會對一些小的變化過度反應，然而在比賽或市場接近結束的關鍵時刻，卻反應不足，這種錯誤的資訊權重分配會影響我們在重要決策中的判斷。此外，人類在面對新資訊時，經常因為不確定其重要性而採取折中反應，忽視訊息的真實權重。

根據「機率加權」，人們對於一些短期、具戲劇性的事件（如比賽中的精彩表現或市場中的短期波動）往往給予過高的權重，而忽略更長期、更穩定的訊號，這正是「機率加權」導致的偏誤。這種錯誤的資訊處理方式讓人們更容易高估小機率事件，低估那些對結果有顯著影響的長期變化。

「前景理論」的核心是「價值函數」（value function），用來描述人們在不同的收益和損失情境下如何評估結果。這個「價值函數」的特點包括相對於參考點的變化，而非基於絕對數值來評估。同時，「價值函數」在收益與損失部分表現出非

---

4 Ned Augenblick, Eben Lazarus, Michael Thaler, Over Inference from Weak Signals and Under Inference from Strong Signals, *The Quarterly Journal of Economics*, 2024.10.10.

對稱性，損失部分的斜率更為陡峭，這意味著人們對損失的敏感度高於對收益的敏感度。此外，價值函數還具有遞減邊際效用的特性，隨著收益增加，價值增幅逐漸減小；隨著損失增加，價值減幅也逐漸減小。

「前景理論」解釋了許多實際生活中的決策行為。在金融投資方面，投資者在面臨虧損時往往不願意賣出虧損的股票，但在獲利時卻容易過早賣出，這反映了「損失規避」和「參考點效應」。在保險市場中，人們通常會高估小機率災害的風險，因此願意支付較高的保費來轉移風險，這是「機率加權」的表現。市場銷售方面，企業在定價和促銷策略中也利用了「前景理論」的原理來吸引消費者，例如：「買一送一」或「滿額優惠」等促銷策略，這些做法運用了「參考點效應」和「損失規避」來提高消費者的購買意願。

生活應用

案例一：股票投資的「損失規避」

我們經常聽到很多人在投資股票時，由於不願承認損失而繼續持有下跌的股票，這是「損失規避」的典型表現，反映出人們對損失的敏感度遠高於對收益的敏感度。為了更好地應對這種心理偏差，投資者可以採取以下方法。

首先，應該理性地評估投資，根據未來的市場前景和預期收益來進行判斷，而不是過度關注已經發生的損失。這樣的做法可以幫助投資者保持更冷靜的頭腦，避免在負面情緒的驅動下做出不理性的決策。此外，在投資之前設定一個合理的停損點，當股價跌到這個停損點時，果斷賣出，這樣可以有效地避免更大的損失，並且減少投資中的情感負擔，使得投資策略更加理性和有效。

案例二：購買保險的「機率加權」

在購買保險時，我們經常可能高估小機率事件的發生機率，導致願意支付較高的保費，這反映了「機率加權」的影響，說明人們對小機率事件的感知往往不夠準確。為了更合理地進行保險決策，可以採取一些有效的策略。

首先，應該在購買保險前對風險進行客觀評估，不要過度高估小機率事件的發生可能性。這樣可以避免因對風險的錯誤認知而支付不必要的高額保費。其次，選擇合適的保險產品，應考慮保費的經濟負擔和保險的保障範圍之間的平衡，挑選保費相對

合理、保障適中的產品，從而達到轉移風險與維持經濟穩定的雙重效果，確保保險既能滿足實際需求，又不會帶來過多的財務壓力。

案例三：市場促銷的「參考點效應」

在市場促銷活動中，商家常常利用「參考點效應」，讓消費者感覺到促銷是非常划算的交易，這往往會導致消費者購買並不真正需要的產品。為了避免受到這類促銷影響，消費者可以採取一些理性的策略。

首先，應理性消費，根據自身的實際需求決定是否購買商品，而不是被促銷活動中的折扣或優惠所左右。這樣可以有效避免不必要的支出，保持消費的理性。其次，在購物前列出一份詳細的購物清單，確定自己真正需要的物品，這樣在面對促銷活動時，就不容易因一時的折扣吸引而衝動購買不必要的商品。這些策略能夠幫助消費者在面對各類市場促銷時保持清醒頭腦，做出更為合理的消費決策。

案例四：健康選擇的參考點設置

在健身房中，有些人因為擔心受傷而猶豫是否選擇高強度的運動，這時需要設立一個健康的參考點來做出更合適的選擇。為了確保健身的安全性和有效性，可以考慮以下建議。

首先，在選擇運動時應根據自己的健康狀況和長期目標來做決定，避免過度強求高強度訓練而對身體造成傷害。每個人的體能和健康目標都不同，應該量力而行，選擇那些與自身狀況相匹配的運動。其次，設立一個健康的參考點，以自己的身體狀況為基礎，合理設計運動強度和方式。這樣可以在循序漸進中提高體

能，同時降低受傷的風險，確保運動的安全性和持續性。保持運動的平衡和理性，能夠更有效地促進健康且避免因受傷而中斷鍛鍊的風險。

4

先入為主，小心 「錨定效應」讓 你被牽著鼻子走

人們在決策時，往往會過度依賴初始資訊，即便這些資訊與最終決策並無直接關聯。這種效應使得人們的判斷與預測偏離現實，影響決策的準確性和合理性，進而降低整體決策效果。

買房送裝潢？小心掉入「錨定效應」的陷阱！

每當房市景氣低迷時，建商為了吸引買氣，紛紛祭出各種促銷方案，其中最常見的就是「買房送裝潢」，用「一卡皮箱」就可以入住的宣傳標語吸引購屋者上門賞屋。然而，只要賞屋者踏入建商或者是代銷的接待中心時，此時想要全身而退，可不是一件易事！

「買房送裝潢」的標語乍聽之下很吸引人，購屋者此時感覺到，好像購屋後可以省下一大筆裝潢費用。假定你有購屋需求，你是否曾經仔細評估過，這個號稱「免費」的裝潢，真的划算嗎？還是你已經掉入了「錨定效應」（anchoring effect）的陷阱而不自知，被建商牽著鼻子走，出價過高呢？

「錨定效應」是業者最常營造的價格障眼法。「錨定效應」指的是一種心理偏差，當人們在做判斷時，容易受到最初的資訊影響，即使這個資訊與判斷的目標根本不相關，此時，只要對方有意的丟出一個「錨點」，你就上鉤了！

在「買房送裝潢」的案例中，業者提供的免費裝潢，就是先設好一個「錨點」。它會讓你在不知不覺中，把注意力專注在裝潢的價值上，反而忽略了房子的真正價值。這時候你應該注意，你是要買房子，而不是要買裝潢。

舉個例子來說，假設有兩間房子，A 房子的售價是 1,000萬元，沒有送裝潢；B 房子的售價是 1,200 萬元，送 200 萬元的裝潢。在「錨定效應」的影響下，你可能會覺得 B 房子的

價格比較划算，因為它送了 200 萬元的裝潢。但是，實際上，B 房子的價格比 A 房子貴了 200 萬元。即使扣掉裝潢的價值，B 房子的價格還是比 A 房子貴。此時，你的焦點被轉移了，從「買房子」，變成「送裝潢」，到「賺到裝潢」！

事實上建商的小算盤是這樣打的——如何利用「錨定效應」獲利？

建商當然不是笨蛋，他們之所以推出「買房送裝潢」的促銷方案，就是為了利用「錨定效應」，提高房子的售價。他們會先把房子的價格提高，再送你「免費」的裝潢，讓你覺得好像撿到便宜，實際上卻是多花了錢。

此外，建商提供的免費裝潢，你會發現有很多限制，例如：裝潢的風格和材質，都是建商指定的，你沒有選擇的餘地。裝潢的品質也可能參差不齊，你可能還需要額外花錢進行修繕。如果你不想使用建商提供的裝潢，也不能折抵房價。這些限制，都讓「買房送裝潢」的優惠，打了折扣。

想要避免落入「買房送裝潢」的陷阱，此時，你需要保持理性，不被免費的裝潢所迷惑。不要只看免費的裝潢，要仔細計算房子的總價，以及裝潢的實際價值。多比較不同的建案，了解市場行情，才能做出更明智的選擇。最後，不要被銷售技巧所迷惑，要理性分析自己的需求，選擇真正適合自己的房子。

買房是一場資訊戰，因為你的所知有限

我再舉一個在購屋時常會遇見的「錨定效應」陷阱。

如果有買房經驗，你試著回想一下，你此時買的房子，在業者帶你看不同的房子時，當初的決策背景如何？

我先告訴各位，買房是人生中的大事，千萬不要因為一時的衝動，而做出錯誤的決定。在資訊爆炸的時代，建商的銷售技巧也愈來愈訓練有素，你在學校學的一些行銷理論，你還沒用過時，業者可是用的非常專業，「錨定效應」只是其中一個讓你無法察覺的銷售技巧。

首先，你有購屋需求時，當你踏入接待中心時，你知道對方銷售的所有資訊嗎？當然沒有，你從傳單上得到的資訊，只是業者想要讓你進門的資訊而已，這時候接待人員上場，你一定會將你的購屋需求與條件全部攤給對方，不然，他怎麼幫你介紹房子呢？

這時候，接待人員一定會帶你去看一間你看了一定不會喜歡的房子，為什麼你會不喜歡？當然是接待人員故意設下的「錨點」，接下來重頭戲才在後面！你將會發現，為什麼後面看的房子，你會愈看愈喜歡？加上接待人員七嘴八舌的渲染入住的情境，這時候你完全陷入了接待人員所設下的局。

最後，結果將會如出一轍。這劇本是業者根據理論與經驗所寫出來的，接待人員會告訴你，你所喜歡的房子目前也被其

他購屋者相中，不然就是公司的保留戶，無法銷售。此時，你原本的購屋預算已經開始動搖，為了拿下你夢想中的房子，你的購屋房價已經開始被墊高了！這時候，你再望望牆上貼滿的「賀成交」紅條，忙碌的接待人員電話聲，已經走進來和你磋商房價的業者高層主管，接下來，你就準備付訂金了！

這套「錨定效應」的劇本，放在很多消費場合都適用，你是不是發現，銷售人員都是訓練有素，往往你只是被待宰的羔羊。

雙 11 購物節：折扣的誘惑與錨定的陷阱

每年一度的雙 11 購物節，總是讓消費者陷入瘋狂的購物狂熱，每年就這一檔，不買可惜是不是？這時候，以淘寶為例，你的 APP 購物車裡有很多是你預備購物的清單，準備在雙 11 中進行大肆採購。

雙 11 當天一到，「全年最低價」、「限時秒殺」、「滿千送百」等各種吸引你眼球的促銷標語，加上網紅、直播主的賣力推銷，讓人忍不住想清空購物車！但你有沒有想過一件事，這些優惠真的那麼吸引人嗎？還是你已經掉進了「錨定效應」的陷阱裡，買了一堆不需要的商品而不自覺呢？

在雙 11 購物節中，電商平臺和商家常會使用「錨定效應」來混淆消費者的購買決策，例如：他們可能會先把商品的價格提高，再給你一個超低折扣，讓你覺得好像撿到很大的便宜。

舉個例子，一件原本售價 1,000 元的衣服，先漲價到 1,500 元，再給你打個 7 折，最後的售價變成 1,050 元。此時，你賺到了嗎？

雖然你花了 1,050 元買到這件衣服，但你可能會覺得自己省了 450 元，因為你看到了 7 折的超低折扣標語，你當然會受到誘惑！這就是「錨定效應」的魔力。它讓你聚焦折扣的幅度，而忽略了商品的真實價格。

中國大陸有個實際案例，在 2022 年的雙 11 購物節後，中國消費者協會發布了一份「2022 雙 11 消費維權輿情分析」，此報告揭露了電商平臺和商家常用的價格騙局。其中，「促銷價格爭議吐槽內容主要指向先提價後打折、預售價格高等問題」，這就是最常見的利用「錨定效應」來誤導消費者。簡單來說，有些商家會在雙 11 購物節前，先提高商品的價格，再給你一個超低折扣，讓你誤以為自己撿到便宜。還有些商家會使用先漲後降、明降暗漲等手法，讓你搞不清楚商品的真實價格。這些價格騙局，當然會讓消費者防不勝防，很容易就掉進「錨定效應」的陷阱，不但占不了便宜，消費支出還比原價還貴。

如果，你真的要在購物節中大肆購物，面對雙 11 購物節的促銷攻勢，我們該如何保持理性，不被「錨定效應」所迷惑呢？首先是事前調查，在雙 11 購物節前，必須先做好功課，了解你想要購買的商品的歷史價格，才能判斷折扣是否真的優

惠。其次，要理性分析，不要被折扣和優惠的標題沖昏了頭，要理性分析商品的眞實價格，以及你是否眞的需要這個商品。第三，要貨比三家，不要只看一家電商平臺，要多比較不同平臺的價格，才能找到最划算的標的。最後，要設定預算，在購物前，先設定好預算，避免過度消費。

事實上，各式各樣花俏的購物節，往往是消費者要面臨的一場心理戰，你沒有消費需求與欲望，業者也會千方百計的燃起你的購物欲。身爲消費者，我們要了解這些銷售技巧，才能避免落入消費陷阱，做出更明智的選擇。

千萬要記住，理性消費，才能眞正享受購物的樂趣！

「錨定效應」：我們會過度地依賴初始資訊

「錨定效應」是行爲經濟學中一個重要的概念，最早由心理學家丹尼爾・卡尼曼和阿莫斯・特沃斯基在 1974 年提出。「錨定效應」指的是人們在做出決策時，會過度依賴於初始資訊（即錨點），即使這些資訊可能與最終決策無關。這種效應會導致人們的判斷和估計偏離實際值。

「錨定效應」的關鍵在於錨點的影響力。錨點可以是任何初始資訊，例如：價格標籤、數字、參考值等。當人們接收到這些錨點後，會在其基礎上進行調整，但調整的幅度通常不足，導致最終的判斷依然受到錨點的強烈影響。

例如：在購物時，如果一件商品的原價標示爲 5,000 元，

現價打折到 3,000 元，消費者可能會覺得這是個很好的交易，因為他們的判斷基於 5,000 元這個錨點，而忽略了市場上其他同類產品的價格。

許多實驗證實了「錨定效應」的存在和影響，例如：在一個經典實驗中，參與者被要求估計美國有多少個州。實驗首先給出一個隨機生成的數字，然後詢問參與者這個數字是否大於或小於美國的州數，接著要求參與者給出具體的估計值。結果顯示，參與者的估計值顯著受到初始隨機數字（即錨點）的影響。

「錨定效應」背後的機制包括認知偏差、心理定勢和資訊不足。認知偏差指人們在處理資訊時容易受到初始資訊的影響，進而影響後續的判斷和決策。「心理定勢」（mental set）則是指初始資訊在心理上形成了一個定勢，使人們無法擺脫其影響，導致新資訊的解讀和反應受到限制。而當人們缺乏足夠的資訊來進行決策時，則會依賴現有的初始資訊作為參考點，這樣的依賴性則進一步加強了錨定效應。

「錨定效應」的應用與影響

「錨定效應」在商業、談判和金融領域有著廣泛的應用和影響。在商業應用中，零售商通常會先展示高價商品，然後再展示折扣後的價格，這使得消費者認為打折後的價格更具吸引力。這種價格策略利用了「錨定效應」，讓消費者感覺自己獲

得了更大的優惠。

在談判中，「錨定效應」也經常被用來影響談判結果。通常在談判中提出第一個報價的一方會設立一個錨點，這個錨點會對後續的談判產生重要影響，例如：在薪資談判中，如果應聘者先提出一個較高的薪資要求，這個要求可能會作為錨點影響雇主的回應，使得最終結果更接近應聘者的期望。

在金融市場中，「錨定效應」也會影響投資者的決策。投資者往往會根據股票的歷史高價或低價來評估當前的投資價值，這種依賴過去價格作為錨點的行為可能導致錯誤判斷，忽視市場的現實情況和未來趨勢，最終影響投資收益。

為了減少錨定效應對決策的影響，我們可以採取幾種策略。首先，增加資訊量是有效的方法之一，透過收集更多相關資訊來避免單一資訊的影響，從而做出更全面的判斷。其次，保持獨立思考，在做決策時，不被初始資訊所左右，這需要訓練自己的思維模式，避免過度依賴錨點。此外，設置多個參考標準也是一種有效的策略，例如：在購物時可以比較多家商店的價格，而不是僅依賴原價標示。最後，在團體決策中，鼓勵不同成員提出多樣化的觀點和建議，有助於分散單一錨點對整體決策的影響，從而做出更理性的選擇。

生活應用

案例一：購物價格的錨定，讓折扣產生吸引力

商家常利用原價作為「錨點」，讓消費者感覺到折扣後的價格更具吸引力，但這種感覺不一定反映出商品的真實市場價值。為了避免受到「錨定效應」的影響，消費者在購物時可以採取以下策略。

首先，在購物前應該多方比較不同商店的價格，尤其是對於同類產品，進行多家比價可以幫助消費者避免因單一錨點而做出偏頗的購買決策。其次，應根據自己的實際需求和預算來決定是否購買，而不僅僅依賴折扣資訊。只有符合需求且在預算範圍內的商品，才是值得購買的。最後，消費者還應該關注產品的品質和性能，僅僅看價格可能會忽略商品的實際價值，應確保所購商品物有所值，這樣才能真正做到理性消費，避免因價格的「錨點」而做出衝動決策。

案例二：房地產價格的錨定，忽略實際價格

房地產業者常利用以前的市場價格作為「錨點」，以影響潛在買家的判斷，這種策略可能會讓買家忽略其他房源的價格和實際價格。為了避免受到「錨定效應」的影響，買家在做購屋決策時可以採取以下策略。

首先，在購屋前應多方查詢同一區域和同類型房產的市場價格，透過多重來源獲得全面資訊，避免因單一資訊而受到誤導。這樣能幫助買家更好地了解市場行情，做出更有依據的決策。其

次，尋求專業評估人員的幫助也是一個重要的策略，透過專業人士的獨立評估，買家可以獲得房產的真實價值評估，減少因為資訊不對稱而做出錯誤決策的風險。最後，買家應該根據自身的需求和財務狀況來進行理性分析，綜合考量房產的實際價值，而不是單純依賴仲介提供的資料。這些應對策略能幫助買家在面對房地產市場的「錨定效應」時，保持冷靜和理性，做出符合自身需求的最優決策。

案例三：薪資談判中的錨定，爭取提高薪資

在薪資談判中，提出較高的薪資要求作為「錨點」，確實可以幫助求職者在談判中爭取到更高的薪資。然而，這種策略需要謹慎處理，以免留下不切實際的印象給雇主。為了更好地應對薪資談判中的挑戰，求職者可以考慮以下幾個策略。

首先，在談判前應該充分了解該職位的市場薪資行情，這樣可以確保所提出的薪資要求是合理且具有競爭力的。了解市場行情有助於設定一個合理的薪資基準，避免因不當的薪資要求而影響談判進程。其次，合理設置「錨點」，提出的薪資要求應略高於市場平均行情，這樣可以為談判留出餘地，同時不會讓雇主覺得要求過高而不切實際。這種方式可以增加薪資談判的成功機率。

最後，在談判的過程中保持靈活性也非常重要。求職者應根據雇主的反應進行調整，並尋求雙方都能接受的薪資待遇。靈活談判有助於達成一個平衡的結果，既能滿足求職者的需求，也能符合雇主的預期。透過了解市場、合理設置錨點和靈活應對，求職者能夠更好地在薪資談判中爭取到理想的待遇。

案例四：餐廳菜單中的錨定，容易被高價菜色迷惑

　　餐廳經常利用高價菜色作為「錨點」，使顧客感覺其他菜色更加具有性價比，這種策略雖然有效，但也可能在無形中誤導顧客的選擇。為了避免受到「錨定效應」的影響，顧客在點餐時可以採取以下策略。

　　首先，在點餐時應理性選擇，根據自己的口味和實際需求來決定選擇哪些菜色，而不應單純被高價菜色所迷惑。這樣可以避免因受到價格的影響而點選不必要的昂貴菜色。其次，透過多次用餐比較，可以更好地了解餐廳各類菜色的實際價值。長期的比較有助於顧客建立對餐廳價格和品質的準確認知，從而做出更理性的選擇。

　　此外，顧客應該關注菜色的品質和分量，不僅僅看價格。確保所選擇的菜色能夠滿足自己的口味需求且物有所值，這樣才能更好地享受用餐體驗，而不只是被價格標籤所影響。這些應對策略能幫助顧客在面對餐廳的「錨點」設置時保持清醒頭腦，從而做出更符合個人需求的決策。

5

戴著有色眼鏡?「確證偏誤」讓你只看到想看的

人們在面對資訊時,通常傾向於只尋找、解釋和記住那些支持自己既有信念或假設的資訊,忽視或排斥與這些信念相矛盾的內容。這種傾向會讓人們陷入狹隘的思維模式,進而強化已有觀念,難以接受新觀點。

同溫層效應：當「確證偏誤」遇上社群媒體

你是否曾經感覺到你身邊的朋友、家人，甚至陌生人，都和你有著相同的觀點？你是否發現，你所看到的新聞、資訊，也都支持著你的想法？難道，這是巧合？

這可不是巧合，而是「確證偏誤」（confirmation bias）和社群媒體聯手打造的「同溫層效應」（echo chamber effect）[1] 所致！

「確證偏誤」就像是讓你戴上了一副有色眼鏡，讓你只看到你想看到的東西，反而忽略了其他不同的觀點。也就是說，媒體平臺會「餵」給你想看到的訊息，自然而然地阻擋掉你不想看到的訊息。這時候，你會以為你所接受的訊息是一種均值，是一種事實，卻完全忽略掉這是被過濾後的結果。

例如：你相信吃素對健康有益，你就會特別注意那些支持素食的資訊，而忽略那些質疑素食的資訊。又例如：你支持某個政黨，你就會特別關注那些讚揚該政黨的新聞，忽略那些批評該政黨的新聞。這種選擇性注意和選擇性記憶，會讓你愈來愈堅信自己的想法是正確的，即使事實並非如此。

---

1 「同溫層效應」也稱為「迴聲室效應」或「過濾泡泡」，係指社群網站分析用戶的使用歷程，利用大數據分析導入演算法，依據使用者偏好傳送相關消息，完全阻絕無興趣、負向的訊息，產生一種特定性強化之機制。

而社群媒體，就是打造「同溫層」的推手，社群媒體的興起，更加劇了「確證偏誤」的影響。臉書（Facebook）、X、Instagram 和 Threads 等社群平臺，本來就會根據你的喜好，推薦你可能會感興趣的內容。同樣的，你在搜尋引擎上看到的資訊，或者是廣告，也是被演算後的結果，一切都是投你所好！

　　此時，根據你經常按讚的那些貼文，Facebook 就會推薦你更多類似的，讓你沉浸在一個充滿同類資訊的「同溫層」裡。在「同溫層」裡，你所看到的資訊，都是支持你觀點的，你所遇到的朋友，也都是和你想法類似的人。這會讓你產生一種錯覺，以為你的想法是主流意見，進而忽略了其他不同的聲音。

　　舉例來說，每次選舉就是「確證偏誤」、「同溫層效應」和「資訊繭房」（information cocoons）的最佳寫照。在選舉期間，社群媒體上充斥著各種真假難辨的資訊，支持者和反對者各執一詞，互相攻擊。許多選民，都只願意接收和自己立場一致的資訊，而排斥不同的聲音。這將導致選民之間的對立加深，社會更加分裂。即使選舉結束，許多人仍然堅信自己的選擇是正確的，而拒絕接受選舉結果。

　　這就是「確證偏誤」和「同溫層效應」的可怕之處。它會讓我們陷入「資訊繭房」，失去理性思考的能力，甚至做出錯誤的判斷。

　　想要避免「確證偏誤」的影響，我們需要接觸更多元資

訊，不要只看單一來源的資訊，要多方參考不同的觀點，才能更全面地了解事情的真相。同時要保持開放的心態，不要固執己見，要願意接受不同的意見，甚至挑戰自己的想法。更要理性思考，不要輕易相信未經查證的資訊，要學會獨立思考，判斷資訊的真偽。

投資理財的迷思：當「確證偏誤」遇上股市

「股市有風險，投資要謹慎」，這句話相信大家都耳熟能詳。然而，在投資理財的過程中，我們真的夠謹慎嗎？還是常常被「確證偏誤」蒙蔽了雙眼，做出不理性的投資決策呢？

「確證偏誤」就像是在股市中戴上了有色眼鏡，讓你只看到你想看到的資訊，而忽略了那些與你想法相左的訊息，例如：你買了一檔股票，你就會特別關注那些看好這檔股票的分析報告、新聞報導，忽略那些看壞這檔股票的訊息。即使這檔股票的基本面已經出現問題，你可能還是會選擇性地相信那些正面與看多的消息，忽略了負面與看空的警訊，導致投資虧損。

2022 年 6 月，加密貨幣市場經歷了一場戲劇性的崩盤。比特幣和以太幣等主流加密貨幣的價格，從高點暴跌超過70%，讓許多投資人損失慘重。這場崩盤，除了市場因素的影響外，也與投資人的「確證偏誤」有關。

在加密貨幣價格飆漲的時期，許多投資人對加密貨幣的

未來充滿信心，甚至將其視爲一種信仰。他們只願意相信那些看好加密貨幣的資訊，例如：加密貨幣是去中心化的，不受政府和金融機構控制。又如，加密貨幣的應用場景愈來愈廣泛，未來發展潛力巨大。加上許多知名人士和機構都投資了加密貨幣，對於加密貨幣的未來，甚至超越了黃金期貨。

然而，這一切，投資者（或信仰者）卻完全忽略了加密貨幣的風險，例如：價格波動劇烈風險很高，缺乏監管容易被用於非法交易，技術門檻高一般人難以理解等限制與風險，但在投資者眼中，這一切完全不是問題。

我常說，加密貨幣根本不是貨幣，因爲它不具備貨幣的經濟性質，本質上比較像是「風險性資產」，但風險這個字眼，在投資者眼中，自然而然轉化成機會與高報酬。

於是乎，當加密貨幣市場開始崩盤時，這些投資人仍然選擇相信正面與利多的消息，而忽略不利的警訊，導致錯失出場機會，因而蒙受巨大損失。

我舉個例子，有加密貨幣投資平臺對未來比特幣和以太幣的價格相當樂觀，這種樂觀誇張到預期比特幣可能在 6 年內（2028 年）達到 30 萬美元，敦促投資者「放鬆並長期持有」，平臺創始人甚至說「投資者不要退出，要戰勝自己的恐懼」，如果投資者不是信仰者，你會聽得下去嗎？

在投資理財的過程中，我們要如何避免「確證偏誤」的影響，做出更理性的決策呢？我的建議是要建立多元觀點，不要

只聽信單方面的消息，要多方參考不同的觀點，了解投資目標的優缺點。再來要建立風險意識，要知道投資一定有風險，不要只看到潛在獲利，也要考慮潛在的風險。不只這樣，我們在投資理財時要獨立思考，不要盲目跟風，要獨立思考，判斷投資目標是否真的有價值。同時要設定停損點，當虧損達到一定程度時，就要果斷出場，避免更大的損失。

我常說，投資是一場理性與心理的博弈，投資理財不僅需要專業知識，也需要良好的心理素質。「確證偏誤」是投資過程中常見的心理陷阱，它會讓我們做出不理性的決策，導致投資失利。我們要了解「確證偏誤」的影響，才能在投資的道路上，保持理性，做出明智的選擇。

親子教養的盲點：「確證偏誤」如何影響你對孩子的看法？

每個父母當然都期盼自己的孩子能夠出類拔萃，但這種「望子成龍，望女成鳳」的殷切期盼，有時反而可能成為親子關係中的盲點，讓我們看不清孩子的真實面貌。「確證偏誤」就像是一層無形的濾鏡，會影響我們對孩子的認知，讓我們只注意到那些符合我們期望的行為和特質，反而忽略了那些與我們期望不符，甚至截然相反的訊息。

我小時候就不是個聰明的小孩，每次考試成績大約都是班上倒數那幾位，我每天下課如果沒有幫忙賺錢的活可以做，照

樣到河溝裡玩水，到池塘裡釣魚好不快活，功課與成績向來都不是我的生活的重點，我的父母親對我亦是如此。

有一次，我記得月考的成績竟然是全班第一名，這時不只我傻了，老師傻了，班上的同學也都傻了，平常名列前茅的同學更傻了。他們都很確定我不是用功的小孩，但那一次我只是比過去用功，早起複習考試的內容罷了，為何演變成全班第一名，我也不懂？但那一次，我確定是這一輩子唯一的考試第一名。

國中時讀放牛班，那年頭是九年義務教育的前幾年，說是教育要常態分班，但事實上學校往往掛羊頭賣狗肉，家境不好的大多被安排在放牛班，然後，學校老師就認定這些學生都是無可救藥。因為「確證偏誤」的影響，放牛班的成績表現當然是按著大人的劇本走。

人生的劇本，往往不是真按照表定的劇本演的，當年的高中聯考，我竟然是全校男生班唯三考上省中的學生，也成了全校第一個拒絕聯考分發的學生，我只是拒絕配合演出。

每個孩子都是獨立的個體，擁有獨特的性格、天賦和興趣。然而，父母往往會不自覺地將自己的期望投射到孩子身上，希望他們按照自己設定的軌道發展。當孩子的表現符合我們的期望時，我們會感到欣慰和驕傲，並更加堅信自己的教育方式是正確的；但當孩子的表現不符合我們的期望時，我們可能會感到失望，甚至是沮喪，最後開始質疑孩子的能力和態度

是不是出了問題？

　　我們往往只注意到我們想注意的事，卻又忽視掉我們應該注意卻沒注意的事，這種選擇性注意和選擇性解讀，就是「確證偏誤」的表現。它會讓我們放大那些符合我們期望的訊息，而忽略那些與我們期望不符的訊息，導致我們對孩子的認知產生偏差，例如：有些父母認為成績好就是一切，他們會特別關注孩子的學業表現，而忽略了孩子在其他方面的發展，例如：人際關係與興趣愛好等發展面向。

　　我們偶爾會見到新聞案例中有資優生跳樓輕生的遺憾事件，輕生的選擇往往來自於絕望，然而年紀輕輕，何等事情可以發展至人生是絕望無解呢？以下案例經常可以套著劇本發生，但事實的結果卻是家長對於學業成績施加的壓力，演變成白髮人送黑髮人的悲劇。

　　某位就讀明星學校的資優生，因為課業壓力過大，選擇跳樓輕生。這位學生的父母一直以來都對他寄予厚望，希望他能考上頂尖的學校，因此給予他極大的課業壓力。他們只看到了孩子優異的學業成績，卻忽略了孩子內心的壓力和焦慮。

　　這種家庭悲劇，凸顯了父母的「確證偏誤」可能對孩子造成的傷害。當父母過度關注孩子的學業表現，而忽略了他們的心理健康和情感需求時，可能會讓孩子不堪重負，甚至走向絕路。

　　在教養孩子的過程中，我們要如何避免「確證偏誤」的影

響，才能真正了解孩子，給予他們適當的引導和支持呢？從親子角度來看，有幾件事情是父母親應該要做的事。

首先是全面觀察，父母親不要只關注孩子的學業成績，要多方面觀察他們的興趣、個性、優點和缺點，了解他們的想法和感受，才能更全面地認識他們。

其次是傾聽孩子的心聲，父母親應該多跟孩子溝通，了解他們的內心世界，不要把自己的期望強加在孩子身上。即使孩子沒有達到你的期望，也要給予他們無條件的愛和支持，讓他們知道，無論發生什麼事，你都會是他們最堅強的後盾。

最後是尊重孩子的個體性，因為每個孩子都是獨一無二的，不要拿孩子跟別人比較，要尊重他們的個體差異，讓他們按照自己的節奏成長。

父母的愛，是孩子成長過程中最重要的滋養。然而，「確證偏誤」可能會蒙蔽我們的雙眼，讓我們看不到孩子的真實樣貌。唯有放下心中的期望，用心去觀察、去傾聽、去感受，才能真正了解孩子，給予他們最適合的愛。

「確證偏誤」，讓我們盲目失去理性

「確證偏誤」是指人們在面對資訊時，傾向於搜尋、解釋、支持或記住那些與自己的既有信念或假設一致的資訊，同時忽視或排斥與之矛盾的資訊。這種認知偏誤會導致人們的判斷和決策失誤，因為他們並沒有全面地考慮所有相關的證據。

「確證偏誤」有幾個主要特徵。首先是資訊選擇性，人們在選擇資訊時具有選擇性，更容易接觸和相信支持自己觀點的資訊，並避開那些與自己觀點相反的資訊，例如：一個政治立場明確的人通常只會觀看符合其立場的媒體，忽視其他持不同觀點的媒體。此外，資訊解釋偏差會讓人們即使接觸到相反的資訊，人們也傾向於以有利於自己的方式進行解釋，例如：當某個科學研究結果與他們的信念不一致時，他們可能會質疑研究的有效性或批評其方法。最後是資訊記憶偏差，人們的記憶也會出現偏差，傾向於記住那些支持自己觀點的資訊，而忽略或遺忘相反的資訊，這會使回憶中的偏見進一步強化他們的既有信念。

　　「確證偏誤」的心理機制包含幾個方面。首先是認知一致性，人們希望自己的信念和行為是一致的，這樣可以減少認知失調（cognitive dissonance）帶來的不適感。「確證偏誤」有助於維持內心的穩定，避免面對矛盾資訊所引起的困惑和壓力。此外，「確證偏誤」也有自我保護的作用，幫助維持自尊和自信。當個人的信念和價值觀受到挑戰時，如果接受它們是錯誤的，這可能對自我形象造成打擊，因此人們更傾向於尋找支持自己信念的證據。最後，由於資訊處理的有限性，大腦在面對大量資訊時存在侷限性，往往依賴於既有的信念和經驗來篩選和解釋新資訊。這種方式雖然能提高資訊處理的效率，但也容易導致偏誤的產生。

許多實驗研究證實了「確證偏誤」的存在和影響，例如：在一項的實驗中，參與者被要求判斷一個假設是否正確。實驗設計中，參與者可以選擇檢驗支持假設或反駁假設的證據。結果顯示，大多數參與者傾向於選擇支持假設的證據，而忽視可能反駁假設的證據。

另一個實驗中，研究者讓參與者閱讀一篇包含支持和反對死刑的論點文章。結果發現，支持死刑的參與者更多記住了支持死刑的論點，而反對死刑的參與者則更多記住了反對死刑的論點，這進一步強化了他們原有的立場。

「確證偏誤」會對個人和社會帶來廣泛的影響，特別是在決策和訊息傳遞方面。首先，「確證偏誤」會導致個人在生活和工作中的決策失誤，例如：投資者在進行投資時，可能因為偏好，只接受支持其決策的證據，而忽略市場中的潛在風險，最終導致投資失敗。同樣地，醫生在診斷過程中，如果過於相信自己初步的判斷而忽視患者的新症狀，就可能造成誤診，影響治療效果。

其次，在社會層面，「確證偏誤」會導致團體極化。當人們只尋找和接觸與自己觀點相符的資訊時，其信念就會變得更加極端，這會引發群體之間的對立加劇，增加社會的分裂和衝突。此外，「確證偏誤」還會對科學研究造成負面影響。研究者可能會因為對某些假設的先入為主而忽視與之矛盾的證據，這會阻礙科學的進步和知識的發展。

為了減少「確證偏誤」對決策的負面影響,可以採取幾種策略。首先,主動接觸反面資訊是有效的方法之一,這樣可以挑戰自己的既有信念,保持心態的開放性。其次,尋求來自不同背景和觀點的意見也有助於避免偏見,特別是在做出重要決策時,不應只依賴單一的資訊來源。此外,培養批判性思考的能力,對每個資訊進行嚴格的評估和分析,而不是盲目接受,有助於減少偏誤。最後,在研究和分析中,應設計系統化的驗證方法,公平地檢驗支持和反駁假設的證據,以避免「確證偏誤」的影響。

生活應用

案例一：主動尋找並閱讀不同觀點的健康資訊以避免偏誤

在面對眾多保健資訊時，我們經常只關注支持自己觀點的文章，而忽略可能存在的反面證據。這種選擇性偏好可能導致採用的飲食或生活方式並不真正適合自己，甚至可能對健康產生負面影響。為了更全面地理解健康資訊，可以考慮以下建議。

首先，應該多元化資訊來源，主動尋找並閱讀不同觀點的健康資訊，這樣可以了解更全面的證據，避免僅依賴單一來源所帶來的偏頗觀點。多角度的理解有助於獲得更準確的健康知識，做出更合適的決策。

其次，對所有獲得的健康資訊應進行批判性思考。應該評估其背後的科學性和可靠性，而不是盲目接受。批判性思考能幫助我們區分可靠的健康建議和誇大的宣傳，從而有效避免採取那些對健康不利的行為。透過多元化的資訊來源和批判性分析，我們可以更理性地選擇適合自己的健康生活方式，保障自身的健康。

案例二：投資決策要理性評估

在投資決策中，我們經常只選擇支持自己投資決策的資訊，而忽略可能存在的風險，這種「確證偏誤」的行為可能導致我們承受不必要的風險，最終帶來財務損失。為了在投資中做出更加理性的決策，可以採取以下建議。

首先，應該全面評估投資風險，在投資前收集並分析所有相關資訊，無論是支持還是反對的觀點。這樣的全面評估能幫助我

們看到整體情況，避免僅關注利多資訊而忽略潛在的風險，有助於做出更平衡的投資決策。

其次，尋求專業建議也是避免偏誤的重要策略。在做重大投資決策時，應諮詢專業投資顧問的意見，他們能提供更加客觀的評估，幫助我們避免因「確證偏誤」而忽略重要風險，從而做出更符合自己財務狀況和風險承受能力的決策。這些建議可以幫助投資者在複雜的市場環境中保持冷靜，做出更有根據且更謹慎的投資決策。

案例三：職場應公平評價，避免偏誤判斷

上班族在職場中評價新同事時，往往會因為只記住了一次不好的表現，而以此作為評價的依據，這種偏見，可能導致對同事的不公平評價，進而影響團隊的合作和整體工作氛圍。為了避免這種偏見，我們可以採取以下建議。

首先，應在評價同事時綜合考慮其多次的表現，避免以一次的負面經歷來做出結論。人都有表現不佳的時候，單次的失誤不應成為全面評價的標準，應多觀察並考慮同事的整體表現。這樣的全面考量有助於更客觀地理解同事的能力和貢獻。

其次，保持公平公正的態度是至關重要的。在與同事相處時，應該保持開放的心態，避免受到單次事件的影響，而是根據同事的整體行為和貢獻來評價他們。公平公正的評價不僅能促進良好的工作氛圍，還能增強團隊之間的互信，進一步提高團隊的工作效率和合作默契。這些應對策略能幫助在職場中形成更積極、健康的工作環境，從而增強團隊的整體表現。

案例四：科學研究應中立，不能堅持對自己有利的假設

　　在科學研究中，研究者有時會選擇只使用支持自己假設的資料，而忽略可能反駁的證據，這種「確證偏誤」的行為可能會導致研究結果不可靠，進而阻礙科學的進步。為了確保研究結果的可信度和科學性，研究者應採取以下策略。

　　首先，在進行科學研究時，應設計系統化的驗證方法，公平地檢驗所有支持和反駁假設的證據。這樣可以避免偏好某一方向的結果，確保研究設計和數據分析的全面性和嚴謹性。系統化的驗證有助於提供更可靠的證據基礎，減少因選擇性數據使用而帶來的偏差。

　　其次，研究者應保持客觀的態度，勇於接受反駁假設的證據。科學的進步依賴於對現有知識的挑戰和修正，只有保持開放和客觀的態度，接受可能與預期不一致的結果，研究者才能得出更加真實可靠的結論。這樣的態度不僅有助於提高研究的品質，還能推動科學的進一步發展，確保研究的結果對社會和科學社群有真正的貢獻。

6.

及時行樂！為什麼「時間折扣」讓我們總是抵擋不了眼前的誘惑？

個人對於即時收益的偏好遠高於對於未來收益的偏好，即使未來收益可能更大。這一現象揭示了人們在決策過程中對時間的敏感性和非理性行為。

及時行樂還是放眼未來？「時間折扣」如何影響你的決策？

「把握當下，及時行樂」是許多人的生活哲學，但當面對需要長期計畫的決策時，你是否能抵擋得住眼前的誘惑，做出明智的選擇呢？

「時間折扣」（temporal discounting）就像是衡量你耐心的一把尺，它反映了你在面對未來收益時，願意等待的程度。

「時間折扣」是指人們傾向於對未來的收益或損失進行折扣，降低其在決策中的價值。簡單來說，未來的價值在我們心中會隨著時間推移而減少，例如：如果今天你可以拿到 100元，或者明天可以拿到 110 元，你會選擇哪一個？大多數人會選擇今天的 100 元，即使明天拿到的 110 元實際上更有價值。這就是「時間折扣」的影響——我們會對未來的 110 元打折，使它看起來不如今天的 100 元有吸引力。

近年來，年輕人成為「月光族」的現象愈來愈普遍。「月光族」指的是每個月都將薪水花光，沒有任何存款的人。根據一項調查，臺灣 20 至 30 歲的年輕人中，有超過 40% 屬於「月光族」，雖然這個稱呼可能帶有負面含義，但現在有更正面的說法是「精緻窮」，儘管實質意涵並無不同，只是多了一層安慰感罷了！

為什麼年輕人容易成為「月光族」呢？其中一個重要原因便是「時間折扣」的影響。年輕人通常更重視即時滿足，因此

他們更願意將錢花在享受當下，比如購買時尚名牌、與朋友聚餐、唱 KTV、旅遊，甚至參加追星或演唱會等休閒活動。相對地，他們對於未來的需求和財務計畫，例如：儲蓄、買房、結婚生子或退休規畫，則缺乏足夠的緊迫感。

這種「今朝有酒今朝醉」的心態，使得年輕人容易過度消費，忽視了未來的財務需求和計畫。

為了克服「時間折扣」的影響，並做出更明智的決策，可以採取幾種方法。首先，設定清晰的目標，例如：買房、退休規畫等，能夠幫助你更重視未來的收益。其次，練習延遲滿足，例如：把一部分薪水存起來，或者先完成工作再享受娛樂活動，這能增強自我控制能力。最後，尋求支持者，例如：請家人或朋友幫助監督進度，這有助於保持目標感並增強實踐的動力。

退休金規畫：你準備好迎接未來的自己了嗎？

「時間折扣」就像是一臺通往未來的時光機，它可以讓你預見未來的自己，但同時也會讓你低估未來的需求，導致你在做決策時，傾向於選擇眼前的利益，而忽略了長遠的規畫。

退休金規畫，就是一個典型的例子。

退休，對許多人來說，似乎是遙不可及的未來。然而，時間飛逝，轉眼間，我們就會從精力充沛的年輕人，變成白髮蒼蒼的老人家。當我們退休後，假設沒有了固定收入，生活開銷

又該怎麼辦呢？

這就是為什麼要提早規畫退休金的原因。

退休金就像是一艘為你遮風擋雨的船，可以讓你安穩地度過晚年生活。根據統計，臺灣的勞工退休金，平均每人每月只有 2 萬多元而已，這個額度，大致上勉強夠支付基本生活費，圖個溫飽。更令人擔憂的是，臺灣的少子化和高齡化問題日益嚴重，這意味著，未來繳納退休金的人將會愈來愈少，而領取退休金的人將會愈來愈多，這更是另一種程度的「國安危機」，但政府不能只是用提高退休金來誘使上班族延後退休，根本問題還是政府的財源出現問題！

未來，我國的老年社會，如果不及時改革，我們的退休金制度，可能會面臨崩潰或者是破產的危機。

一個問題是，為什麼年輕人不願意儲蓄？或者，換個說法是，為什麼年輕人無法儲蓄？

儘管退休金的需求迫切，但許多人依然不願意儲蓄，背後有幾個經濟學上的原因可以解釋這一現象。首先是「時間折扣」的影響。對年輕人來說，退休後的生活過於遙遠，他們更願意將錢花在當下的娛樂和享受上，例如：購買新手機、出國旅遊或享受美食，而退休生活則被視為遙不可及的未來，導致他們對儲蓄缺乏動力。其次是缺乏規畫，許多人沒有為退休進行詳細的計畫，不清楚自己退休後需要多少資金，也不知道應該如何儲蓄和投資。此外，一些人低估了未來的風險，過度自

信地認為自己年輕健康，不會遇到疾病或意外，因此認為沒有必要儲蓄。

　　為了克服「時間折扣」對退休規畫的影響，可以採取以下幾種策略。首先，設定目標非常重要，可以計算出退休後每月需要的生活開銷，並制定一個清晰的儲蓄計畫，這樣能增強對未來儲蓄的重視。其次，養成儲蓄習慣，每月固定提撥一部分薪水作為退休金，例如：參加公司提供的自願性退休金計畫，這能夠確保持續為退休儲備資金。另外，選擇合適的投資工具也是關鍵，根據個人的風險承受能力和投資期限，選擇適合自己的投資方式，例如：共同基金、股票或債券，以便達到資金增值的效果。最後，定期檢視自己的退休計畫，根據生活變化和市場條件進行調整，確保計畫能與現實需求保持一致。

雙卡風暴：「時間折扣」與超前消費的惡果

　　2005 年臺灣爆發了震驚社會的「雙卡風暴」（現金卡與信用卡），「卡奴」、「卡債」等名詞成為當時的熱門話題。許多人因為過度使用信用卡和現金卡，背負了龐大的債務，甚至走上絕路。這場風暴除了反映當時金融監管的缺失外，也與「時間折扣」的心理偏差密切相關。

　　《天下雜誌》2011 年 4 月 19 日（第 340 期）一則「雙卡風暴，一場沒有贏家的遊戲」計算出雙卡風暴的損失，「雙卡風暴侵襲，2005 年金融類股股價一路下滑，市值蒸發 4,700 億

元；雙卡總計打消 700 億元的呆帳，等於認賠了放款餘額的一成。」

更嚴重的是，「背負卡債的人數超過 40 萬，其中六成是30 歲到 50 歲，家計負擔最重的青壯年」，雙卡風暴的主因還是來自於向銀行借錢太過於容易所導致的行為偏差現象。

我們知道，「時間折扣」指的是人們傾向於低估未來的成本，而高估眼前的利益。在雙卡風暴的案例中，許多人因為受到「時間折扣」的影響，而過度使用信用卡和現金卡，進行超前消費。因為借錢容易，大家會無視於金融信用，他們享受著快樂借錢刷卡購物的快感，卻忽略了未來還款的壓力，這種「今朝有酒今朝醉」的心態讓卡債族一步步陷入債務的深淵。更甚者，會用以卡還錢的方式舉債度日，意思是「借新還舊」，這循環利息一路計算下來，就會拖垮這些人的債信與家庭經濟。

除了「時間折扣」的心理偏差外，「雙卡風暴」的成因還包括銀行的過度放貸。為了追求利潤，銀行竟然沒有嚴格審核借款人的還款能力，就核發了大量的信用卡和現金卡。此外，民眾的金融知識不足也是導致雙卡風暴的重要因素。許多人缺乏財務管理的知識，不清楚信用卡和現金卡的風險，導致過度消費。當時社會瀰漫著消費主義的風氣，鼓勵人們追求物質享受，也助長了超前消費的行為。

「雙卡風暴」對臺灣社會造成了嚴重的影響。許多人因為

無力償還卡債，而陷入財務危機，甚至走上絕路。卡債問題也常常導致家庭衝突和破裂。此外，卡債問題也衍生出其他的社會問題，例如：詐欺、竊盜、暴力犯罪等等。

說到信用卡，我們應該知道信用卡的循環利息，基本上就是個甜蜜的陷阱，就必須要付出痛苦的代價。

信用卡，現代人生活中不可或缺的支付工具，它帶來了消費的便利，但也可能讓人掉入債務的深淵。「時間折扣」就像是一張信用卡的隱形帳單，它會讓你低估循環利息的成本，誤以為只要最低還款就能解決問題，最終卻背負著沉重的經濟負擔。

事實上，信用卡循環利息就是看不見的高利貸。信用卡循環利息，指的是當你沒有在繳款期限內全額繳清帳單時，銀行會向你收取的利息。至於信用卡的循環利息極高，根據現行法規，信用卡循環利率最高不得超過 15%，被視為信用卡利率的「天花板」，但修法之前，循環利息的利率通常都 19% 到 20% 之間。

這意味著一旦落入循環利息，如果你長期只付最低還款額，你的債務將會像滾雪球一樣愈滾愈大，最後可能讓你無力償還。

為什麼我們會掉入循環利息的陷阱呢？

當然，還是「時間折扣」的誘因所造成的，因為人們傾向於低估未來的成本，而高估當下的利益，因此，在刷卡消費

時，你可能只會想到立即的欲望滿足，而忽略了未來債務償還的金錢壓力。當然，缺乏財務規畫也是個問題，許多人沒有做好財務規畫，不清楚自己的消費限額，最後導致超支的問題發生。最後，就是過度消費的問題，因為現代社會充滿了消費誘因與誘惑，讓人們容易超支，尤其是透過網路購物琳瑯滿目的商品、誘人的折扣與五花八門的購物日，這往往讓消費者太容易把商品放進購物車，沒有節制的消費結帳。

「時間折扣」是個人對於即時收益的偏好遠高於對於未來收益的偏好

「時間折扣」，又稱「遞延折扣」（delay discounting）或「未來折扣」（future discounting），是行為經濟學和心理學中的一個重要概念，描述了人們如何看待未來收益或損失的價值。根據「時間折扣」理論，個人對於即時收益的偏好遠高於對於未來收益的偏好，即使未來收益可能更大。這一現象揭示了人們在決策過程中對時間的敏感性和非理性行為。

傳統經濟學中的「時間折扣」模型通常採用指數折扣，假設人們對未來收益的評估隨時間以固定比例遞減。然而，行為經濟學的實驗表明，人們更傾向於採用「遞延折扣」模型，即對近期的延遲更加敏感，而對遠期的延遲敏感性減弱。

實驗支持：安斯利（Ainslie G.）在 1975 年的研究發現，人們在選擇立即獲得 50 美元或 1 年後獲得 100 美元時，多數

選擇立即收益；但在選擇 1 年後的 50 美元或 2 年後的 100 美元時，則偏好後者。

時間折扣有幾個基本特徵。首先，「即時偏好」（immediate preference）指人們往往更傾向於選擇即時的、小的收益，而非未來的、大的收益，例如：當一個人面臨選擇是現在就拿到 100 元還是 1 週後拿到 110 元時，大多數人會選擇前者，即使 1 週後的收益率更高，這種行為反映了人類對即時滿足的偏愛。

其次，「遞減折扣」是「時間折扣」中的另一特徵，這意味著隨著等待時間的增加，收益的主觀價值會下降。這種下降通常是曲線性的，而不是線性下降，也被稱為「超幾何折扣」（hypergeometric discounting）。換句話說，愈接近當下的時間，折扣率愈高，隨著時間的延長，折扣率逐漸減少，這使得人們更難等待更遠的收益。

最後，「時間不一致性」（time inconsistency）是指人們在不同時間點上的決策可能會相互矛盾，例如：一個人在當下可能選擇即時的 100 元，但隨著時間推移，他可能會後悔當初沒有選擇 1 週後的 110 元。這反映了人類對未來承諾的堅持性較弱，對長期利益的把握不如對當下的利益堅定，導致決策的不一致性。

「時間折扣」的理論基礎

「時間折扣」的理論基礎可以用折扣函數來解釋，折扣函數是用來表示未來收益的現在價值的數學表達方式。經典的折扣函數是指數折扣函數（exponential discounting），但實際上更符合人類行為的則是雙曲折扣函數（hyperbolic discounting）。

「時間折扣」背後的心理機制主要包括「即時滿足感」（immediate gratification）、「未來不確定性」（future uncertainty）以及「自我控制」（self-control）的限制。「即時滿足感」使得人們偏好立即獲得的收益，而不是未來的更大收益。「未來不確定性」則讓人們對未來的收益持懷疑態度，認為未來可能存在各種風險，因此更加傾向於選擇當下的回報。此外，「自我控制」的限制也使人們難以長期堅持對未來的承諾，導致更偏向即時的選擇，而忽略長遠的利益。這些心理機制共同影響了時間折扣行為，使得人們在面對即時與未來選擇時，往往選擇即時的滿足。

「時間折扣」的實驗研究

許多實驗研究證實了「時間折扣」的存在和影響，例如：在一項經典的實驗中，研究者對參與者提供了兩個選擇：第一，立即獲得 50 美元，第二，1 個月後獲得 60 美元。

結果顯示，大多數參與者選擇了立即獲得 50 美元，而不是等待 1 個月獲得更多的錢，這表明人們對即時收益的偏好。

另一個實驗中，研究者讓參與者選擇以下兩個選項：第一，1 年後獲得 100 美元，第二，1 年又 1 個月後獲得 110 美元。

這次，大多數參與者選擇了等待 1 年又 1 個月獲得更多的錢，這表明隨著時間的延長，人們對未來收益的折扣率下降。

「時間折扣」的應用

「時間折扣」理論解釋了許多日常生活中的決策行為，並在多個領域有廣泛應用。在個人理財方面，人們往往選擇即時消費而非長期儲蓄，這可能導致未來的財務狀況不佳。「時間折扣」理論可以幫助解釋這種行為，並促使設計出更有效的理財策略，例如：自動化儲蓄或強制性退休計畫，以克服人們對即時滿足的偏好。

在健康行為中，「時間折扣」的影響也十分明顯。人們通常會選擇即時的享樂，例如：食用高熱量食品或吸菸，而忽視長期健康的益處。理解「時間折扣」理論可以幫助我們設計更有效的健康干預措施，如利用激勵機制來促進健康行為，或透過社會支持系統來提升自我控制，減少不健康行為的發生。

此外，「時間折扣」理論也應用於教育和職業規畫中。學生在學習和職業規畫中經常選擇即時的滿足，例如：花時間放鬆娛樂，而忽視長期的學業和職業利益。透過理解時間折扣理

論，可以設計出更具吸引力的教育激勵機制，如設定階段性獎勵來鼓勵持續學習，或利用目標導向的策略來提升學生對長期利益的重視，從而改進學業和職業規畫的效果。

克服「時間折扣」的方法

　　為了減少「時間折扣」對決策的負面影響，我們可以採取幾種有效的策略。首先，提高未來收益的可見性是重要的做法之一。透過具體化和可視化未來的收益，例如：使用圖表來展示長期儲蓄的增值效果，能夠幫助人們更直觀地理解長期投資的好處，從而增加對未來收益的吸引力。

　　其次，設立明確的目標非常關鍵。設定具體且可量化的目標，並制定詳細的計畫，能夠增強我們對未來行為的承諾，例如：可以設定退休儲蓄目標，並分解成每月的具體儲蓄計畫，這樣可以使儲蓄行為更具有方向感和可操作性。

　　自我監督是另一種有效的方法。我們可以使用日記、應用程式等工具來進行自我監督，追蹤自己的進展，這樣可以增強我們對未來行為的控制，例如：使用財務管理應用程式來追蹤日常消費和儲蓄情況，可以讓我們對目標的達成進度有更好的把握。

　　最後，分期獎勵也是克服「時間折扣」的一種方式。將未來的收益分期兌現，減少等待的時間，可以增加人們對未來收益的期待，從而更容易堅持長期的計畫，例如：在達成某階段

性儲蓄目標後，給自己一些小獎勵，這樣可以使得長期儲蓄的過程不那麼枯燥，並且增加繼續儲蓄的動力。

這些策略都可以幫助我們更好地應對時間折扣的影響，平衡當下的滿足與長期的利益，從而做出更明智的決策。

生活應用

案例一：儲蓄與消費的平衡

在儲蓄與消費的選擇中，消費者經常面臨是否立即購買新手機的困境，這反映了人們在面對即時消費和長期儲蓄時往往更傾向於即時滿足。為了在這類決策中更好地保持平衡，可以採取以下建議。

首先，設立具體的儲蓄目標和計畫，例如：每月設定一個固定的儲蓄金額。這樣的做法可以幫助消費者將部分收入專門用於未來的長期目標，進而更好地平衡即時消費與長期儲蓄的需求。具體且可實現的目標會讓儲蓄過程變得更有動力和目的性，使消費者不容易被即時消費的誘惑所干擾。

其次，可以使用強制儲蓄工具，例如：設立自動轉帳到儲蓄帳戶，將一部分收入在收到時自動轉入專門的儲蓄帳戶，這樣就能有效地減少衝動消費的機會。這些工具能夠透過自動化的方式，幫助消費者克服即時消費的誘惑，使儲蓄行為變得更加簡單和可行。

透過設立明確的儲蓄目標和使用強制儲蓄工具，消費者可以更好地平衡即時消費與長期財務健康之間的需求，確保在享受當下的同時也能保障未來的財務穩定。

案例二：飲食的平衡

在飲食的選擇中，有些人往往面臨即時味覺享受和長期健康利益之間的取捨，這反映了人們傾向於即時滿足，而忽略對長期

健康的追求。為了更好地平衡這種衝突，可以考慮以下建議。

　　首先，設立明確的健康目標非常重要，應制定長期的健康目標，並設計階段性的獎勵機制來增強對長期健康的承諾，例如：設立一個目標，在 3 個月內減少某些不健康食物的攝取量，並在每達到一個階段性目標時給自己小小的獎勵。這樣的做法有助於提高長期堅持的動力，讓人們更容易選擇符合健康目標的飲食方式，而不是一味追求即時的味覺享受。

　　其次，尋找健康的替代品也能有效滿足即時的味覺需求，同時不損害長期健康，例如：可以選擇低糖、低脂的零食來取代高熱量的食物，或者選擇水果來替代糖果。這些替代品既能提供一定的口感享受，又能減少對健康的負面影響，是一個能夠平衡即時享受與長期健康的好方法。

　　透過設立健康目標和選擇健康的替代品，個人能在即時滿足和長期健康利益之間找到更好的平衡，既不失去享受美食的快樂，也能保持健康的生活方式。

案例三：制定學習計畫

　　在學習計畫中，學生往往會選擇即時休息而非立即開始複習，這反映了在面對即時放鬆與長期學習利益的選擇時，學生常常會偏向即時滿足。為了在學習與休息之間取得更好的平衡，可以考慮以下建議。

　　首先，制定每日的學習時間表非常重要。學生應該將複習任務分配到每一天，並且合理安排時間，這樣可以減少累積的學習壓力，讓每次的複習任務變得更加可行而不過於繁重。將學習內容系統化地分配到各個小階段，既能減少臨時抱佛腳的壓力，又

能保證學習的連續性和效果。

其次，設立學習獎勵也是有效的動力來源。當完成某一階段的學習任務後，設置一個小獎勵給自己，例如：短暫的休息時間、喜歡的零食或一段娛樂活動，這樣可以增強學習的動力，讓複習過程不那麼枯燥乏味。同時，小獎勵的設置還能讓學生在學習和休息之間找到平衡，使學習成為一個更有吸引力和成就感的過程。

透過制定詳細的學習時間表和設置學習獎勵，學生能夠更有效地克服即時滿足的誘惑，穩步向自己的學習目標邁進，並且在保持規律學習的同時，確保適當的放鬆和自我激勵。

案例四：養成運動習慣

在培養運動習慣時，有些人往往會選擇即時的舒適，而放棄堅持跑步等運動，這反映了人們在即時舒適和長期健康利益之間，往往更傾向於即時滿足。為了在這兩者間達到平衡，可以考慮以下建議。

首先，設立具體的運動計畫非常重要。可以制定每天的運動計畫，將運動目標細分到每一天，這樣不僅能減少每次運動的壓力，還能使運動目標更易於實現。將整體的運動目標分解為日常的小任務，有助於消除運動時的抵觸情緒，讓堅持運動變得更加可行和持續。

其次，可以透過設立運動獎勵機制來增強運動的動力，例如：達到每週的運動目標後給自己一個小獎勵，比如享用喜愛的食物、觀看喜歡的電影，或者安排一個放鬆的休息日。這樣的獎勵機制可以有效增強對運動的積極性，讓運動不再是單純的身體

負擔，而是與愉快體驗相結合的積極活動。

　　透過設立運動計畫和運動獎勵機制，人們可以更好地克服即時舒適的誘惑，逐步養成持續運動的習慣，最終達到保持健康和提升生活品質的目標。

7.

覆水難收？「沉沒成本」讓你愈陷愈深

〜〜〜〜〜〜〜〜〜〜〜〜〜

「沉沒成本」指的是已經支出且無法收回的成本，在決策過程中，我們應該忽視「沉沒成本」，因為這些成本不會影響當前或未來的決策。

十年磨一劍？「沉沒成本」與寫作的辛酸血淚

出書成為作家這條路，就像是一場「夢想」與「沉沒成本」（sunk cost）在心裡認知上的拔河與長期抗戰！

回首我剛開始投稿的時候，那可真是處處碰壁、屢屢受挫。投稿被退回、稿件被出版社拒絕，這些都是再平常不過的事。那時候，我常常感到灰心喪氣，甚至好幾次都想放棄寫作，想把電腦裡的草稿直接刪除算了，此時心裡頭有一直有個聲音，直喊「我不幹了！」

這時候我該理性的放棄寫作嗎？

當我們遇到選擇難題時，因為實在很難清楚知道，我們當下的選擇，究竟是「固定成本」（fixed cost）呢？抑或，何時會演變成「沉沒成本」？

在過往的管理經驗中，「固定成本」不會與「沉沒成本」劃上等號，但隨著時間過去，當不同的變數陸續加入時，一不小心「固定成本」的投入不僅無法回頭，甚至也無法影響未來，此時，就會變成「沉沒成本」。始料未及之處，有時候我們自己也無法察覺，畢竟身在其中，我們是當事人，當局者迷啊！

就拿我剛開始踏上作家這條路時，我根本不知道我所努力寫的稿件，到底能不能被出版社接受，順利上市成書？這當然是一個問號沒錯，但夢想一直支持著我持續寫下去。然而，

經濟學理性的聲音卻不時的告訴我，事實上我可以選擇隨時放棄，把曾經努力的過去劃去成爲一場空，當作「沉沒成本」啊！

人性就是這樣。

我們拿 2002 年諾貝爾經濟學獎得主丹尼爾·卡尼曼（Daniel Kahneman）在《快思慢想》（*Thinking, Fast and Slow*）這本書中提到的「系統一」和「系統二」[1] 爲例。「系統一」的直覺是我不切實際的夢想，帶著我要成爲作家的選擇；

---

[1] 「系統一」是一種快速、自動且直覺性的思維方式。它是人類進行決策的「快思」部分，運作迅速、不需要太多的努力，也不需要意識控制。「系統一」基於過往經驗、直覺和捷思法（heuristics）來快速反應，因此在日常生活中的許多決策中扮演著重要角色。然而，由於「系統一」的快速和簡化特質，它很容易受到認知偏誤的影響，導致錯誤的判斷，例如：當人們看到某人穿著白袍，就很容易認爲這個人是醫生，這就是系統一快速做出的直覺性判斷。

「系統二」則是一種慢速、分析性且深思熟慮的思維方式。它是負責「慢想」的部分，運作起來較爲耗時且需要努力和集中注意力。「系統二」用於處理複雜的計算、邏輯推理和深度分析等任務，能夠幫助我們做出更謹慎的判斷和決策。當「系統一」的直覺反應不足以解決問題時，「系統二」便會介入，例如：在解答數學題或進行重要的財務決策時。我們經常會發現「系統二」被「系統一」的快速反應所干擾，因此需要額外的努力來糾正可能的偏誤。

丹尼爾·卡尼曼透過描述「系統一」和「系統二」來解釋人類如何做出決策。「系統一」快速、直觀但易受偏誤影響，而「系統二」則是理性、慢速的，但也因其耗時和耗力而不常被自發使用。在日常生活中，這兩個系統經常交替作用，幫助人們應對各種不同情境的挑戰。

「系統二」卻無時無刻的警示我應該放手不切實際的夢想，因為不切實際，所以是一種資源的浪費。這兩種聲音都對，所以不只是理性與感性拔河，我連在行為經濟學上的兩個系統也在拔河。

但每當我想要放棄的時候，心中總有一個聲音在提醒我：「你已經投入了這麼多時間和精力，如果現在放棄，豈不是太可惜了嗎？」我相信，各位一定心裡頭曾經，或者常常有這種想法出現，這代表「系統一」的聲音，也是「沉沒成本」在作祟。

我已經花了無數個夜晚，閱讀資料、研究文獻、埋頭寫作，這些努力一不小心都會成為「沉沒成本」，無論我是否繼續寫作，都無法收回。但我卻因為捨不得這些「沉沒成本」，而堅持了下來，即使寫作的過程充滿了挑戰和挫折。

成功了，這是「固定成本」，一種投資，但萬一承認失敗呢？那就是「沉沒成本」了。所以事實上，是我們害怕損失，以至於我們可能會放大「沉沒成本」的規模。

寫作是一項需要長期投入的工作。除了時間和精力之外，我得投入資源，才能創作出真正打動人心的作品。然而，寫作的道路充滿了不確定性，我可能花了數個月，甚至數年的時間，才完成一本書，但這本書未必能得到出版社的青睞，也未必能獲得讀者的認可。這時，我可能會感到失望、沮喪，甚至想要放棄。

但如果我因為捨不得過去的努力，也就是「沉沒成本」，而勉強自己繼續寫作，我就可能會陷入「沉沒成本謬誤」（sunk cost fallacy）的陷阱。

　「沉沒成本謬誤」指的是人們在做決策時，會受到「沉沒成本」的影響，而不願放棄已經投入的資源，即使繼續投入可能會造成更大的損失。在寫作的路上，「沉沒成本謬誤」可能會讓我緊抓著一個可能失敗的出書計畫不放。即使我已經發現這本書沒有市場潛力，我還是捨不得放棄，繼續投入時間和精力去修改它，結果可能只是白費力氣。我也可能因為害怕失敗，而不願嘗試新的寫作風格或題材，因為我擔心過去的努力會付諸東流。

　事實上，我真的放棄很多出書計畫，這些稿件寫到一半後就束之高閣，封存在我的電腦硬碟裡。

　如果你也想成為作家，在寫作的過程中，克服「沉沒成本謬誤」是非常重要的，這樣你才能更加輕鬆地面對挑戰，並走得更順暢。根據我的經驗與建議，你可以嘗試以下幾個方法。

　首先，專注於現在和未來，不要因過去的失敗或付出的時間和精力而陷入困境。每個作家在創作過程中都會面臨挫折與瓶頸，這些都是不可避免的經歷。因此，應該將注意力集中於當前的寫作計畫和未來的目標，而不是執著於過去的錯誤或放棄的努力。這樣的心態能幫助你保持創作的積極性和熱情。

　其次，敞開心胸接受編輯和讀者的回饋，即便是負面的回

饋，也應該看作是一種成長的機會。每個回饋都是從不同角度來看待你的作品，透過虛心接受這些意見，你能夠找到作品的不足之處，並進一步改進，使作品更加完善。這樣的過程不僅能提高你的寫作水準，還能拉近你和讀者之間的距離。

此外，當你發現寫作方向有問題時，不要害怕改變。即使這意味著要放棄過去的努力，這也是必要的。「沉沒成本」不應該成為束縛你的理由。每一次的嘗試和失敗都是學習的一部分，當你發現有更好的方式或方向，不妨大膽地轉變，這樣可以讓你的作品更貼近心中的理想。

最後，記得享受寫作的過程。寫作應該是一種創造的享受，而不是一種壓力或負擔。如果你感到疲憊或不再享受創作的樂趣，那麼可以選擇暫時休息一下，或者嘗試不同的寫作方式來激發靈感。保持對寫作的熱愛是成為成功作家的關鍵，當你享受過程時，創作也會變得更加順利。

透過專注於當下、接受回饋、不畏改變，以及享受創作，這些方法能幫助你克服「沉沒成本謬誤」，讓你在寫作的道路上走得更穩健，逐步實現成為作家的夢想。寫作就像是一場馬拉松，需要長期堅持和熱情。在寫作的路上，我們會遇到各種挑戰和挫折。但只要我們能夠克服「沉沒成本謬誤」，專注於現在和未來，享受寫作的過程，我們就能夠持續前進，創作出更多優秀的作品。

我的寫作之路，就是不斷與「沉沒成本」搏鬥的過程。我

曾經因為投稿被拒絕而感到灰心，也曾經因為稿件被出版社打回票而感到沮喪。但我始終沒有放棄，因為我知道，寫作是我熱愛的事業。我相信，只要堅持下去，總有一天，我會寫出讓自己滿意，也能感動讀者的作品。

「食之無味，棄之可惜」？自助餐吃到飽的「沉沒成本謬誤」

週末假日，你是不是也喜歡和家人、朋友一起去享用吃到飽自助餐（buffet）呢？面對無限量供應琳瑯滿目的美食，真的會讓人忍不住食指大動，想要大快朵頤一番！

但是，你有沒有這樣的經驗，吃到最後，肚子已經撐到不行，但看到餐檯上還有好多沒吃過的菜色佳餚，你又覺得：「錢都花了，不吃不是很可惜嗎？」

結果，硬撐著肚子，又吃了好幾盤，最後，飽到肚子很不舒服，這就是「沉沒成本謬誤」在作祟！

在自助餐吃到飽的場景中，「沉沒成本」就是你付的餐費，在你進餐廳的那一刻起就已經決定了。這時候，無論你吃多少東西，你都已經付了錢，這筆錢是無法收回的。

至於為什麼你會一直「吃到飽」，而不是吃到「剛剛好」呢？這是因為餐費已經在入場就已經決定了，以至於你的每一次用餐成本，嗯，我應該說是用餐的邊際成本都是零，似乎是免費的，因為已經沒有邊際成本的限制，你當然會無所不用其

極的吃到飽爲止。另一方面，你可能會因爲受到「沉沒成本」的影響，而努力想要吃回本，即使已經吃飽了，還是會繼續吃，結果反而造成身體不適。

同樣的，你已經沒有邊際成本的限制，餐桌上的食物是否吃完已經不是重點，你大可以淺嘗幾口之後就可以繼續獵食。假設你沒有道德上的約束與規範考量，餐桌上的剩食對你而言根本不是責任也不是壓力，不是嗎？

當然，這就是問題所在！

近年來，吃到飽餐廳的剩食問題，愈來愈受到關注。許多消費者，因爲受到「沉沒成本謬誤」的影響而過度消費，造成食物浪費，這在吃到飽餐廳最爲嚴重。

這時候，有些吃到飽餐廳，爲了減少食物浪費，開始採取措施，如果顧客剩食過多，會酌收清潔費。當然，這項規定必須在消費者進餐廳時就向消費者解釋清楚，否則，就會產生不必要的糾紛與困擾。

如果我們利用「損失規避」（loss aversion）的力量，獎勵消費者不要產生剩食，否則加收 10% 的服務費，因爲產生額外的損失，消費者有動機會減少剩食。或者，提供小分量的餐具，鼓勵顧客少量多取，也可以避免食物浪費，這些方法，都是利用行爲面來誘使消費者達到減少食物浪費的目的！

愛情裡的「沉沒成本」：該放手還是繼續堅持？

愛情，是人生中最美好的體驗之一，但它也可能是一場充滿挑戰的旅程。當我們投入一段感情時，就會付出時間、精力、情感，甚至是金錢。這些付出，就如同「沉沒成本」，無論這段感情能否開花結果，都無法收回。

然而，當感情出現問題時，許多人會因為不願放棄這些「沉沒成本」，即使這段感情已經不堪回首，而仍選擇繼續堅持，結果便是變成怨偶，一不小心就會演變為家庭悲劇。這種社會新聞一點都不新鮮，不是嗎？

這就是「沉沒成本謬誤」在愛情中的表現。

根據內政部統計，2023 年臺灣 15 歲以上人口中，離婚或終止婚姻的人口比例達 9.47%，離婚率高居亞洲第二。我們假定離婚都是和平協議，理性的劃下婚姻的句點，那麼，潛在的婚姻問題，被婚姻的「沉沒成本」所抑制住的人，恐怕比檯面上已離婚的人數還要多很多。

因為離婚的實際成本太高，冗長的協商與法律程序恐怕才是檯面下怨偶所無法面對的，例如：有些夫妻，即使感情已經破裂，仍然為了孩子、為了面子、為了財產，而選擇維持婚姻關係。此時，他們不願面對離婚的現實，也不願放棄過去，結果卻讓彼此更加痛苦，不是嗎？

婚姻與家庭當然不能完全用理性來計算效用或者是損益，

畢竟，這不是投資，也不是消費。婚姻與家庭本來就具備某種承諾，這種承諾都是一種投入，同樣的也是一種「沉沒成本」沒錯。換個方式講，如果，婚姻與家庭都是一種消費的話，簡言之，根本不會有承諾的約束，那麼，婚姻與家庭就會是一種交易，召之即來，揮之即去，這也不是人類社會應該有現象。

所以，婚姻與愛情的「沉沒成本」，根本上就是難以割捨的回憶。

在愛情中，「沉沒成本」不僅僅是物質上的付出，更包括情感上的投資與共享的回憶。這些無形的「沉沒成本」，經常讓人在感情結束時，更加難以割捨，甚至難以自拔！

例如：在愛情上，你可能會因為懷念過去彼此甜蜜的回憶，而對前任還念念不忘，即使你們已經分手多年。你也可能會因為捨不得過去在感情上的努力，而選擇繼續留在一段不愉快的關係中，即使你知道這段關係根本上沒有未來。

我們又該如何理性面對感情？我相信，在理性與感性彼此拔河時，程度上當然有點困難。

在愛情中，我們要如何避免「沉沒成本謬誤」的影響，做出理性的決定呢？

我們應該誠實面對自己，問問自己，是否仍然愛著對方？這段感情是否仍然帶給你愛情的愉悅？如果沒有，你就應該試著去放手。

同樣的，你可以嘗試著與你的伴侶理性且坦誠的溝通，了

解彼此的需要與期望。當你發現這段感情已經不值得時,你就要勇敢地放手,即使這意味著要放棄過去你所有的努力。

有句話說:「愛情,不是占有,而是放手;愛情,是兩個人的相互承諾,而不是一個人的頑強堅持!」

當感情走到盡頭時,放手,是對彼此最好的選擇,不是嗎?不要讓「沉沒成本」成為你愛情路上的絆腳石,要學會珍惜現在,才能擁抱未來。

人們往往會受到「沉沒成本」的影響,做出非理性的決策

人們在做決策時,經常會受到「沉沒成本」的影響,從而做出非理性的選擇。「沉沒成本」是經濟學中的一個重要概念,指的是已經支出且無法收回的成本。在理性決策過程中,這些已發生的成本應該被忽視,因為它們不應該影響當前或未來的選擇。然而,現實中人們往往難以忽視這些已經發生的投入資源,因此經常因「沉沒成本」而偏離理性。

「沉沒成本」具有三個特點。首先,它具備不可回收性,已經支出的成本無論未來的決策如何,都無法收回,例如:購買了電影票後,即便最後不去看電影,票款仍然無法退還。其次,從理性決策的角度來看,「沉沒成本」應該被忽視,因為它對未來的結果不會產生影響。正確的決策應該基於未來的成本和收益,而不是已經發生的「沉沒成本」。最後,「沉

沒成本」會影響人們的情感，使人們做出基於情感性因素的決策，試圖挽回已投入的資源，即便這樣的行為可能導致更大的損失。

這種現象被稱為「沉沒成本謬誤」，是指人們在做決策時過度關注已經支出的「沉沒成本」，從而做出不理性的選擇。這種謬誤在日常生活中相當普遍，例如：在投資項目上，儘管前景黯淡，但人們可能因為已經投入大量資金而選擇繼續投資，以挽回損失。在娛樂中，即使對一部電影不感興趣，人們也可能因已經花了錢買票而繼續看下去。此外，「沉沒成本謬誤」也常見於人際關係中，即使關係中出現嚴重問題，因為已投入大量感情和時間，人們依然不願放棄。

「沉沒成本謬誤」背後的心理機制包括「損失規避」、「認知失調」以及「承諾升級」這三種機制。「損失規避」是指人們對損失的痛苦遠大於對同等收益的快樂，因此傾向於盡力避免承認損失，進而受到「沉沒成本」的影響。「認知失調」是當人們的行為與信念發生衝突時，為了減少內心的不適感，人們傾向於繼續投入，以證明自己先前的決策是正確的。「承諾升級」則指人們在投入愈多資源後，愈難以放棄，因而選擇繼續投入，希望能夠挽回損失或實現最初的目標。

為了避免「沉沒成本謬誤」，我們可以採取幾種策略。首先，對已發生的成本和未來的預期收益進行客觀分析，將「沉沒成本」從決策中剔除，專注於未來的效益。其次，分散風

險，透過分散投資和分期投入，減少單一決策的風險，避免因大量資源的投入而陷入「沉沒成本謬誤」。此外，在面臨重大決策時，尋求外部專家或顧問的建議，能幫助自己從更客觀的角度評估情況，減少情感的影響。最後，定期反思自己的過往決策，從中總結經驗教訓，提升決策能力，避免重蹈覆轍。

生活應用

案例一：劇情不如預期的電影

當你在觀看一場電影，看到一半卻發現劇情不再符合你的興趣時，很多人會選擇繼續堅持下去，因為已經花費的錢常常讓人不願中途放棄，即便繼續觀看可能會浪費更多的時間。這正是「沉沒成本謬誤」的典型例子。為了避免這樣的情況，我們應該學會專注於當前和未來的價值，而不是被已經無法收回的成本所影響。

首先，在面對類似情況時，我們應該進行當前價值的評估。也就是說，如果當前的行為（例如：看電影）並沒有帶來愉悅或其他實質的價值，那麼應果斷停止，而不是繼續堅持。這樣可以避免因為「不想浪費已經花的錢」而進一步浪費更多的時間和精力。果斷地放棄一個沒有價值的行為，會讓你有更多的時間去做其他更有意義的事情，例如：看更感興趣的電影，或是從事其他更值得的活動。

其次，我們應該練習在決策中忽略「沉沒成本」，專注於當前和未來的收益。已經花費的成本無法收回，因此它不應該影響我們接下來的決策。要將注意力集中在未來的利益上，如果某個行為不能為我們帶來快樂、成就感或其他正面價值，就應該果斷地做出改變。這樣的思維方式能幫助我們更有效率地使用時間和資源，從而讓我們的生活更具價值。

案例二：健身房的會員費

健身房會員費是一種典型的「沉沒成本」，很多人因為已經支付了費用而感到束縛，即便健身計畫不再符合他們的需求，依然勉強自己去使用健身房的服務。這樣的行為不僅浪費了時間，還可能降低生活品質，使健身變成了壓力而非樂趣。為了避免這樣的情況，可以採取以下建議。

首先，應該定期重新評估自己的需求和目標，確保所選擇的健身活動或服務依然符合自身需求。每個人對健身的需求會隨時間和狀況而改變，因此應保持靈活性，定期檢視自己的健身目標和運動狀態。如果發現健身房不再是合適的選擇，或者目前的健身計畫沒有達到預期效果，就應該考慮調整計畫或選擇其他更合適的運動方式，例如：戶外運動或在家鍛鍊。

其次，應保持靈活調整的心態。如果發現現有的健身計畫不再適合自己的需求，不應該因為已經支付了費用就感到必須堅持，而是應該及時調整計畫，例如：如果健身房的會員卡使用頻率很低，而其他形式的運動能更好地融入你的日常生活，那麼果斷地轉變運動方式會更有益於長期的身體健康和心理滿足感。

透過重新評估需求和保持靈活調整的態度，我們能夠更加理性地使用時間和資源，避免因「沉沒成本」的束縛而勉強自己做不適合的事情。這樣不僅能提升健身的效果，也能讓我們的生活更加輕鬆愉快。

案例三：理性的投資停損決策

在投資決策中，有些人容易陷入「沉沒成本謬誤」的陷阱，基於已經投入的資金而繼續追加投資，這樣的行為可能最終導致

更大的財務損失，因為決策的依據不再是未來的預期收益，而是過去已經無法挽回的成本。為了避免這種情況，投資者可以考慮以下建議。

首先，在投資決策時應該進行理性評估，專注於未來的市場前景和預期收益，而不是已經投入的成本。過去的投資不應成為繼續投入的理由，投資者應該問自己：如果今天重新開始，我還會做這個投資決策嗎？如果答案是否定的，那麼就應該考慮停止投入。只考慮未來的潛在收益和風險，而不受過去沉沒成本的影響，這樣才能做出更加理性和明智的投資決策。

其次，設立明確的停損策略也是避免沉沒成本謬誤的有效方式。投資者應該在進行投資之前設定一個停損點，當投資達到預設的損失上限時，應果斷地停損，避免更大的損失。這樣的策略可以幫助投資者保持理性，避免在不利的情況下繼續投入，導致損失擴大。設立停損點有助於投資者在情緒和理智之間找到平衡，進一步保護自己的資金安全。

透過理性評估投資和設立停損策略，投資者能夠更好地克服「沉沒成本謬誤」，避免因過去的投入而影響當前和未來的決策，最終實現更穩健的財務增長。

案例四：情感的維持

「沉沒成本」在情感決策中也會發揮影響，即使一段關係已經不再健康，我們仍因過去的投入而不願結束這段關係。這樣的情感束縛不僅會影響自己的幸福，還會阻礙雙方追求更好的生活。為了避免陷入這種情感陷阱，可以考慮以下建議。

首先，應該從長遠幸福的角度進行考量。在面對情感困境

時，不應僅僅因為過去在這段關係中投入了大量的時間、精力和情感，就勉強維持下去。相反，應該仔細思考這段關係對未來的生活是否帶來幸福和積極影響。長遠來看，繼續維持一段不健康的關係不僅會損害自身的心理和情感健康，也會讓雙方承受不必要的壓力與痛苦。因此，從追求個人幸福的角度出發，理性地分析這段關係的未來是非常重要的。

其次，當發現關係已經對雙方造成傷害時，應該果斷行動，選擇結束這段不健康的關係。這並不意味著否定過去的所有努力和付出，而是承認雙方當下的狀況，並給彼此一個重新開始的機會。果斷結束一段不再互相滋養的關係，能夠讓雙方有機會找到更適合自己的人，重新追求個人幸福。雖然做出這樣的決定可能會伴隨著短期的痛苦，但長遠來看，這樣的行動能為雙方帶來更多的可能性和自由。

透過長遠幸福的考量和果斷的行動，我們能夠避免因「沉沒成本」而繼續一段不健康的關係，從而更好地追求真正適合自己的幸福生活，讓未來充滿更多的希望與可能。

案例五：上班族的職業選擇

上班族在職業選擇中經常猶豫不決，這是因為他們不願放棄已經投入的時間和精力，這樣的「沉沒成本」思維可能會限制他們在職業上的進一步發展，錯過更好的機會。為了在職業發展上不被過去的投入束縛，可以考慮以下建議。

首先，應該確定自己的職業目標。職業決策應該基於對未來的規畫和長遠的目標，而不是已經無法改變的過去投入。建立清晰的職業目標有助於在面對職業選擇時保持方向感，能夠根據這

些目標評估現有的工作是否有助於實現自我成長和發展。如果現有工作與職業目標不一致，就應考慮是否需要做出改變，以便找到更符合長遠發展的職位。

其次，如果現有的工作已經不能滿足職業發展的需求，應該勇敢追求新的機會。無論是轉換行業、提升技能還是尋找新的公司環境，都需要勇於改變的決心和行動力。放棄一份不再適合的工作並不代表過去的努力白費，而是透過對自身需求的重新評估來做出更明智的選擇。這樣的改變能幫助你實現自我價值，提升職業成就感和生活滿意度。

透過確定職業目標和勇敢地追求改變，上班族能夠避免受到「沉沒成本」的影響，做出更符合自身發展需求的職業決策，最終實現自我成長與職業突破。

8

馬後炮?「後見之明偏誤」讓你覺得自己什麼都知道

「後見之明偏誤」是指在事件發生後,人們往往會高估自己在事件發生前對其結果的預測能力,並認為事件的結果是可以預見的。

馬後炮?事後諸葛亮?原來我們都逃不過「後見之明偏誤」!

「哎呀!我早就知道會這樣!」「你看吧,我說了吧!」……這些話,你是不是常常聽到,甚至會脫口而出呢?

這就是「後見之明偏誤」(hindsight bias)在作祟!

「後見之明偏誤」就像是一位「事後諸葛亮」,它會讓我們在事情發生後,高估自己之前的預測能力,覺得自己好像早就知道會這樣,彷彿自己是先知一樣。

例如:我們的周邊朋友,是不是常見到有些投資失利的「事後諸葛」朋友們,他們常說股市瞬息萬變,投資風險難以預測。但當股市大漲時,你可能會聽到他們說:「我早就知道這支股票會漲,可惜當時沒全押!」但當股市崩盤時,你又會聽到他們說:「我早就覺得市場過熱,還好我提早出場!」這種說法,你是不是常聽到呢?

這些都屬於投資市場的馬後炮,事實上也正是「後見之明偏誤」的表現。

在事情結果揭曉後,人們往往會選擇性記憶,只記得那些與結果相符的資訊,而忽略那些與結果不符的資訊,例如:當股市上漲時,你可能只會記得你曾經看過一些正面的分析報告,而忘記你曾經也看過一些負面的警訊。這種選擇性記憶,會讓你產生一種錯覺,以為自己早就預測到了市場投資趨勢,但實際上,你只是被「後見之明偏誤」所蒙蔽了。

我舉個案例說一下，那些在金融海嘯的預言家們的後見之明。

　　2008 年，全球金融海嘯爆發，許多金融機構倒閉，股市崩盤，全球經濟陷入衰退與緊縮。在金融海嘯發生後，許多專家和學者紛紛跳出來，聲稱自己早就預測到了這場危機。他們拿出各種數據和分析圖，分析金融海嘯的成因，並指責政府和金融機構的失職。然而，在金融海嘯發生前，這些預言家們，卻很少有人公開提出警告。這就是「後見之明偏誤」的典型案例。

　　事實上，當年的英國女王伊莉莎白二世就曾指出這個問題！

　　2008 年金融海嘯席捲全球之際，11 月伊莉莎白二世到倫敦政治經濟學院（The London School of Economics and Political Science, LSE）參訪，對於發生的金融海嘯原因，面對一群經濟學家，女王問了一個簡短的問題：「為什麼沒人注意到？」（Why did nobody notice it?）當時沒有一個經濟學家能夠回答女王這個簡短的問題，這時候，研究中心主任回應女王：「在每個階段，都有人依賴別人，每個人都認為他們正在做正確的事情。」（At every stage someone was relying on somebody else and everyone thought they were doing the right thing.）

　　你認為研究中心主任這句話的意思是什麼？「他們正在做正確的事情」，說穿了，他們全都不知道，不是嗎？至少，

LSE 的經濟學家們在女王面前很誠實，事實上是他們也搞不清楚怎麼會發生金融海嘯，危機是如何發生的，根本沒人知道！

更好笑的是，4 年後女王去了英格蘭銀行（Bank of England），也就是英國的中央銀行，一位主管向女王報告說金融海嘯發生的原因是「危機發生前，金融界太過自滿了，很多人認爲沒有監管的必要」，這不就是看著新聞說廢話嗎？只不過，英格蘭銀行的官員也是很誠實。

疫情政策的「馬後炮」：後見之明偏誤與防疫決策

還記得 COVID-19 的疫情期間，那些讓人忙得焦頭爛額的口罩管制、社交距離限制、封城、快篩限購等防疫政策嗎？

這些政策，在當時都引發了許多爭議和爭論，有人認爲，這些措施太過嚴苛，限制了人們的自由；也有人認爲，這些措施不夠嚴格，導致疫情擴散。

如今，疫情結束後，回頭來看這些防疫政策，我們是否能夠有效的評估當年的防疫政策是否有效呢？抑或，依舊會不自覺地受到「後見之明偏誤」的影響呢？

「後見之明偏誤」會讓我們在事情發生後，高估自己之前的預測能力，覺得自己早就知道會這樣。在防疫政策的案例中，當疫情趨緩後，我們可能會覺得，當初的某些防疫措施是不必要的，或是可以做得更好，例如：你可能會覺得：「當初根本不需要封城，只要做好個人衛生管理和社交距離就好

了！」或是「政府應該提早邊境管制，就不會讓疫情擴散」。

這些馬後炮的評論，正是「後見之明偏誤」的表現。

在疫情爆發初期，資訊不明，情況瞬息萬變，沒有人可以百分之百確定哪種防疫措施是最有效的。然而，當疫情結束後，我們回頭看，就會覺得一切都很清晰，好像當初的決策很簡單一樣。

疫情期間，各國採取了不同的防疫措施，有些國家採取嚴格的封鎖措施，有些國家則採取較為寬鬆的防疫政策，例如：中國採取了嚴格的「清零政策」，封鎖城市、大規模檢測，為的是有效控制疫情的擴散，但這種政策也對經濟和人民的生活造成了很大的影響。而歐美國家，則大多採取「與病毒共存」的策略，注重疫苗接種和醫療方案，這種策略雖然可以維持正常的經濟活動，但也導致了大量的感染和死亡案例。

現在疫情結束，各國的防疫政策也受到了不同的評價。有些人認為，中國的「清零政策」是成功的，有效保護了民眾的生命。當然，也有人認為，歐美國家的「與病毒共存」策略，才是長期且正確的解決方案。但是，這些評價都不可避免地受到了「後見之明偏誤」的影響，正因為我們現在看到的是疫情的最終結果，而不是決策過程中的不確定性和困境。

蛋塔風暴：從瘋狂搶購到乏人問津

1998 年 8 月 20 日《聯合晚報》有一則新聞：「臺灣民眾

平均一天要吃掉 6 萬個葡式蛋塔。臺北的『亨利王子蛋塔』、卡莎米亞的『奧麗蛋塔』、『香榭大道葡式蛋塔』、『瑪嘉烈蛋塔』、『港澳蛋塔』及高雄的『聖卡蘿葡式蛋塔』等陸續上市，近 3 個月來以現烤、現賣、限量，造成市場超熱效應。」一天要吃掉 6 萬個葡式蛋塔？意思是，在臺灣每 1,000 人當中，差不多有將近 3 個人在排隊買蛋塔！

這些加盟連鎖的蛋塔店，如今安在哉？

還記得 1990 年代末期，臺灣曾經掀起一陣「蛋塔風暴」嗎？那時候，大街小巷都開滿了蛋塔店，人們瘋狂的排隊搶購，甚至出現了「蛋塔券」這種奇特的商品。然而，這股蛋塔熱潮，卻如曇花一現，短短幾年不到，這些加盟的蛋塔店就消失得無影無蹤。蛋塔店的倒閉潮，讓許多投資人血本無歸。

這場「蛋塔風暴」，除了反映市場的炒作和泡沫之外，同樣的，出現投資熱潮時，「後見之明偏誤」也會伴之出現。

「我早就知道會這樣！」這句話套在大部分的投資風潮，都可以「放諸四海皆準」，當蛋塔熱潮席捲全國時，許多人一窩蜂地投入蛋塔事業，開店、加盟、投資，深信蛋塔會成為持久的熱門商品。然而，當蛋塔熱潮退燒時，這些人又紛紛表示，「唉，我早就知道蛋塔只是一時的流行！」「我當初就不應該投資那麼多錢！」這就是「後見之明偏誤」。

「後見之明偏誤」讓人們高估自己在事件發生前對其結果的預測能力

「後見之明偏誤」是指在事件發生後，人們往往會高估自己在事件發生前對其結果的預測能力，並認為事件的結果是可以預見的。這種認知偏誤在行為經濟學和心理學中有著廣泛研究，揭示了人們在回顧過去事件時，會受到已知結果的影響，從而產生自己早已知道結果的錯覺。

事件的結果往往影響人們對事件過程的認知，當結果已知時，人們傾向於認為事件的結果顯而易見，並高估自己對結果的預見能力。這種偏誤導致記憶的扭曲，人們會重構自己的記憶，使其與已知結果更為一致，進而加強了對自己預見能力的錯覺。此外，「後見之明偏誤」還是一種自我保護機制，幫助人們維持對自身決策能力的信心，減少對錯誤決策的懊悔與自責。這種偏誤不僅存在於個人決策中，還會影響專家和決策者的判斷，例如：投資分析師、醫生和法律專家等專業人士也會受到影響。

「可得性啟發理論」（availability heuristic theory）認為，人們在進行判斷時，傾向於依賴最容易回憶的資訊。事件的結果一旦發生，其相關資訊變得非常顯著，因此影響了人們對事件的回顧與認知。「自我一致性理論」（self-consistency theory）指出，人們會傾向於保持自我概念的一致性，「後見之明偏誤」有助於人們保持對自身預見能力的信心，避免認知

失調。而「信念持續性理論」（belief perseverance theory）則表示，即便面對相反的證據，人們仍傾向於維持已有的信念，這使得人們在事件發生後，重新解釋過程以符合已知結果。

實驗研究也證實了「後見之明偏誤」的存在和影響。在一項經典實驗中，參與者被要求回憶他們在某事件發生前的預測，結果顯示，事件發生後，參與者普遍高估了自己當初的預測準確性，並認為結果是顯而易見的。此外，另一項研究探討了「後見之明偏誤」在醫學診斷中的影響，結果顯示，醫生在已知病人最終診斷後，往往認為自己在診斷過程中早已預見到這一結果，從而高估了自己的診斷能力。

理解「後見之明偏誤」可以幫助我們在多個領域做出更明智的決策和評估。在投資決策中，投資者應避免「後見之明偏誤」，客觀評估自己的決策過程和風險預測能力。醫生在回顧病例時也應警惕「後見之明偏誤」，保持對診斷過程的客觀評估，避免高估自己的診斷準確性。在法律判決過程中，法官和陪審團應盡量避免被已知結果影響，客觀評估案件的證據和過程，減少「後見之明偏誤」對判決的影響。政策制定者在評估過去政策效果時，應基於客觀數據和分析，而非依賴已知結果進行回顧性判斷。

儘管「後見之明偏誤」普遍存在，但我們可以採取一些策略來減少其對決策和評估的負面影響。首先，在事件發生前進行前瞻性評估，記錄當時的預測和依據，這有助於避免在回顧

時受到結果的影響。其次，回顧過去事件時應從多個角度進行分析，考慮不同可能性和不確定性，減少結果對判斷的影響。此外，採用結構化反思的方法，系統性地回顧決策過程和依據，以保持客觀性。最後，尋求多位專家的意見和建議，能避免單一結果導致的偏見，增強評估的準確性。

生活應用

案例一：不要高估投資決策

　　在投資決策中，投資者有時會因股票上漲而高估自己的預見能力，這是一種「後見之明偏誤」，即人們在事情發生後認為自己當初已經預見了結果，而實際上可能只是運氣使然。這種偏誤會導致投資者在未來的決策中過於自信，進而忽視風險。為了避免這種情況，可以採取以下應對策略。

　　首先，在做投資決策時，應該詳細記錄投資決策的過程，包括當時的市場分析、風險評估以及決策的依據。這樣的紀錄可以幫助投資者更清楚地回顧自己當時是基於哪些資訊和考量來進行投資的，避免在事後因結果良好而高估自己的預見能力。這些紀錄能成為日後分析決策的重要依據，讓投資者更加理性地認識自己的投資能力。

　　其次，應定期回顧投資結果，根據當時的紀錄進行客觀評估，而不是單純根據投資的最終結果來做判斷。透過回顧和反思，可以更清楚地了解哪些決策是基於科學的分析，哪些只是運氣使然。這樣的回顧能幫助投資者在未來的決策中保持謙遜和理性，認識到投資中的不確定性，從而更加謹慎地進行風險管理。

　　透過記錄投資決策過程和定期客觀回顧投資結果，投資者能夠更好地避免「後見之明偏誤」，提高投資決策的品質，確保每一次的投資行為都是基於充分的分析和理性判斷，而非過度的自信或錯誤的後見之明。這樣的做法能幫助投資者在長期中實現更穩定和健康的投資成長。

案例二：避免職場決策偏誤

在職場中，上班族可能在面對計畫失敗時產生「後見之明偏誤」，即事後認為自己本來就應該預見到失敗的發生。這種偏誤容易讓人過度苛責自己或同事，甚至影響未來的決策信心。為了減少這類情況的影響，上班族和團隊可以考慮以下應對策略。

首先，應建立詳細的決策紀錄。每次做出重要決策時，應記錄當時的背景、所依據的數據以及所有考量的因素。這樣的紀錄能幫助人們在事後進行客觀回顧，而不是受到已知結果的影響而改變對決策過程的看法。詳細的決策紀錄還有助於辨別哪些決策是基於合理的分析而做出的，哪些是因為缺少關鍵資訊或其他外在因素影響而未達到預期目標。

其次，團隊應該定期進行決策評估，根據當初的決策紀錄進行集體反思。團隊成員共同回顧過去的決策，可以幫助大家理解當初做出決策時的情境和考量，並且集思廣益地探討哪些部分可以改進。透過這樣的集體反思，團隊能夠減少「後見之明偏誤」的影響，不會輕易地將一個計畫的失敗歸因於個人的錯誤判斷，從而能更加理性地面對未來的挑戰和決策。

透過建立詳細的決策紀錄以及進行團隊決策評估，上班族和團隊能夠更加客觀地反思過去的決策過程，避免「後見之明偏誤」帶來的負面影響。這些方法能幫助團隊保持學習和成長的心態，在面對未來的計畫和挑戰時更加自信和理性，從而提高整體決策的品質與成效。

案例三：仔細分析運動比賽紀錄

在運動比賽中，運動員或教練在比賽結束後，往往會因為最

終的結果而高估自己當初對比賽過程的預見能力，這種「後見之明偏誤」可能讓人覺得一些錯誤的決策或意外的結果本來應該可以預見並避免。這種偏誤會影響運動員和教練對過去比賽的客觀評估，進而影響未來的訓練和比賽策略。為了減少「後見之明偏誤」的影響，可以採取以下應對策略。

首先，在制定比賽策略時應詳細記錄當時的策略依據和預期結果。這樣的紀錄包括為何選擇特定戰術、對對手的分析、當前的隊伍狀況等，能幫助運動員和教練在賽後進行更加客觀的回顧。當我們能夠清楚地回顧當初的策略和背後的考量時，更能夠理解當時做出決策的邏輯，而不會在賽後因結果不如預期而感到自責或誤認為「早該預見到」的情況。

其次，賽後應進行客觀的比賽分析，根據比賽策略的紀錄進行反思。這種賽後的反思應該專注於理解哪些策略有效，哪些部分需要改進，而不是受到結果的影響而過度簡化原因。透過這樣的客觀分析，可以幫助運動員和教練在未來的比賽中做出更加科學的策略調整，減少「後見之明偏誤」對比賽評價的負面影響。

透過比賽策略的詳細紀錄和賽後的客觀分析，運動員和教練能夠更加理解比賽過程中的得與失，避免被賽後的結果所迷惑，進而能在未來的比賽中做出更加有效和精確的決策。這不僅有助於運動表現的提升，也能增強團隊和運動員的心理韌性，使他們在面對挑戰時更具信心與理性。

9.

寧願不贏也不要輸？「損失規避」讓你錯失良機

「損失規避」是指人們在面對相同數量的損失和收益時，對損失的反應強於對收益的反應。

害怕錯過：NFT 投資熱潮背後的「損失規避」心理

2021 年，非同質化代幣（Non-Fungible Token, NFT）熱潮席捲全球，各種數位藝術品、收藏品，甚至是迷因圖，都以驚人的價格成交，吸引了無數投資人爭相投入。然而，這股 NFT 熱潮，卻在 2022 年迅速降溫，許多 NFT 的價格暴跌，讓投資人損失慘重。

NFT 市場曾在 2021 年掀起一陣狂熱，交易額一度飆升至驚人的 400 億美元之多，但卻在 2022 年突然急劇下跌，到了當年 9 月時，NFT 的交易量竟然下降了 97% 之多。

這場 NFT 的價格泡沫，除了市場炒作和投機因素之外，也與投資人的「損失規避」（loss aversion）心理有關。當 NFT 價格不斷飆漲時，許多投資人害怕錯過這波賺錢的機會，於是紛紛搶購 NFT，即使他們對 NFT 的價值和應用，並沒有深入的了解，但市場機會不可多得，紛紛跳下投資，讓 NFT 變成加密貨幣後的另一股熱潮。

這種「害怕錯過」（fear of missing out）的心理，其實就是「損失規避」的心態作祟。投資人因為害怕錯過潛在的巨大獲利（是否獲利不可得知），而做出不理性的投資決策，結果常常得面對投資損失。

在 NFT 熱潮期間，許多投資人展現了典型的「追高殺低」行為。當得知某個 NFT 標的價格上漲時，投資人就會一窩蜂地搶購，推升價格進一步飆漲，此時，投資人根本無暇去關

心，NFT 價格飆漲，會不會是人為操作的結果，一不小心就會被「割韭菜」！

然而，當 NFT 價格下跌時，投資人又會恐慌性拋售，導致價格加速下跌。這種「追高殺低」的行為，正是「損失規避」心理的影響。投資人因為過度害怕損失，進而做出不理性的投資決策，結果反而加劇了市場的波動。

這時候，你會發現，投資 NFT 的「損失規避」現象，怎麼和其他投資行為一個模樣？當然都是同一個模式。

如何避免「損失規避」的影響呢？我試著舉出幾個方式供大家參考。首先，不要盲目跟風，因為害怕錯過賺錢機會，你可能會盲目跟風，購買那些被大肆宣傳的投資標的，這時候你應該理性分析。其次，不要害怕停損，當你購買的投資標的價格下跌時，你可能會因為不願意面對損失，而選擇繼續持有，即使投資標的已經沒有上漲的機會，這時候你該在投資前就設立停損點。最後要避免過度投機，你可能會因為想要快速獲利，而對高風險投資標的過度投資，導致大額損失，這時候你應該分散投資且長期持有。

捨不得賣房？房市僵局與「損失規避」心理戰

近年來，臺灣房市陷入膠著，房價居高不下，買方觀望，賣方惜售，交易量低迷。這場房市僵局的背後，除了經濟因素和政策影響之外，也與「損失規避」的心理因素息息相關。

事實上，「損失規避」其實就是房市交易的隱形阻力！

　　「損失規避」指的是人們對損失的感受，遠比對獲得的感受強烈。在房市交易中，損失規避心理會影響買賣雙方的決策，導致交易停滯。

　　以國泰金控的「2024 年 9 月國民經濟信心調查結果」顯示，即使中央銀行多次的打房政策下，賣房的意願指數卻還是「落後」買房意願指數。我指的「落後」的意思是，市場已經買氣不振，但房屋的價與量卻沒有下跌，這是怎麼一回事？

　　我認為至少有兩個心態導致賣方仍不願意降價求售。

　　第一，賣方惜售：許多屋主不願意降價出售房屋，即使房市已經出現降溫跡象。這是因為他們不願意接受賣低的損失，即使降價求售可以更快地完成交易。

　　第二，買方觀望：許多潛在的購屋者因為擔心房價下跌而選擇觀望，即使他們已經找到心儀的房子。這是因為他們害怕買在高點，一旦房價下跌，就會蒙受損失。

　　這種「賣方惜售，買方觀望」的僵局，正是「損失規避」心理在房市中的表現。

　　根據內政部統計月報顯示，2023 年全國建物買賣移轉棟數為 30 萬 6,971 棟，較 2022 年減少 3.5%，創 4 年新低。當年，儘管政府祭出多項政策，試圖刺激房市，但效果有限，但也因為持續的政策性加碼房市振興，最後卻導致房價過度炒作，實在是始料未及之處。

當年，房價仍然維持在高檔，買賣雙方陷入拉鋸戰，交易難以達成，例如：有些屋主在幾年前買進的房子，現在即使開價高於當初的購入價格，仍然不願意出售。他們會認為，如果現在賣掉，就等於「認賠殺出」，即使房價已經開始下跌。而潛在的購屋者卻因為擔心買在高點，所以不願意追價，導致交易量低迷。

「損失規避」心理，除了導致房市交易停滯之外，也可能加劇房市泡沫的風險。當房價持續上漲時，投資客和投機客會因為害怕錯過賺錢的機會，而紛紛搶進房市，推升房價持續飆漲。這種「追高」的行為，正是「損失規避」心理的表現。然而，當房市反轉，房價開始下跌時，這些投資客和投機客又會因為害怕虧損，而紛紛拋售房屋，導致房價加速下跌。這種「殺低」的行為，也是「損失規避」心理的表現。

「買到賺到」？「損失規避」與電商促銷的心理戰

雙 11、黑色星期五、週年慶這些購物節，為什麼總是讓消費者陷入瘋狂的搶購熱潮？

消費者面對「限時特價」、「最後一天」、「限量」這些促銷標語，搭配著醒目的折扣數字，刺激著人們的購物欲望，讓人忍不住想買到賺到！但大家有沒有想過，這些業者創造出來的折扣與促銷活動，真的讓你撿到便宜了嗎？或者，你已經掉進了「損失規避」的陷阱，買了一堆不需要的東西，自己沒

有自覺呢？

　　「損失規避」是指人們對損失的感受遠比對獲得的感受更強烈，電商平臺和商家深諳此道，經常利用「損失規避」的心理來設計各種促銷活動，以刺激消費者的購買欲望，例如：限時特價製造出「錯過就沒有了」的緊迫感，讓人害怕錯過優惠而衝動購買；限量商品強調稀缺性，讓人覺得「不買就搶不到了」，從而產生害怕錯過的心理；倒數計時用倒數計時器營造緊張氛圍，促使消費者加速購物決定；折價券則利用其有效期限，讓消費者認為折價券等同現金，激起不使用就會損失的心理。這些促銷手法，都利用了人們「害怕損失」的心理，讓你覺得如果不趕快買，就會錯失良機，蒙受損失。

　　舉例來說，每年一度的 618、雙 11、雙 12 購物節，是電商平臺的年度盛事。為了衝高業績，電商平臺常會祭出各種優惠活動，例如：滿額折扣，滿千送百等優惠，如果把優惠門檻提高，消費者自然有壓力會湊足低消門檻。或者是發送折價券，「限時領取 100 元折價券」、「消費滿 500 元送 200 元折價券」等等。還有一招是紅包雨，在特定時間，發放紅包，讓消費者搶紅包，增加購物樂趣。

　　這些五花八門的促銷活動，本來就會讓消費者陷入瘋狂搶購，甚至過度消費，例如：你原本只想買一件外套，但為了湊滿額折扣，你可能會多買幾件衣服、鞋子和配件等等。結果是你會因為搶到折價券，反而購買原本不需要的商品。

這些不理性的消費行為，都是「損失規避」心理的影響。你害怕錯過優惠，害怕吃虧，所以才會衝動購物。

面對電商平臺的促銷攻勢，我們該如何保持理性，不被「損失規避」心理所迷惑呢？

首先，搞清楚需要和需求，購物前，先問自己「我真的需要這個東西嗎？」「我買了之後會使用嗎？」到底是為了消費而消費，還是真的需要，真的有必要消費嗎？

第二，設定預算，在購物前，先設定好預算，避免過度消費。

第三，理性分析，不要被折扣和優惠沖昏頭，要理性分析商品的價格和價值，判斷是否值得購買。

第四，貨比三家，不要只看一家電商平臺，要多比較不同平臺的價格，才能找到最划算的標的。

第五，延遲滿足，不要衝動購物，可以把商品加入購物車，等幾天後再決定要不要買（這招我常用）。

「損失規避」：人們在面對相同數量的損失和收益時，對損失的反應強於對收益

損失規避是指人們在面對相同數量的損失和收益時，對損失的反應遠比對收益的反應更為強烈。簡言之，失去某物所帶來的痛苦往往超過獲得相同物品所帶來的快樂。這一概

念由丹尼爾・卡尼曼和阿莫斯・特沃斯基在他們的前景理論（prospect theory）中提出，是行為經濟學的重要基礎之一。

　　正因為人們對損失的感受通常高於收益，這導致了他們在決策時傾向於更加保守或做出冒險的選擇。這樣的心理會引發一連串決策偏差，例如：在面對風險時，許多人會選擇保守策略（保守偏見），而在面對已經投入的成本時，則可能基於沉沒成本做出不合適的行為（沉沒成本謬誤）。

　　在具體情境中，「損失規避」會使人們在面對損失時傾向於冒更大的風險來避免損失，而在面對收益時，則選擇保護已有收益，這也反映了風險偏好隨情境的轉變。此外，損失所引發的負面情感往往強烈，這進一步驅動人們採取行動來避免感受到損失，甚至在某些情況下超越了理性的考量。

　　「損失規避」的理論基礎來自於「前景理論」、「雙系統理論」以及演化心理學的解釋。「前景理論」指出，人們在面對不確定性時，會依賴於某個參考點來評估損失和收益，並且對於相對參考點的損失有更強烈的反應。「雙系統理論」則將人類的決策過程分為兩個系統——「系統一」（快速、直覺、情感驅動）和「系統二」（慢速、理性、邏輯驅動），而「損失規避」主要由系統一驅動，這使得人們在決策時容易受到情感的影響。從演化心理學的角度看，「損失規避」是人類在自然選擇過程中形成的適應性行為，因為避免損失的行為有助於提高生存機會。

許多實驗研究也證實了「損失規避」的存在和影響。在一項經典的經濟學實驗中，參與者面對兩個選項，一個是保證獲得一定金額，另一個是有機率獲得更多金額或者失去部分金額。結果顯示，大多數人選擇了保證獲得金額的選項，這表明他們傾向於避免損失，而不是冒險獲得更多的收益。同樣的心理特徵也表現在人們購買保險和進行投資決策中，顯示出他們強烈的「損失規避」傾向，即便這些行為有時並不符合理性經濟人的預期。

理解「損失規避」對於個人理財、保險購買、行銷策略設計及公共政策都有重要的應用價值，例如：投資者應該認識到自己可能受到「損失規避」的影響，避免因害怕損失而錯失潛在的收益；消費者在購買保險時應根據實際風險和需求來選擇合適的產品，而不是因為過度擔憂損失而購買過多的保險。市場行銷策略可以利用「損失規避」心理來吸引顧客，例如：透過強調消費者會因不採取行動而面臨的潛在損失來提高產品的吸引力。政策制定者則可以在設計公共政策時考慮到人們的「損失規避」傾向，透過宣傳和教育減少因短期損失而引起的抵觸情緒，幫助公眾理解政策的長期收益。

儘管「損失規避」是普遍存在的心理現象，我們可以採取一些策略來減少其負面影響。首先，意識到「損失規避」的存在，並接受這一心理現象是減少其影響的第一步；其次，設置長期目標，將注意力集中於長期收益而非短期損失，可以有效

減少情感反應的影響。此外，尋求專業建議，讓專家幫助進行風險和收益的客觀評估，也能避免過於情感化的決策。最後，建立應急計畫，使自己能在面臨損失時冷靜應對，降低因情感驅動而做出不理性決策的可能性。

生活應用

案例一：設立停損點和實施多元化投資策略

在投資中，投資人因為害怕損失而持有下跌的股票，最終往往導致更大的財務損失，這是一種「損失規避」的行為心理。這種行為讓人無法及時停損，從而在市場進一步惡化時，面臨更大的損失風險。為了避免這種情況，投資者可以採取以下策略來應對。

首先，應在投資之前設立明確的停損點。停損點是指當投資達到某個損失幅度時果斷賣出的價格標準。在市場變化中，投資者常會因為情感驅動而陷入損失規避的陷阱，因此提前設定停損點可以幫助保持理性，避免因害怕損失而持續持有虧損股票。根據市場的變化及時調整投資策略，能有效減少投資中的情感因素，從而更冷靜地面對市場波動，保護自己的資金安全。

其次，多元化投資也是分散風險的重要策略。透過將資金投資於多個不同的標的（如股票、債券、房地產等），可以有效減少單一投資帶來的風險，降低因某一股票下跌而導致的整體資產損失。多元化投資能夠提高投資組合的穩定性，避免「把雞蛋放在同一個籃子裡」，使得投資人在面對市場波動時，不會因某個單一資產的表現而受到過大的影響。

透過設立停損點和實施多元化投資策略，投資者可以更有效地應對市場的不確定性，避免因「損失規避」的心理而陷入不必要的困境，從而提高投資組合的穩定性，實現更加健康和可持續

的財務增長。這些方法有助於保持理性，並在長期投資中達到更好的收益目標。

案例二：選擇合適的保險商品

有些人因為害怕未來可能的損失，而購買了過多的保險，這是一種「損失規避」的心理現象。雖然保險是一種有效的風險管理工具，但過度購買保險不僅會增加不必要的支出，還可能導致資源浪費。為了避免這種情況，應採取以下應對策略。

首先，應進行實際需求評估。根據自己的實際風險和需求來選擇適當的保險產品，避免因害怕未來可能的損失而購買不必要的保險。這需要考慮自身的生活狀況、財務條件、健康狀況等，並根據具體的風險來選擇保險種類和保額，例如：如果你已經有足夠的健康保險保障，可能就不需要額外購買其他相似的醫療保險。透過理性的需求評估，可以確保每一筆保險支出都能有效地對應到真實的風險，而不是被情感所驅使。

其次，尋求專業保險顧問的建議也非常重要。保險顧問可以根據你的具體需求和風險狀況，提供專業的保險方案建議，幫助你選擇最適合自己的保險產品。專業顧問能夠從更客觀的角度出發，減少你因損失規避而購買過多保險的可能性，從而達到風險管理和經濟負擔之間的平衡。

透過實際需求評估和專業諮詢，消費者可以更加理性地選擇適合的保險產品，避免因「損失規避」而購買過多或不必要的保險。這樣不僅可以有效控制保險支出，也能確保保險在真正需要的時候發揮作用，從而達到更好的風險管理效果，同時保障財務的健康和穩定。

案例三：理性購物決策，不要衝動購物

消費者在面對折扣時，經常會因為害怕錯過優惠而感到像是失去了一個重大機會，這是一種「損失規避」的心理現象。這種情緒容易讓消費者陷入衝動購物的陷阱，購買到不是真正需要的商品，最後可能導致浪費。為了避免這樣的情況，可以採取以下應對策略。

首先，應該理性購物，根據實際需求決定是否購買商品，而不是單純因為折扣的吸引而進行消費。折扣和優惠雖然看起來划算，但如果商品本身並不符合你的需求，那麼這筆支出就並不划算。消費者應當在購物前確認自己的需求，只有當某個商品真正滿足需求時，才應該考慮是否趁折扣購買。這樣可以有效避免因「損失規避」心理而購買到不需要的商品，從而控制衝動消費的發生。

其次，設定購物預算並嚴格遵守，這是控制購物行為的有效方法。可以根據每月的收入和支出狀況，設定一個合理的購物預算，並在購物過程中嚴格遵守這個預算，即使看到吸引人的折扣，也應保持理性。這樣做不僅能幫助你更好地管理財務，也能讓你在面對折扣時保持冷靜，減少因感覺「錯過」而產生的購物壓力。

透過理性購物和設立購物預算，消費者可以有效地應對「損失規避」心理帶來的影響，避免因折扣而產生的衝動購物行為。這樣不僅可以節省金錢，還能確保每次購物都是有意義和必要的，最終提高生活品質，並且在長期中達到財務更穩定的目標。

案例四：工作選擇

在職場中，上班族經常因為害怕失去現有的穩定工作，而錯過了可能更好的機會，這是典型的「損失規避」心理。這種心態容易讓人安於現狀，即使有更有發展潛力的工作機會也不敢去嘗試，從而影響職業成長。為了克服這種心理限制，可以考慮以下應對策略。

首先，設定長期職業目標，並根據這些目標來評估新工作的潛力。當考慮新機會時，不應該僅僅基於當前的穩定性做決策，而是應該根據職業發展的長期目標來進行判斷。分析新工作是否能帶來更多的學習和成長機會，或者是否更符合你的職業夢想。這樣的長遠考量有助於讓你更理性地評估是否該接受一個新的挑戰，而不是因為害怕失去現有的舒適而猶豫不前。

其次，應該制定風險管理計畫，提前考慮可能遇到的困難和相應的應對策略。改變總是伴隨著風險，但提前計畫可以幫助減少對未知的恐懼，例如：如果你考慮轉換工作，可以先儲備一些資金應對過渡期的支出，或者提前了解新公司的文化和發展機會，這樣可以讓自己在做出決策時更加有信心。此外，與前輩或職業顧問交流也有助於獲得更多的見解和支持，減少因損失規避而產生的焦慮。

透過設定長期目標和制定風險管理計畫，上班族可以更有效地克服因「損失規避」心理而錯失機會的情況。這樣不僅能幫助你做出更理性且符合個人發展需求的決策，還能在職業道路上獲得更多成就和滿足感，最終實現個人和職業的全面成長。

案例五：購屋決策

　　購屋者因為害怕未來房價上漲而急於購買房子，這種「損失規避」的心理可能導致他們做出不理性的購屋決策，最終可能面臨經濟壓力或者購買到不理想的房產。為了避免這樣的情況，購屋者應該考慮以下應對策略。

　　首先，根據自己的財務狀況和長期目標來做購屋決策，而不是僅僅因短期房價波動而匆忙行動。購買房產是一個重大的財務決策，應該基於你的經濟能力、收入穩定性、現金儲備等多方面的因素來考慮，確保房屋的購買對你的長期財務健康是可行的。在購屋前，應該問自己幾個問題：我是否有足夠的頭期款？我是否能承擔房貸帶來的長期負擔？這些問題的答案能幫助你更理性地決定是否在這個時機購買房產，而不是因害怕未來房價漲得更高而急於做決策。

　　其次，進行詳細的市場調查，了解房地產市場的趨勢和潛在風險，是非常必要的。了解當前的市場行情和可能的發展趨勢，例如：房價的歷史波動、當地經濟發展情況以及政策對房地產的影響等，這樣可以幫助你更全面地評估購屋的時機和房產的價值，而不是僅僅因短期內的上漲預期而產生購買的壓力。當你對市場有更深入的了解後，可以更冷靜地判斷是立即購買還是等待更好的時機。

　　透過對個人財務狀況的評估和進行市場調查，購屋者能夠更有效地應對「損失規避」心理帶來的影響。這樣不僅可以幫助你做出更加理性的購屋決策，還可以確保你購買到的是符合自己需求和能力的房產，最終達成長期的居住穩定和財務健康的目標。

第二篇

習慣成自然？那些你我都改不掉的壞毛病

我們每個人在生活中都有一些很難改變的行為模式，這些模式往往成為我們前進的障礙。

本篇的特色在於，深入探討了「自我控制」、「決策疲勞」和「現狀偏誤」等行為偏誤，揭示為什麼這些壞習慣總是那麼難以克服。同時提供了具體的應對策略，幫助你掌握方法來改變這些壞習慣，最終實現自我管理、提升決策效率，讓生活變得更有掌控感與成就感。

1

自律好難！「自我控制」讓你戰勝內心的魔鬼

「自我控制」是指個人在面對誘惑、衝動和短期獎勵時，能夠抑制這些即時的欲望，並選擇長期目標和利益的能力。

滑不停的手機：自我控制與數位時代的挑戰

「再滑一下就好！」「等我看完這部影片再說！」……這些話，是不是你每天都在對自己說的話呢？

在數位時代中，手機、平板、電腦等數位裝置，已經成為我們生活中不可或缺的一部分，它們帶來了資訊的便利和娛樂的享受，同時，也可能成為吞噬我們時間和精力的黑洞。

我舉個例子，以下幾個動作，你是否都有過這樣的經驗：「原本只想查看訊息，卻不知不覺滑了半小時的臉書？」「原本計畫要完成工作，卻忍不住一直追劇？」「原本想要早點睡覺，卻忍不住熬夜打電動？」如果這些行為你都沒有出現，那麼，恭喜你，你非常自制。

這就是「自我控制」（self-control）在數位時代面臨的挑戰。

「自我控制」，其實就是理性與誘惑的拉鋸戰。「自我控制」指的是，我們能夠抵擋誘惑，控制衝動，做出符合我們長期利益的選擇。

然而，在數位時代，許多誘惑無處不在。社群媒體的訊息、影音平臺的廣告與推播推薦、遊戲的聲光效果，都像是一張張誘人的網，吸引著我們的注意力，讓我們難以自拔。這時，我們就需要發揮「自我控制」的能力，才能避免沉迷於數位世界，才不會忽略了現實生活中的責任和目標。

以臺灣[1]為例，臺灣民眾每日網路連線時間從 2022 年的 8 小時 7 分鐘，到 2023 年的 7 小時 14 分鐘，減少將近 1 小時（-11%）；而以全球觀之，人均網路使用時間亦減少了 20 分鐘（4.8%），到 6 小時 37 分。裝置選擇上，手機與桌機（含平板）的使用時數比約為 55%。以上述的調查換算，雖然臺灣民眾的網路連線時間降低了，但是，使用行動裝置連上網路的時間將近 4.5 小時。這項統計讓我趕緊拿出我的手機中有關於使用螢幕的時間統計，我發現，自己 1 週的每日使用時間竟然高達 4.5 小時，剛好是臺灣的平均值。

我是不是該把手機丟進抽屜裡，眼不見為淨呢？

能夠讓自己不碰手機嗎？我覺得有點難，畢竟，手機早已不僅是電話的功能而已，大大小小事情，都得靠手機才能解決，要是出門忘記帶手機，我相信那一天很多人都會覺得不自在，不是嗎？

事實上沒錯！我的一天的行程，全部都記在行事曆中，只要是我不想用腦子記的大小事情，我全都放在手機裡，光是我的 LINE 裡面的群組就有幾十個，每天群組裡訊息只要認真看都會覺得超載，不認真看，又怕錯過了重要訊息！

但我覺得，時下的年輕人與學生，沉迷於手機上的社群軟

---

1 「台灣人愛滑手機、每天上網 7 小時都在看什麼？8 大調查報告全公開」，資料來源：https://www.gvm.com.tw/article/100415。

體、影音與遊戲，時間可能超過全國的抽樣平均值。就像我在上課時，看看臺下的大學生，手指頭黏在手機螢幕上的大有人在，他們的學習成績與效果，能夠理想嗎？

這是我常在上課時看到的景象，熬夜滑手機，導致上課精神不濟；上課時忍不住滑手機，無法專心聽講；考試時分心滑手機，影響作答效率。

我們被手機的螢幕控制住了，反映了數位時代的「自我控制」危機。

再買就剁手──購物成癮與「自我控制」的拉鋸戰

「剁手」這個詞，相信大家都不陌生。每逢購物節，總會看到有人在社群媒體上發文哀嚎：「再買就剁手！」

這句看似玩笑的話，其實反映了許多人內心的掙扎──一方面想要享受購物的樂趣，一方面又擔心自己過度消費的困境。這種「愛買又怕買」的矛盾心理，正是「自我控制」與購物成癮的拉鋸戰。

購物，是現代人生活中常見的休閒娛樂方式。舉凡逛街、網購、開箱……這些購物體驗，常常讓人感到快樂和滿足，然而，有些人會對購物產生過度的依賴，甚至發展成購物成癮。購物成癮，不是一種疾病，但這種心理上的問題，就像是一種心理疾病，它會讓人失去理智，無法控制自己的消費欲望。

購物成癮者通常會有幾種典型行為。首先是衝動購物，當他們看到喜歡的東西時，往往忍不住購買，即使這些物品並非真正需要，也可能沒有足夠的財力支持。其次，他們會隱瞞自己的消費行為，甚至會對家人、朋友隱藏，偷偷使用信用卡或者借錢購物。此外，購物成癮者往往囤積大量物品，即使這些物品沒有實際用途，也捨不得丟棄。最後，購物成癮可能嚴重影響到個人的生活，讓他們忽視工作、學業以及人際關係，甚至造成財務上的困難。

各位不要以為購物成癮不是太大的問題，但新聞[2]案例指出，購物成癮也會造成人生的悲劇。這起事件，凸顯了購物成癮的危害。當人們無法控制自己的消費欲望時，可能會陷入負債的深淵，甚至賠上自己的性命。

要戰勝購物成癮，可以採取一些具體方法。首先，認清問題並承認自己有購物成癮的傾向是非常重要的，同時可以尋求專業協助，例如：心理治療或輔導。其次，做好財務規畫，設定每月消費的上限，這有助於避免不必要的過度消費。為了改變消費習慣，可以減少逛街次數、取消不必要的購物平臺會員資格、刪除購物應用程式等，這些措施有助於降低購物的誘惑。

---

2 「女購物狂刷爆卡　欠債百萬上吊自盡」，資料來源：https://news.tvbs.com.tw/life/379775。

拒絕拖延症：自我控制與學習效率

「deadline 是第一生產力」，這句話是不是很熟悉？上班族經常面臨「死線」（deadline），順利的話可以在「死線」來臨前完成工作，不太順利的話就是「壓線」，剛好在時限前完成工作，但「越線」的經驗，大家都有，不是嗎？

「壓線」與「越線」有時候是工作效率與能力的問題，若不談這兩者，恐怕就是拖延成性的習慣造成的。許多人都有拖延症的毛病，不到最後一刻，就不想開始工作或念書。然而，拖延症不僅會影響效率，還可能讓你錯失機會，甚至造成焦慮和壓力。

難道，拖延成性只是一種習慣嗎？

《拖延心裡學》（*Procrastination: Why You Do It, What to Do about It Now*）的作者珍・博克（Jane B. Burka）和萊諾拉・袁（Lenora M. Yuen）這兩位心理醫生指出：「拖延主要不是時間管理的問題與品格缺失，而是一種心理症候群。」這兩位作者指出，拖延總共有四種類型，分別是「害怕失敗型」、「害怕成功型」、「反抗權威型」和「害怕分離型」。

當然，克服拖延最佳方案，當然就是採取行動，通常也需要「自我控制」的能力。

以學習而言，「自我控制」就是學習路上的加速器。

「自我控制」指的是，我們能夠抵擋誘惑，控制衝動，做

出符合長期利益的選擇。在學習的過程中，「自我控制」扮演著重要的角色，它可以幫助我們專注學習、規畫時間、堅持目標，這些都是我們對抗拖延的有效方案。但我觀察大學生的學習過程中，拖延成性的問題其實屢見不鮮，這不是大學生的心理症狀，而是大學生受到太多的環境誘惑，抑或是他們尚未找到學習的效率方法。更積極一點說，學生可能尚未面對壓力所致，以至於拖延竟然成為一種常見的學習現象。

舉例來說，許多大學生，習慣把考試和作業拖到最後一刻才開始準備，結果常常導致熬夜趕工，影響睡眠品質變成黑眼圈，這種結果就會導致學習品質下降，最後影響學業成績。

舉我班上學生的例子，期末報告踩「死線」的學生差不多九成之多，通常，我都會好言說明，報告可以提早交，我還有時間提供修正建議。我的意思是學生還有機會被我退件「重寫」，然而，大部分的學生都會很有自信的在最後一天才上繳報告。事實是他們通常是用「拖字訣」，非到最後一天，絕不輕言「寫報告」，但大學老師也有改考卷、改報告與上傳學生成績的「死線」，所以，最後成績也只能「這樣」囉！

「自我控制」與控制欲望

「自我控制」是指個人在面對誘惑、衝動和短期獎勵時，能夠抑制這些即時的欲望，並選擇長期目標和利益的能力。「自我控制」是行為經濟學和心理學中的重要概念，對個人的

健康、財務狀況、學業和職業成就等方面都有深遠的影響。

「自我控制」具有以下幾個核心特徵。「延遲滿足」
（delay of gratification）是自我控制的基石，指個人能夠抑制
當下的欲望和享受，追求更大的長期目標。著名的「棉花糖實
驗」（marshmallow text）[3]充分說明了這一點，實驗發現能延

---

3 「棉花糖實驗」（marshmallow test）是心理學家沃特・米歇爾（Walter
  Mischel）在 1960 年代所進行的研究，目的是探討「延遲滿足」對個
  人成就和行為的長期影響。該實驗的主要結論是，能夠延遲滿足的
  孩子，在未來的學業、事業和健康方面往往表現得更好。然而，近
  年來關於實驗的實際效果和結論，仍存在爭議。
  棉花糖實驗的實際效果爭議：
  第一，樣本選擇的侷限性：原始實驗中的樣本主要來自美國史丹福
  大學的教職員子女，他們的社會經濟地位較高。這使得研究結果可
  能不具有廣泛的普適性。後續研究發現，社會經濟地位對孩子的延
  遲滿足能力和未來成就有顯著影響，這部分可能被原始實驗所低估。
  第二，因果關係的爭議：棉花糖實驗的結論暗示「延遲滿足」能力
  對未來成功有直接影響。然而，後續研究顯示，家庭環境、教育水
  準和父母的養育方式等因素對於孩子的未來發展具有更重要的作
  用。「延遲滿足」能力可能只是這些因素的表現之一，而非決定性
  原因。
  第三，再現性的問題：哥倫比亞大學的心理學家華茲（Tyler Watts）
  與加州大學團隊試圖採用人數更多且更具多元化的受試者再現當年
  米歇爾的實驗。他們以將近 10 倍的受試者來測試，發表於 2018 年
  的研究結論，棉花糖實驗無法預測個人未來的學業表現或人際關
  係。但隔年科羅拉多大學與德國慕尼黑大學的兩個獨立研究團隊分
  別重新分析華茲所使用的同一批資料，居然得到相反結果。
  第四，文化差異的影響：延遲滿足的價值和重要性在不同文化中存

遲吃棉花糖的孩子，往往在未來的學業和生活成就上表現更佳。「衝動控制」（impulse control）則是另一個重要面向，它指個人能夠壓抑短期的衝動，例如：控制對不健康食物的渴望、限制不必要的購物行為，這樣的能力可以帶來健康的生活習慣和穩定的財務狀況。

此外，「自我控制」還表現在具備「目標導向」（goal-directed behavior）的行為上。具有高度「自我控制」的人往往能夠設定明確的長期目標，並在日常生活中持之以恆地努力，即使面臨眾多的誘惑與困難，也能保持專注。最後，「自我控制」與「認知資源」（cognitive resources）的分配密切相關。它需要消耗注意力、意志力和計畫能力等認知資源，而這些資源是有限的，因此當個人處於疲勞或壓力狀態時，「自我控制」能力可能會下降。環境因素也會影響自我控制，例如：在有誘惑的情境中，更需要消耗大量的認知資源來保持自制。理解這些特徵有助於我們在日常生活中更有效地應用和提升自我控制能力。

自我控制的理論基礎

自我控制的理論基礎包括以下幾個核心概念，每一個都揭示了自我控制能力的運作原理和影響因素。

在差異。一些文化中更強調即時回報而非延遲滿足，這也可能影響實驗結果的普遍適用性。

「自我控制理論」（self-control theory）提出，自我控制是一種有限的心理資源，隨著使用次數的增加會逐漸耗盡。當個人在一天中多次面對誘惑或挑戰時，自我控制能力會減弱，進而更容易做出衝動行為，例如：在長時間工作後，面對甜點的誘惑，個人更可能選擇放縱自己。

「雙系統理論」（dual-process theory）解釋了人類決策過程的兩個系統。「系統一」是快速、直覺和情感驅動的，而「系統二」則是慢速、理性和邏輯驅動的。「自我控制」主要依賴於「系統二」來運作，因為它需要個人透過理性分析和邏輯思考來抑制即時的衝動，並選擇更有利於長期目標的行為。

「目標設置理論」（goal setting theory）則強調明確、具體和可達成的目標對自我控制能力的提升作用。清晰的長期目標能夠幫助個人集中注意力和資源，減少對短期誘惑的關注，例如：設定存款買房的目標可以讓個人更容易抑制衝動消費的行為，專注於實現目標。

「意志力枯竭理論」（ego depletion theory）則進一步指出，意志力和自我控制能力是有限的資源，隨著多次挑戰而逐漸枯竭。當人們在一天中經歷多次意志力的消耗後，例如：拒絕高熱量食物或處理繁瑣的工作，他們的自我控制能力會明顯下降，這可能導致在隨後的決策中更容易選擇放縱和衝動。

這些理論共同幫助我們理解自我控制的運作機制，並為提升自我控制能力提供了科學依據和實踐指導。透過合理規畫目

標、管理心理資源以及理解雙系統的互動，我們可以更有效地應對生活中的各種誘惑和挑戰。

「自我控制」的應用與增強「自我控制」的方法

理解「自我控制」能幫助我們在多個領域提升生活品質和效率，以下是一些具體的應用及其重要性。

在健康管理方面，「自我控制」能幫助人們遵守健康飲食計畫，定期進行運動，並避免不良習慣如吸菸和酗酒。強化自我控制可以讓個人更容易拒絕高糖、高脂的飲食誘惑，並堅持健身目標，從而維持良好的身體狀態與健康水準。

在財務管理中，「自我控制」對於制定預算和控制消費尤為重要。透過「自我控制」，個人能夠克制衝動購物，避免過度消費，並按計畫累積儲蓄，以實現如購屋或退休規畫等長期財務目標。此外，自我控制還能促進理性投資，避免因短期市場波動而產生的過度反應。

在學業和職業發展上，「自我控制」有助於設立清晰的目標並堅持不懈地努力，例如：學生可以更專注於學習，減少拖延和娛樂分心，而職場人士則可以保持效率，專注於完成重要的職業目標。這些行為將直接提高學業成績和職場成就。

在人際關係方面，「自我控制」幫助個人更好地管理情緒，避免因衝動而傷害他人或破壞關係，例如：當面臨爭吵或衝突時，透過自我控制保持冷靜，可以更理性地解決問題，從

而維護和改善人際互動。

這些應用充分顯示了「自我控制」對個人生活的重要性。透過不斷鍛鍊和增強「自我控制」能力，人們可以更有效地應對生活中的挑戰，提升各個層面的幸福感和成就感。

增強「自我控制」能力對個人成功和幸福至關重要，我們可以透過以下策略來有效提升自我控制的能力。

首先，設立明確、具體且可達成的長期目標是增強「自我控制」的核心步驟。清晰的目標能幫助個人集中注意力和資源，減少在面對誘惑時的猶豫，例如：為了實現財務自由，設定每月儲蓄10%的收入作為具體目標，能讓行為更具方向性。

制定詳細的計畫是實現目標的關鍵。計畫應該包括具體的步驟和應對策略，幫助個人在面對誘惑時堅持初衷，例如：針對健康飲食的計畫，可以列出每天的飲食清單，並提前準備好健康餐食，避免因為飢餓而選擇快餐。

培養良好習慣是將「自我控制」內化為日常生活的有效方式。透過重複性行為的養成，個人可以減少對意志力的依賴，例如：將早起運動設定為每日習慣，可以逐漸減少拖延的可能性，並提高執行效率。

在面對挑戰時，尋求支持是重要的策略。家人、朋友或專業人士的協助能為個人提供外在動力，幫助克服困難，例如：在戒除不良習慣時，可以加入支持團體，透過分享和鼓勵增加持續下去的信心。

最後，優化環境能幫助個人減少誘惑源的存在，更容易做出理性的選擇，例如：在辦公桌上擺放水和健康點心，避免因飢餓而選擇不健康零食；或者將干擾工作的社交媒體應用隱藏或刪除，以減少分心。

這些策略不僅可以幫助個人提升「自我控制」能力，還能促進目標的實現和長期幸福感的提升。透過持續實踐與反思，每個人都能更好地掌控自己的生活。

生活應用

案例一：制定健康管理計畫

　　當我們因為疲憊而難以堅持健身計畫時，這往往是因為健身計畫設定得過於嚴苛，讓人感到壓力大或者無法達成。為了讓健身變得更加持續並成為日常生活中的一部分，可以考慮以下的應對策略。

　　首先，制定漸進的健身計畫非常重要。從簡單的運動開始，逐步增加運動強度和時間，這樣可以讓身體逐漸適應運動，避免因過度疲勞而產生抗拒心理，例如：可以從每天 10 分鐘的快走或簡單的伸展開始，隨著身體的適應逐漸增加運動的時間和強度。這樣的漸進方式能幫助你逐步建立起對運動的耐受性，減少因過度疲憊而放棄的可能性。漸進計畫讓運動成為生活的一部分，而不是一項高負荷的任務，從而使健身變得更加自然和愉快。

　　其次，設立明確且可達成的健康目標，可以讓健身過程更加具體和有動力，例如：設立每週運動三次，每次 30 分鐘的目標，並在達成後逐步提高要求。這樣的目標既具體又可行，可以讓你在達成目標時感受到成就感，從而進一步增強對運動的信心與積極性。設立階段性的目標，讓你能在每一個小的進步中獲得動力和鼓勵，這樣就不會因一次的疲憊或放棄而感到挫折，而是可以保持長期的運動習慣。

案例二：訂立財務管理計畫

為了避免因衝動購物而導致存款不足，我們可以採取一些具體的策略來更好地管理個人財務，保持財務健康和消費理性。

首先，制定預算是有效控制支出的重要方法。設立每月支出限額，並嚴格遵守，這樣可以幫助你在消費時保持理性，不會因為一時的衝動而超出可承擔的經濟範圍。在預算中，應考慮日常必要支出、儲蓄計畫以及可自由支配的消費額度，這樣可以確保每一筆支出都是在經濟可承受的範圍內，避免因過度消費而影響生活品質和財務穩定。預算能幫助你看到自己每月應該花費多少，有助於更好地控制衝動購物。

其次，設置購物清單也是控制衝動購物的一個好方法。在每次購物前，列出真正需要購買的物品，並且在購物過程中只購買清單上的東西，這樣可以有效地避免因衝動而購買那些實際上並不需要的商品。購物清單能夠幫助你專注於真正的需求，減少受到促銷和折扣誘惑而購買不必要的物品。此外，如果看到特別吸引你的商品，不妨給自己一段冷靜期，例如：等一天再決定是否購買，這樣可以避免因一時的興奮而購買不合適的東西。

案例三：提高讀書專注力

學生在讀書時容易分心，這會大大影響學習效率和學習效果。要提高專注力，學生可以採取以下有效的策略來改善讀書環境和方法，提升學習效率。

首先，可以嘗試使用番茄鐘工作法來提高專注度。這種方法的核心在於利用短時間的高強度專注來提高學習效率，具體操作為每次專注念書 25 分鐘，然後休息 5 分鐘。這樣的循環能讓學

生在短時間內集中精力，減少疲勞感，同時休息時間有助於恢復精神，保持良好的狀態進行下一個讀書階段。這樣的讀書節奏能減少因長時間專注而引發的疲倦感，同時也能增加讀書的持續性和效率。

其次，創造一個專注的讀書環境也是提高學習效率的關鍵。在讀書時，應盡量關閉手機通知或將手機置於遠離視線的地方，以減少來自社交媒體和其他應用程式的干擾。此外，選擇一個安靜的讀書場所，例如：圖書館、自習室，或者在家中專門設置一個讀書區域，這樣可以幫助學生遠離環境中的干擾，創造一個利於專心讀書的氛圍。合適的環境能讓學生更容易進入學習狀態，專注於當前的任務。

案例四：上班族的時間管理

上班族因為拖延工作而導致工作壓力增大，這是一個普遍的問題。拖延會讓未完成的任務積壓成一座大山，最後使壓力成倍增長。為了更有效地管理工作時間並減少拖延，可以考慮以下策略。

首先，進行有效的時間管理，將大任務拆分成小步驟，每天完成一部分，這樣可以有效地減少拖延的可能性。面對龐大而複雜的工作時，很多人會因為感到壓力和不知從何下手而傾向於拖延。將大任務拆解為更小、更可管理的步驟，可以讓每一步看起來更加可行，減少心理負擔，例如：將一個需要幾週才能完成的報告分解成資料搜集、框架建構、初稿撰寫等小步驟，每天集中精力完成其中的一部分，這樣既能有效降低壓力，又能持續推進工作進度。

其次，設立每日計畫也是避免拖延的有效方法。每天開始工作前，列出當天需要完成的工作任務，並根據它們的重要性和緊急性，設定一個優先順序。這樣可以讓你對當天的工作有清晰的認知，避免因為不知從哪裡開始而拖延時間。按照優先順序逐一完成任務，有助於確保最重要的事情先得到解決，減少因為最後一刻匆忙應對而導致的壓力。同時，逐一完成工作也能產生成就感，進一步激發完成更多工作的動力。

案例五：保持良好的飲食習慣

保持健康飲食的過程中，高熱量食物的誘惑往往很難抵擋，這會讓人難以持續遵循健康的飲食計畫，從而影響身體健康和體重管理。為了克服這些誘惑，我們可以採取以下應對策略。

首先，逐步改變飲食習慣是非常有效的方法。不要急於求成，而是從小的改變開始，例如：每餐多增加一些蔬菜的比例，減少油炸食品和甜食的攝入。這樣的逐步改變不僅能幫助身體逐漸適應，還能避免過於嚴格的飲食限制帶來的心理壓力，最終可能導致暴飲暴食。每天增加一份蔬菜，逐漸用水果代替甜食或飲料，這些小步驟可以累積成健康的飲食習慣，而不會讓你感到被剝奪了美食的快樂。

其次，提前計畫每一餐的食物有助於避免衝動之下做出不健康的選擇。當人處於飢餓狀態時，往往更容易被高熱量、低營養價值的食物所吸引，因此在每餐之前計畫好要吃的食物可以幫助你更好地控制飲食，例如：週末可以提前準備好幾天的餐點，並將健康的食物提前分好。這樣當你感到飢餓時，可以快速取用健康的食物，避免選擇那些容易讓人產生滿足感但卻不利於健康的高熱量零食。

2.

選擇太多好崩潰！ 「決策疲勞」讓你 只想擺爛

決策疲勞是指當個人面對大量決策時，決策能力和品質會逐漸下降的一種心理現象。

選擇太多，反而更累！決策疲勞讓你只想擺爛

各位有沒有感受到一件事，那就是現代社會，我們隨時處在資訊爆炸與選擇氾濫的情況。我們從早上起床要穿什麼衣服、早餐要吃什麼，到辦公室決定要先回哪封電子郵件，晚上要追哪部劇、要回覆哪些訊息……這些選擇，我們每天都要面臨無數的大小決定。

我有一次在大學部上消費者行為學時，剛好講到消費者決策，我問臺下的大學生，你們一天當中的第一個選擇是什麼？大部分學生的回答竟然是「起床」這件事，天啊！「起床」這件事，對一些大學生而言，竟然是很難的第一個選擇！

回到生活當中，各位是否覺得選擇是一件很困擾的事？以消費決策而言，從察覺問題開始，直到進行消費決策，這個路途很長，也可能很短，端看你的涉入條件而定，但不管如何，我們都持續不斷的面臨選擇。

在超市裡，面對琳瑯滿目的商品，卻不知道該如何選擇？

在餐廳裡，看著菜單上密密麻麻的菜色，卻毫無頭緒？

在網路上，瀏覽著一堆的資訊，卻感到心煩意亂？

事實上，以上這些就是「決策疲勞」（decision fatigue）的現象。

當我們需要不斷地做決定時，我們的大腦就會像一臺過熱的電腦，運轉速度變慢，效率降低，甚至可能當機。我們的大

腦無法像電腦一樣把中央處理器（CPU）持續換新升級。更何況，隨著年紀增長，我們的大腦處理效率，事實上是逐漸下降的，但人生的選擇問題，卻是逐漸上升，我們的大腦當然不堪負荷。

「決策疲勞」，就像是大腦的能量危機。我們的大腦，就像手機一樣，電力有限。當我們做決定時，就會消耗大腦的能量。如果我們不斷地做決定，大腦的能量就會逐漸耗盡，導致「決策疲勞」。

這讓我想到一件事，我有兩年的時間在銀行界當金融風險顧問，我的桌上總是放著一桶巧克力（容量是一桶不是一盒）。我可以邊打報告，邊吃巧克力。我總覺得我的熱量不足，隨時處於飢餓狀態，問題是……我一直坐在椅子上辦公啊？

別看我習慣吃巧克力，當年的健檢報告，醫生警告我的膽固醇嚴重過低，判定我營養不良，吃得太少。我查了相關資料，原來成人的大腦平均重量大約只占體重的 2%，但大腦所需的熱量卻高達基礎代謝率的 20%，這根本不成比例啊！如果，我們大腦面臨思考運算，又會耗掉多少能量呢？科學家就曾推算我們就算「擺爛」，大腦什麼也不想時，每分鐘也得消耗 0.1 大卡。然而，大腦面臨較複雜決策思考時，每分鐘會消耗 1-1.5 大卡，耗能是大腦「擺爛」時的 15 倍之多，意思是大腦平均一天就會消耗 320 大卡。

由此可見，當我們面臨複雜決策時，不僅我們大腦會疲乏，身體能量也會耗損。「決策疲勞」不僅會影響我們的判斷力、專注力和意志力，一不小心，更可能讓我們更容易做出錯誤的決定，或是乾脆放棄做決定。

我舉一個很特殊的案例，法官對於罪犯的判決，假使法官當天處於精神疲勞狀況的話，對罪犯的判決會有何影響？

2011 年，美國學者 Shai Danziger 和 Jonathan Levav，在以色列進行了一項研究，探討「決策疲勞」對法官判決的影響[1]。他們分析超過 1,112 個假釋案件的判決結果，根據研究，假釋裁決的結果深受案件在審理中的順序影響。在每個審理階段的開始，法官批准假釋請求的機率較高，約為 65%，但隨著時間推移，批准率會逐漸下降至接近 0%。經過用餐休息後，批准率會突然回升至約 65%。

換句話說，囚犯在審理階段開始時（即一天工作開始時或法官用餐休息後）出庭更有可能獲得假釋。在他們分析後認為，歸因這種現象是由於法官的心理資源耗竭造成的。當法官連續做出多項裁決後，他們的心理資源會逐漸耗盡，導致他們更傾向於做出維持現狀的決定，也就是拒絕假釋請求。經過用

---

[1] Shai Danziger, Jonathan Levav, Liora Avnaim-Pesso, "Extraneous Factors in Judicial Decisions," Proceedings of the National Academy of Sciences of the United States of America 108, no. 17(2011): 6889-6892, https://www.pnas.org/doi/10.1073/pnas.1018033108.

餐休息後，可以讓法官補充心理資源，從而提高他們批准假釋請求的可能性。

當然，他們排除了其他可能影響假釋機率的因素，例如：案件的法律屬性、囚犯特徵和法官的每日批准配額。他們發現，案件的順序主要由囚犯律師的到達時間決定，律師並不知道審理順序對裁決結果的影響。這項研究證明，即使是經驗豐富的法官，其裁決也可能受到外在因素的影響，例如：心理疲勞。因此，囚犯獲得假釋的機率不僅取決於案件本身的法律依據，還與案件在審理中的順序有關。

至此，各位如果是上班族，當你要找主管或者是老闆談事情的話，你應該知道要在什麼時候敲門了吧！

我們又該如何克服「決策疲勞」的問題呢？可以試試以下的方法。

首先，減少不必要的決策，如每天穿同樣的衣服、吃同樣的早餐。再來就是重要的事情優先處理，重要的決策或任務，安排在早上精神充沛的時候，不要安排在下午或接近下班再來處理這些惱人的任務。同時，要簡化決策過程，可以使用決策支援工具，或者尋求建議。

建議要有充足的休息，以確保充足的睡眠和休息，讓你的腦力得到補充。

在資訊爆炸的時代，我們每天都要面臨大量的決策與選擇，總之，別讓你的大腦過勞，記住，大腦也需要休息。

會議馬拉松，「決策疲勞」如何影響決策品質？

你有沒有計算過，你 1 個月需要參加幾場會議？用掉多少時間？

以我而言，我曾經在高峰時，1 個月的工作時間中，超過三分之一的時間在開會，不然就是在開會的路上……一場會議時間最高曾經到 15 小時，意思是，從一進辦公室開始，到半夜 12 點，我還在會議室，而且，還沒有用餐！

現代職場中，連續不斷的會議已成為許多上班族的日常活動。從早到晚一場接著一場的會議，不僅消耗體力，更會導致「決策疲勞」。這種疲勞感不僅影響個人工作表現，更可能危及整個組織的運作效率。在當今快節奏的商業環境中，高效的決策能力對企業的競爭力至關重要，然而過多的會議卻可能適得其反。

「決策疲勞」是會議室中的隱形殺手。長時間的會議要求與會者持續處理資訊、分析問題、權衡利弊，這種持續的腦力負荷會造成諸多負面影響。當人們陷入「決策疲勞」時，專注力會明顯下降，容易分心走神。他們的判斷力也會減弱，難以做出理性的決策。此外，創造力也會受到抑制，無法提出創新想法，且更容易與他人產生衝突，降低團隊合作的意願。研究顯示，人類的大腦在持續進行決策時會逐漸消耗葡萄糖，導致決策品質下降。這就像肌肉在持續運動後會疲勞一樣，大腦也需要適當的休息來恢復能量。

以矽谷科技公司為例，其扁平化管理和開放式溝通文化常導致過多會議。許多員工每天要花費數小時甚至半天時間參與會議，這種會議馬拉松不僅讓員工筋疲力盡，更降低了工作效率和決策品質。有鑑於此，一些公司開始採取改革措施。他們將會議時間縮短一半，降低會議頻率，甚至將每週例會改為每月一次。同時，他們也鼓勵使用電子郵件和即時通訊等方式取代面對面會議。這些改變不僅節省了寶貴的時間，更讓員工能夠更專注於實質性的工作內容。

近年來，遠距工作的普及更加凸顯了會議管理的重要性。虛擬會議雖然提供了便利性，但也容易導致會議次數激增。許多企業發現，員工在家工作反而參加了更多會議，這種現象被稱為「視訊會議疲勞」。視訊會議需要更多的注意力來解讀非語言訊息，加上螢幕時間過長，都會加重決策疲勞的程度。

要提升會議效率，首先需要訂定明確的會議目標和議程。會前準備工作對於提高會議效率至關重要，包括確定會議必要性、選擇適當的與會者、預先分發會議資料等。會議進行時必須嚴格控制時間，並鼓勵所有與會者積極參與討論。會議期間要確實記錄重點和決議，若遇到較長的會議，更應該安排適當的休息時間。會後追蹤同樣重要，需要確保會議決議得到有效執行。

現代企業也開始採用各種創新方式來改善會議文化。有些公司實施「無會議日」政策，讓員工有完整的時間專注於個人

工作。也有企業引入站立會議的形式，透過讓與會者站立來自然縮短會議時間。更有公司開始使用人工智慧工具來分析會議效率，找出可以改善的環節。

會議本應是溝通和決策的有效工具，而非耗費時間精力的負擔。只有做好會議管理，提升會議效率，才能避免決策疲勞。透過良好的會議規畫和創新的管理方式，我們能讓會議發揮其應有的價值，成為解決問題的助力，而非製造問題的來源。在追求效率的同時，也要記住會議的本質是促進溝通和協作，找到平衡點才能真正提升組織效能。

現代企業的競爭優勢很大程度上取決於決策的速度和品質。因此，改善會議文化不僅是提高工作效率的方法，更是提升企業競爭力的關鍵策略。當我們能夠有效管理會議，不僅可以減少決策疲勞，更能釋放員工的創造力和生產力，為企業創造更大的價值。

購物網站的心機，誘導消費與「決策疲勞」

你是否曾經在購物網站上，花了大半天時間，瀏覽了琳瑯滿目的商品，卻感到眼花撩亂，最後不是隨便挑選，就是乾脆放棄購物？

這可不是你的問題，而是購物網站的「小心機」。為了讓你乖乖掏錢，購物網站可是費盡心思，利用各種設計和策略，來影響你的消費決策。

其中，「決策疲勞」就是他們常用的祕密武器。

在現代網路購物環境中，許多消費者常常發現自己在購物網站上花費大量時間，瀏覽數不清的商品，最後卻因為無法做出選擇而隨意購買或放棄購物。這種現象並非消費者的個人問題，而是購物網站精心設計的結果。為了提高銷售額，這些網站運用各種策略來影響消費者的購買決策，其中最關鍵的就是利用「決策疲勞」。

購物網站的設計充斥著各式各樣的選擇，包括繁多的商品分類、複雜的篩選條件、大量的商品推薦以及各種促銷活動。這些看似豐富的選擇表面上提供了更好的購物體驗，實則可能導致消費者陷入決策疲勞的困境。當消費者不斷地瀏覽商品、比較價格、評估功能時，大腦需要持續處理大量資訊，逐漸消耗心智能量，最終導致決策能力下降，更容易受到網站的影響而做出衝動性的購買決定。

以電商平臺普遍採用的「無限滾動」網頁設計為例，這種設計讓商品頁面可以持續往下捲動，新的商品不斷載入，看似為消費者提供了便利的瀏覽體驗。然而，這種設計背後的目的是讓消費者面對無盡的商品資訊，造成大腦負荷過重。當消費者感到精神疲憊時，往往會失去耐心仔細挑選，降低購買標準，或者因為害怕錯過優惠而產生衝動消費的行為。

面對購物網站的這些心理策略，消費者可以採取一些實用的應對方法。首先，在開始購物前應該先擬定清單，明確列

出需要購買的物品，避免漫無目的的瀏覽。其次，要爲購物行爲設定時間限制，例如：每次瀏覽不超過 30 分鐘。此外，關閉不必要的推播通知，如促銷訊息和商品推薦，可以減少干擾。最後，採用分批購物的方式，讓大腦有充分的休息和恢復時間。

購物網站透過精心設計的介面和功能來影響消費者的購買決策，了解這些策略的運作方式對於維持理性消費非常重要。消費者應該認識到，這些設計元素不僅是爲了提供便利，更是爲了增加銷售額。因此，在享受網路購物便利性的同時，也要保持清醒的心智，避免落入過度消費的陷阱。

疲勞會讓決策品質下降

「決策疲勞」是指當個人面對大量決策時，決策能力和品質會逐漸下降，這是一種心理現象。隨著決策次數的增加，個人的認知資源和意志力會被消耗殆盡，導致決策效率下降、品質變差，甚至可能出現不做決策或草率決策的情況。

「決策疲勞」具有以下的四項基本特徵，首先是認知資源耗盡，這起因於人們的認知資源和意志力是有限的，面對多次決策後，這些資源會逐漸耗盡，導致決策品質下降。再者是決策品質下降，當隨著決策次數增加時，個人容易做出草率、錯誤或不理性的決策，這種情況在長時間處理複雜問題或面對高壓力情境時尤爲明顯。再來是避免決策，當個人感到決策疲勞

時，可能會選擇避免做決策，以減少認知負擔和壓力。最後會產生偏好保守選擇，正因為決策疲勞會導致個人傾向於選擇保守和熟悉的選項，避免冒險和創新，這樣可以減少決策帶來的風險和不確定性。

「決策疲勞」的理論基礎包括以下三個主要所構成：

「有限理性」（bounded rationality）認為，人類的認知資源有限，在面對大量訊息和複雜決策時，容易出現資訊過載和資源耗盡的現象。這導致人們無法完全理性地處理所有資訊，只能依賴簡化策略進行選擇，從而影響決策的品質。

「意志力枯竭理論」（ego depletion theory）提出，意志力是一種有限的心理資源，隨著每次使用而逐漸消耗。當人需要頻繁做出選擇時，意志力的減弱會影響他們的耐心與判斷力，使得其決策過程更具衝動性，或選擇較低效的解決方式。

「認知負荷理論」（cognitive load theory）則強調，人類的認知系統在處理資訊時具有容量限制。當資訊量超過這個限制時，認知負荷就會增加，系統效率就會降低。這種現象在高壓或高複雜度的決策情境中尤其明顯，進而導致疲勞和決策品質下降。

這三個理論共同解釋了為何長時間的複雜決策或高頻率的選擇會導致人們陷入「決策疲勞」的困境，同時揭示了減少認知負荷、合理分配意志力資源的重要性。

克服「決策疲勞」的方法

理解決策疲勞可以幫助我們在多個領域做出更有效的決策並設計更合理的系統。在企業管理中，管理者需要合理分配員工的工作任務，避免長時間的高壓力決策環境，同時提供適當的休息和放鬆機會，以降低員工的決策疲勞。這不僅提高了工作效率，還能促進員工的身心健康。

在個人理財方面，進行重大財務決策時，應避免在疲憊或壓力過大的情況下決策。透過將複雜的財務問題分階段處理，能有效減少認知負擔，幫助理性分析財務數據，從而做出更符合長期利益的選擇。

公共政策的設計同樣需要考慮決策疲勞的影響。政策制定者應簡化選擇過程，降低公眾在面對多項選擇時的認知壓力，例如：簡化申請程序或提供標準化選項，可以提高政策的接受度和執行效率。

教育領域中，教師應避免設計過於高強度的教學安排。適當的學習與休息結合不僅有助於減少學生的認知負荷，還能提升學習效果。安排趣味性的活動和充足的課間休息時間，有助於學生保持專注，減少決策疲勞的影響。

為了應對決策疲勞，我們可以採取多項策略。首先，將複雜的決策分階段處理，每次解決一部分，避免一次負擔過重。其次，學會根據問題的重要性和緊急性進行優先排序，先處理最重要的決策。此外，確保充分休息能恢復認知資源，這對長

時間的決策過程尤為重要。簡化選項也是有效的策略之一，減少可選擇數量能降低決策壓力。同時，尋求他人的支持，例如：專業建議或朋友的意見，可以分擔壓力並獲得更全面的視角。透過這些方法，我們可以減少決策疲勞對生活和工作的負面影響，提升決策品質和效率。

生活應用

案例一：妥善的工作安排與計畫

　　上班族因長時間處理複雜問題而感到疲憊，這往往會導致工作效率的下降。為了解決這個問題，並提高整體的工作效能，可以考慮以下策略。

　　首先，對於任務的重要性進行排序非常關鍵。根據任務的重要性和緊急程度進行排序，優先處理那些既重要又緊急的任務，這樣可以確保最關鍵的工作在認知資源充足時得到解決。這種策略能幫助上班族有效地分配精力，不再因瑣碎或低優先級的任務消耗過多時間和精力，從而避免疲憊感進一步累積。對任務的合理排序還能讓上班族更有條理地完成工作，有助於提升效率和減少壓力。

　　其次，在高強度工作期間安排合理的休息時間也非常重要。長時間處理複雜問題會導致認知資源耗竭，進而降低工作品質和效率。因此，應該在工作中適當插入短暫的休息時間，例如：每工作 50 分鐘休息 10 分鐘，這樣可以幫助大腦恢復，減少疲勞感，保持較高的專注度。休息期間可以進行一些放鬆的活動，如深呼吸、簡單的伸展運動或短暫的冥想，這些方式都能有效地恢復精神狀態，為下一段工作做好準備。

案例二：治療方案的合理計畫

　　當面對過多的治療選擇時，患者和家屬容易感到疲憊和壓力，這會讓他們難以做出最適合的治療決策。這樣的決策疲勞可

能導致草率或錯誤的選擇，進而影響治療效果和健康結果。為了幫助患者更有效地進行決策，可以考慮以下策略。

首先，簡化選項是一個有效的做法。在面對多種治療選擇時，可以請醫生根據病情和治療目標，推薦幾個最主要的治療方案，而不是把所有可能的選擇都羅列出來。醫生的專業意見可以幫助患者縮小選擇範圍，減少因選擇太多而感到的壓力和困惑。這樣能夠讓患者集中精力在少數幾個方案上，從而更深入地理解每一個選擇的利弊，進行理性比較。

其次，逐步選擇也是一個有效減輕決策壓力的策略。可以按照每個選項的利弊進行逐步考慮，評估每一個治療方案的效果、副作用、治療過程中的舒適度和生活品質等，逐步排除不合適的選項。這樣可以減少一次面對過多選擇的壓力，並且更系統地進行分析，最終做出最符合個人需求的決策。

案例三：降低點餐時的選擇困境

當消費者在餐廳面對過多的菜單選擇時，容易感到困惑和壓力，這種選擇疲勞可能會導致草率的決定或選擇後的後悔感。為了有效減少這種困惑，可以考慮以下應對策略。

首先，先確定自己想吃的菜色或食物類型，這樣可以幫助縮小選擇範圍，例如：如果你已經決定今天想吃中式、義式或者一些輕食類的餐點，那麼你只需要關注菜單上與這些類型相關的部分，從而大幅減少選項，讓決策變得更加簡單和迅速。這樣做不僅能減少選擇的壓力，還能讓用餐的過程更加愉快和輕鬆。

其次，預先查看菜單並做出決定也是避免現場困惑的好方法。很多餐廳的菜單現在可以在網路上找到，消費者可以在前往

餐廳之前查看菜單，根據自己的偏好和當時的情況做出一個初步的決定。這樣可以有效減少到達餐廳後因面對大量選擇而感到的壓力，讓用餐變得更輕鬆愉快，也可以幫助節省點餐的時間，避免因環境或現場人員的影響而進一步增加決策困難。

透過確定菜色或食物類型來縮小選擇範圍，以及在進餐前預先查看菜單並做出決定，消費者可以有效地減少面對過多選擇時的困惑和壓力，從而做出更加理性和滿意的決策。這些策略能幫助用餐過程變得更順利和愉快，確保每一次的選擇都符合自己的需求和期待。

3

安於現狀？「現狀偏誤」讓你害怕改變

「現狀偏誤」是指人們在面對決策時，往往傾向於維持現狀，避免變動，即使改變可能帶來更好的結果。

還是舊的好？手機換機潮與「現狀偏誤」的拉鋸戰

2024 年蘋果（Apple）推出 iPhone 16，我很好奇周邊的朋友，手機換了嗎？

每當 Apple、三星（Samsung）等手機品牌推出新機時，總是會掀起一波換機潮。果粉們徹夜排隊，搶購最新款的 iPhone；星粉們也迫不及待地想體驗 Android 系統的新功能。然而，也有一群人，他們對新手機興趣缺缺，即使舊手機已經老舊不堪，他們仍然堅持使用，不願換新。

這是為什麼呢？「現狀偏誤」（status quo bias）可能是其中一個重要的原因。

我承認，我手上的 iPhone 13 依然建在，對於這 3 年接續生產的機型，我依舊不為所動。這問題在於，我剛換過電池，換新手機對我而言有損失，這受「稟賦效應」的影響，我認為，新款的手機的軟硬體功能，對我而言好像沒什麼大用處，那麼，我為何要換新機呢？

「現狀偏誤」是指人們傾向維持現狀的心理傾向，即使改變可能帶來更好的結果。在手機使用的情境中，這種心理特徵會讓使用者過度高估舊手機的價值，認為現有設備仍然堪用，沒有更換必要。同時，他們也容易低估新手機所帶來的效益，認為新功能不夠實用，或是價格過於昂貴。更重要的是，許多人因為已經習慣了現有手機的操作方式，而抗拒學習新系統。

市場研究機構 TechInsights 指出，智慧型手機進入完全商品化，加上市場補貼減少以及總體經濟的逆風影響，在 2024 年初時估計，2023 年全球智慧手機的換機率恐跌到 23.5% 的最低點，折合換機週期約為 51 個月，約是 4 年 3 個月之久。照這研究調查看來，我可能換 iPhone 新機的時間會是在 2025 年的 iPhone 17 嗎？

近年來，全球智慧型手機市場的成長明顯趨緩，其中一個重要原因是換機週期的延長。過去消費者平均 1 到 2 年就會更換手機，現在則延長到 3 到 4 年，甚至更久。這種現象固然與手機品質提升、功能差異縮小有關，但「現狀偏誤」的影響也不容忽視。許多消費者即使知道新手機具備更強大的功能和更出色的效能，仍然選擇繼續使用舊設備。

「現狀偏誤」不僅影響個人的決策，更可能阻礙科技創新的發展。當大眾普遍不願意嘗試新產品和技術時，市場需求就會降低，進而影響企業的研發動力。以電動車的發展歷程為例，早期許多消費者因為擔心充電不便、電池壽命等問題，而不願意嘗試電動車，這種心態在一定程度上延緩了電動車的普及化進程。

要克服「現狀偏誤」，首先要保持開放的心態，願意嘗試新事物，不要過度害怕改變。其次，要學會理性分析新產品和技術的優缺點，客觀評估是否符合自己的需求。親身體驗也很重要，比如可以先試用新手機、體驗新功能，再做出購買決

定。同時，持續關注科技發展趨勢，了解最新的技術資訊，也能幫助我們做出更明智的選擇。

不換工作，不換跑道？「現狀偏誤」與職場倦怠

「唉，每天上班都好累！」「這工作真是愈做愈沒意思！」……這些抱怨，你是不是也常常聽到，甚至親身體會呢？當你對工作感到厭倦、失去熱情，甚至出現身心俱疲的狀態時，你可能會想：「我是不是該換工作、換環境？」

上班真的很累，沒有前景，工作壓力大，要遞辭呈跳槽換工作嗎？這不僅考驗上班族的決策，也受限於「機會成本」（opportunity costs）所牽制，當然還有「現狀偏誤」的影響。

換新工作的「機會成本」包括顯性和隱性的各種代價，這些代價需要綜合評估來進行決策。

顯性成本中，薪資差異是最直觀的一部分。如果新工作的薪資低於目前工作，這部分收入損失直接影響你的財務狀況。此外，現有工作的福利，例如：健康保險、退休計畫或其他附加待遇，若新工作無法提供同等水準，這也是一筆明顯的成本。如果新工作需要搬遷，搬遷費用包括交通、安置和生活費用的增加，這些都是實際支出。

隱性成本則較難量化。首先是人際關係和職業資本的損失。在現有工作中，累積的同事關係和專業聲譽可能需要多年才能建立，換新工作後這些資源可能不再具有相同價值。其

次，新工作需要一定的適應期，可能出現學習曲線問題，這導致短期內的工作效率下降。最後，不確定性風險也是一項隱性成本。新工作的穩定性、公司文化和發展前景可能與預期不符，這些風險需要納入考慮範圍。

衡量這些成本時，需要將短期損失和長期潛在收益進行比較。如果新工作提供更高的學習機會、更大的晉升空間或能讓你實現職業目標的能力增長，即便短期成本較高，也可能是一項值得的投資。因此，做出換工作的決策時，需要綜合評估短期與長期影響，並考慮你的風險承受能力和職業規畫。

上班族的「累」，看來是一種全球普遍現象

根據由 Salesforce 旗下 Slack 所支持的研究聯盟 Future Forum 所發表的研究報告顯示，全世界有超過 40% 的上班族因為工作而感到精疲力竭，這與疫情期間最高的數字相同。

在當代職場中，工作倦怠已成為一個普遍的社會現象。每當我們聽到同事抱怨工作枯燥、缺乏挑戰，或是感到身心俱疲時，往往會思考，是否應該尋求新的職業發展方向？然而，即便面對工作倦怠，許多人仍然選擇留在熟悉的環境中。這種看似矛盾的行為，正是源於人類心理中的「現狀偏誤」。

「現狀偏誤」是一種根深蒂固的心理傾向，促使人們即使面對不理想的處境，也傾向維持現狀。在職場情境中，這種心理機制經常表現為對改變的恐懼、對現狀的過度依賴，以及對

「機會成本」的低估。每當我們習慣了某個工作環境和職責範圍，即便明知改變可能帶來更好的發展機會，仍然會不自覺地抗拒轉變。這種心態不僅限制了個人的職業發展，更可能導致長期的職業倦怠。

近年來，職場上的倦怠與「安靜離職」（quiet quitting）等現象的出現，正反映了現代職場中的深層問題。職場倦怠不僅表現為對工作的厭倦與熱情消退，更可能演變為嚴重的身心健康問題。而「安靜離職」則是一種消極的應對方式，員工雖然在形式上保持任職，但實際上已經在心理層面與工作脫離。這些現象的背後，往往與「現狀偏誤」有著密切的關聯。

許多人即便處於職業倦怠狀態，仍選擇留在原有崗位，其原因往往是多方面的。除了對未知環境的恐懼，還包括對當前薪資福利的依賴，以及對熟悉工作環境的眷戀。這種心理機制雖然在短期內能夠維持表面的穩定，但長遠來看可能會阻礙個人的職業發展和自我實現。

要突破這種困境，關鍵在於建立系統性的職業發展策略。首先，需要進行深入的自我反思，確定自己的職業期望和發展方向。其次，持續學習和技能提升是必不可少的，這不僅能增強競爭力，也能為可能的職業轉換做好準備。同時，積極參與行業交流活動，擴展專業人脈，也能幫助我們發現更多的職業機會。

面對職業發展的選擇，我們需要在穩定性和發展性之間找

到平衡。職場不應該成為限制個人成長的舒適圈，而應該是實現自我價值的平臺。當我們意識到工作倦怠的症狀時，不應該讓「現狀偏誤」成為阻礙改變的藉口，而是要勇於探索新的可能性。

舒適圈裡不想改變的「現狀偏誤」

「現狀偏誤」描述了人們在做決策時傾向於維持現狀，避免改變的心理傾向，即使改變可能帶來更佳的結果。這種現象表現了人們對不確定性的抗拒以及對既有狀態的依賴性。人們傾向於避免變動，源於對未知的恐懼與對已知的熟悉感，即便改變可能提升利益或效率，現狀的安全感讓人更容易做出保守的選擇。

「現狀偏誤」的核心還包括「情感連結」和「損失規避」。人們往往對現有狀態抱有情感上的依戀，這使得放棄現狀變得更加困難。同時，「損失規避」心理導致人們對於失去現有狀態的痛苦感知遠高於對可能收益的期待，因此更願意維持現狀。

「前景理論」（prospect theory）中的「損失規避」說明了為何人們傾向於避免改變，因為損失的負面影響遠大於同等收益帶來的正面影響。此外，「認知負荷理論」（cognitive load theory）指出，改變需要額外的認知資源，這會增加心理壓力，讓人們更傾向於選擇現狀以降低負擔。而「行為慣性」

（behavioral inertia）則強調，人們習慣於保持既有行為模式，因為改變意味著克服慣性並需要付出更多努力。這些理論共同解釋了現狀偏誤的形成原因及其在決策中的廣泛影響。

許多實驗研究證實了「現狀偏誤」的存在及其影響，例如：在一項經典的實驗中，研究者給予參與者兩個選擇：保持現狀或改變現狀。結果顯示，絕大多數參與者選擇了維持現狀，即使改變能夠帶來更大的收益。此外，在金融市場中，投資者往往不願意調整投資組合，即使重新配置資產可能提高回報。

另一項研究探討了「現狀偏誤」在日常決策中的影響。研究者發現，在面對複雜的決策時，人們更傾向於選擇維持現狀，這是因為改變需要進行更多的思考和分析，增加了決策的難度和壓力。

克服「現狀偏誤」的方法

理解「現狀偏誤」可以幫助我們在多個領域做出更理智的決策。企業在推動變革時應考慮員工對現狀的偏好，並透過漸進式的改變和有效的溝通，降低員工的抗拒心理，從而提升變革的成功率。在個人理財方面，認識「現狀偏誤」可以幫助投資者更靈活地調整投資組合，根據市場動態進行資產再分配，避免因對現有配置的依賴而錯失良機。

另外，健康管理也受到「現狀偏誤」的影響，例如：人們

可能不願意改變久坐、不健康飲食等習慣。透過設計更有針對性的干預措施，健康專業人士可以幫助個人採取行動來改善生活方式。政策制定者則可以利用「現狀偏誤」的特性，例如：採用「默示選項」（opt-out systems），提高政策的接受度，像是自動加入的退休金計畫，讓公眾更自然地接受變革。

　　為了減少「現狀偏誤」的負面影響，我們可以採取一些實際策略。首先是提升意識，透過主動檢視自己的決策，確認是否受到「現狀偏誤」的影響。其次，逐步改變可以減輕認知負擔與情感壓力，使人更容易適應新的選擇。提供支持資源和工具同樣重要，例如：在組織變革時提供培訓，幫助員工適應新的流程。定期重新評估現狀也是關鍵，根據新的資訊和外部環境的變化檢視是否需要做出改變，這樣可以促進更靈活、更有效的決策過程。

生活應用

案例一：新的工作選擇

　　上班族往往因為對現有工作的熟悉感而不願意嘗試新的工作機會，這是一種典型的「現狀偏誤」現象。這種心理讓人傾向於保持現狀，避免改變，即便新的機會可能帶來更好的發展。為了克服這種「現狀偏誤」，可以採取以下兩個應對策略。

　　首先，應該進行長期目標評估，根據自己的職業發展目標和市場需求來評估新工作機會的潛在收益。上班族可以考慮自己的長期職業規畫，例如：是否想要進一步提升技能、擔任更高職位、獲得更具挑戰性的工作，或者追求更好的收入。如果新的工作機會能幫助達成這些目標，那麼不妨嘗試改變，突破現狀。這樣的評估能讓上班族更客觀地判斷機會的價值，幫助他們在熟悉的舒適圈和可能的更大收益之間做出理性的選擇。

　　其次，風險管理也是一個重要的應對策略。在考慮新工作的時候，可能的風險和挑戰是影響決策的重要因素。因此，上班族可以提前分析新工作的各種風險，包括環境的不確定性、新工作的適應難度以及變動的財務影響等，並制定相應的應對策略，例如：為過渡期儲備一定的應急資金，或提前學習新工作的必要技能，這樣可以減少對不確定性的恐懼。透過系統化的風險管理，上班族可以更有信心地迎接新機會，減少改變帶來的焦慮。

案例二：調整投資決策

　　投資者因對現有投資組合的熟悉感而不願意調整投資策略，

這是一種「現狀偏誤」的表現。投資者可能因為對現有組合的熟悉和心理上的舒適感，而不願接受變化，即便市場環境已經發生改變或存在更好的投資機會。為了克服這種現狀偏誤，可以採取以下策略。

首先，應該定期評估投資組合。投資者需要根據市場變化和個人的投資目標，定期對投資組合進行評估和必要的調整。這樣的定期評估可以幫助投資者了解市場的變化，判斷現有投資是否依然符合預期目標，並做出必要的修正。尤其當市場環境出現顯著變化時，原本適合的投資策略可能不再能夠達到預期的效果，這時就需要調整資產配置來應對新的情況。透過定期檢視和調整，可以避免因「現狀偏誤」而錯失新興的投資機會，從而保持投資的靈活性和收益的穩定性。

其次，分散風險是保持投資穩定性的重要策略。投資者應根據資產配置原則，將資金分散投資於不同類型的資產，如股票、債券、不動產等，以降低單一投資所帶來的風險。分散風險可以有效對沖市場的不確定性，讓投資者在面對某些市場波動時，能夠依靠其他投資來保持整體的資產穩定。這樣可以幫助投資者在不必完全改變投資風格的情況下，逐漸調整策略，從而提升投資回報的穩定性，並避免因過於依賴現有投資組合而造成的潛在損失。

案例三：學習新的科技應用

許多人因為對舊軟體的熟悉感而不願意學習和適應新技術，這是一種典型的「現狀偏誤」。這種心理讓人傾向於留在熟悉的環境中，避免面對不確定的學習過程，即便新技術可能顯著提高工作效率和成果。為了克服這種「現狀偏誤」，可以採取以下策略。

首先，主動學習新技術是非常重要的。參加培訓課程或者線上學習，掌握新軟體和新技術的使用方法，可以幫助自己提升工作效率，跟上科技發展的步伐。科技的進步帶來了更便捷和強大的工具，學習這些新技術不僅能增強你的工作能力，也能讓你在職場上保持競爭力。參與培訓和學習新技能還能增強對新技術的信心，逐步讓新工具成為你的工作幫手，而不再是需要應付的負擔。

　　其次，可以逐步適應新技術，減少因改變帶來的壓力。過渡到新技術不必一蹴而就，可以根據工作的實際需求，逐步增加新技術的應用，例如：可以先在一些小範圍的工作任務中嘗試使用新技術，逐漸熟悉它的功能和特性，並在感覺到新技術帶來的好處之後，逐漸將它應用到更多的工作中。這樣的逐步適應能幫助你避免因快速改變而產生的焦慮，讓過渡過程變得更加順利和自然。

第三篇

別人的眼光很重要，社會和情緒影響你的看法

我們的選擇和行為往往深受周圍人的影響和自身情緒的左右。本篇的特色在於，用生動的案例和深入的分析，介紹了「社會影響」、「策略性行為」、「情緒影響」和「公平感」等多種行為經濟學現象，這些現象在無形中塑造了我們的決策過程。

這一篇，你能意識到社會環境和情緒狀態對你選擇的巨大影響，並學會在這些影響下做出更加自我導向和理性的決策，找到真正符合自己需求的方向。

1.

別人做什麼我也做？「社會影響」讓你不知不覺被洗腦

「社會影響」是指個人或團體在行為、態度、信念或情感上受到他人影響而發生改變的過程。

別人怎麼做，我就怎麼做？「社會影響」的力量

你是不是也曾經看到餐廳大排長龍，就跟著排隊，即使你原本不餓？看到朋友都在瘋某個電腦遊戲，就忍不住下載來玩，即使你原本沒興趣？看到網紅推薦了某個產品，就忍不住下單，即使你原本不需要？

這些現象背後都隱藏著一股強大的力量——「社會影響」（social influence）。

人類是群居動物，我們的行為深受周遭環境和他人的影響。「社會影響」就像一個無形的磁場一樣，能夠引導人們不自覺地模仿、跟隨他人的行為模式。這種影響力通常超越理性思考，直接作用於人類的本能反應。

「社會影響」包含了兩個核心機制：「從眾效應」（bandwagon effect）和「資訊瀑布」（information cascade）。

「從眾效應」指的是當大多數人採取某種行為時，個體會傾向於追隨群眾的選擇。這種傾向來自人類與生俱來的社會適應本能。即使這個選擇與個人原本的判斷相違背，從眾的壓力依然會主導最終的行為決策。而「資訊瀑布」指的是在面臨資訊不足的情況之下，人們會觀察並模仿他人的行為作為決策依據。這種現象容易形成連鎖反應，導致整個團體產生非理性的選擇行為，聽過「領頭羊效應」（herd mentality）嗎？指的就是這個現象。

我舉在新冠疫情間發生的「衛生紙之亂」為例，大家就會

知道，當我們面臨某些環境或者是資訊，尤其當資訊與情報不充足的條件下時，我們究竟會如何展現這些不理性的力量？

2020 年新冠疫情爆發初期的「衛生紙之亂」，完整展現了社會影響力的威力。當時，網路上到處謠傳著衛生紙即將缺貨的消息，消息一經社群媒體擴散及傳播之後，立即引發民眾恐慌性的搶購潮，甚至連除塵紙、衛生棉、冷氣濾網都因為醫療口罩缺乏，網路上散布著不實資訊，導致民眾大肆搶貨的不理性行為。政府雖然多次澄清供應充足，但搶購潮依然持續蔓延。這個現象反映了群體行為的特性——謠言觸發了最初的恐慌心理，媒體散布少數人的搶購行為更引發示範效應，導致更多人因害怕缺貨而加入搶購，最終形成難以控制的群眾效應。

上面這個案例，想必大家應該記憶猶新才對。

這個現象提醒我們，群眾的選擇未必是正確的，盲目跟從可能會帶來風險。在社會影響力作用下，保持清醒的判斷力顯得格外重要。唯有在認知團體影響的基礎上，才能在依從與獨立之間找到平衡點。

福島核廢水排放事件下的群眾行為分析

2023 年，日本政府宣布將福島核電廠的處理水排放入海。這個決定引發周邊國家的強烈反彈，民眾恐慌情緒迅速蔓延。即便日本政府和國際原子能總署（IAEA）多次證實處理水的安全性，亞洲多國仍出現大規模搶購食鹽的現象。民眾深

怕海水受到輻射汙染而影響食鹽的生產，導致各地出現食鹽短缺的混亂場面，香港媒體稱之為「盲搶鹽事件」。

「盲搶鹽事件」是指在 2011 年 3 月日本福島第一核電站事故期間，以及在 2023 年 8 月 24 日這段時間，日本正式開始向太平洋排放經處理之核廢水前後，在中國、香港、澳門及韓國等地出現的民眾搶購食鹽的現象。分析搶購食鹽的原因有二，首先是謠言稱鹽中的碘可以防核輻射；其次是民眾擔心海水受到核洩漏汙染導致海鹽的生產受影響。

這場搶鹽潮的出現源於幾個關鍵因素，首先，輻射汙染的不可見性引發民眾強烈的未知恐懼；其次，網路謠言的快速傳播加劇了這種恐慌情緒。最後，看到他人搶購的民眾也跟著行動，形成連鎖效應。

此時，訊息傳播的失真現象加劇了「從眾效應」。社群媒體的發達使訊息傳播的速度遠超過事實查證的時間，許多未經證實的說法在網路上快速流傳。這些訊息往往將科學數據過度簡化或扭曲，導致民眾在無法獲得完整且正確的資訊之下，情緒性的言論充斥各個社群平臺，專業的科學解釋反而無法有效傳達。

搶購食鹽的行為完整展現了從眾心理的特性。當民眾看到他人搶購，立即產生緊張焦慮的情緒。害怕物資短缺的心理促使更多人加入搶購行列，這種從眾行為進一步加劇了市場供需失衡的狀況。

同樣的，知識落差也有影響。一般民眾對核能科技和輻射汙染的認知有限，這種知識的不足造成他們難以判斷相關資訊的真實性。面對專業術語和科學數據，多數人選擇相信較容易理解的網路言論，而非政府或專家的正式說明。

　　網路社交媒體平臺在此事件中澈底的發揮了推波助瀾的作用，聳動的標題和情緒性的貼文更容易獲得轉發。「同溫層效應」（echo chamber effect）使得錯誤資訊在特定團體中不斷的循環，社群媒體的即時性也讓謠言傳播速度遠超過官方闢謠的效率。加上官方說明往往過於專業，難以為一般民眾所理解。資訊發布的時效性不足，無法即時回應民眾疑慮，監測數據的公開程度也未能滿足公眾知情需求。

　　在這個事件中，主流媒體在報導此事件時也出現偏差。部分媒體過度強調事件的負面影響，忽略科學證據和專家觀點。誇大的報導方式加深了民眾的恐慌情緒，缺乏深入的科普說明，使民眾無法理性看待此議題。

　　面對類似事件，民眾需要提升自身的科學素養。這包括了解基本的核能知識、輻射安全標準等。同時要培養獨立思考能力，不輕易被網路謠言影響。主動查證資訊來源的可靠性，關注權威機構發布的正式說明，但這種程度要求，對一般人而言並不容易。

　　當然，政府機構需要建立更有效的危機溝通機制，這包括設立專門的資訊平臺、簡化專業術語、即時發布監測數據等。

媒體則應該強化事實查證，提供更多元且深入的報導視角。建立公眾參與的監督機制，增進政府與民眾間的互信基礎。

　　福島核廢水事件引發的搶鹽潮清楚顯示了群眾行為的非理性面向，這不僅反映出現代社會的恐慌，也凸顯了政府溝通、媒體報導和公眾認知等多個層面的問題。唯有透過提升公民科學素養、改善政府溝通機制、強化媒體專業度，才能降低類似事件的負面影響。

排隊名店的「魔力」，如何讓你心甘情願地掏錢？

　　每年的中秋節，彰化市蛋黃酥的排隊名店就會出現排隊人潮，歷年皆是如此。2024 年的中秋節前，板凳部隊早就已經進駐店門口，新聞指出現場湧入逾 600 人，排隊人龍一度長達 500 公尺之多。

　　這種排隊購物的新聞，你是不是看多了？有時候，我會覺得臺灣的消費者好像「無所不排」，排隊買吃的、喝的、用的已經不稀奇，我還看見百貨公司週年慶排隊領來店禮，如果說排隊購屋，照理說也不會太誇張才對。

　　假日街頭，總能看到一些店家門口排著長長人龍。這些排隊人潮往往成為一道特殊的街景。有趣的是，並非所有排隊名店都是米其林餐廳或老字號。有些看似平凡的小店，卻能吸引大批民眾願意花時間等待，這種現象背後隱藏著一股強大的社會影響的「魔力」。

事實上，排隊的心理機制是因爲當人們看到排隊人潮時，腦中會自動產生一個簡單的連結——排隊的人多，表示這家店一定有特別之處。這種想法來自人類的「從眾心理」。人們會相信，大眾的選擇不會有錯，長長的隊伍無疑的成爲一種無形推薦，暗示著這家店的食物品質值得信賴。

　　眞的是如此嗎？還是店家熟知心理學與行爲經濟學的招式應用呢？我常在大學教消費者行爲學時講這個案例，這當中隱藏了兩個基本應用，第一招是「稀缺」，只有一家，別無分號，製造出人爲的無效率，大家只好乖乖排隊；第二招是「從眾效應」，眼見大家跟著排隊，就以爲一定好吃。業者只要好好的利用這兩招，消費者很容易就上鉤了。

　　業者善於利用心理學中的行爲偏誤與從眾效應，精心設計行銷策略以營造排隊風潮，吸引更多顧客。限量供應是他們常用的策略之一，例如：每天只提供固定數量的商品，或限定在特定時段和地點出售，強調稀缺性。消費者對於限量商品通常會有更高的購買意願，因爲他們認爲稀缺等於珍貴，這種心理增強了產品的吸引力。

　　限時優惠也是一種常見的方式，透過短暫的折扣或特別的促銷活動製造消費者的緊迫感，例如：期間限定的商品、特定時段的特價活動，以及首購優惠等手段，能讓消費者產生「現在不買就虧了」的感覺，進一步刺激購買行爲。某些商家甚至不定期推出優惠活動，故意讓消費者無法掌握確切時間，以此增加焦慮感。

名人效應則是另一強大手法。業者通常會邀請網紅直播、藝人到場宣傳，或透過美食節目介紹來增加公信力。消費者往往信任熟悉的名人或朋友的推薦，當朋友中有充滿正面的評價和體驗分享時，更容易被說服去嘗試。此外，現代人熱衷於在社群媒體上分享美食經驗，無論是上傳精美的餐點照片還是標記位置，這種行為能在短時間內製造大量話題，進一步擴大品牌的影響力，形成正向循環。這些策略的共同作用，就是讓商家能夠在短期內創造高熱度與強烈的市場需求。

「社會影響」讓我們決策出現非理性

許多實驗研究證實了「社會影響」的存在和影響，例如：在阿希（Solomon Eliot Asch）的線段實驗中，參與者被要求判斷兩條線段的長短是否相等。在其他假裝是參與者的研究人員故意給出錯誤答案時，真正的參與者經常會跟隨錯誤答案，顯示了強烈的從眾效應。

在米爾格倫（Stanley Milgram）的電擊實驗中，參與者被要求對另一位假裝受試者（實際上是研究人員）施加電擊，當權威實驗者命令他們繼續時，許多參與者即使知道這可能對受試者造成傷害，仍然服從命令，展示了服從的強大影響力。

「社會影響」指的是個人或團體因外界的作用，在行為、態度、信念或情感上發生變化的過程。這種作用可能源自於個人、團體、社會規範或文化背景，是行為經濟學和心理學中的

重要研究範疇，揭示了人們在決策時如何受到外界影響而偏離理性。

「從眾效應」是一種常見的社會影響現象，指人們為了融入群體而調整自己的行為或態度。「資訊性從眾」（informational conformity）出現在不確定的情境下，個人會依賴他人的行為作為指引，認為他們的選擇是正確的。而「規範性從眾」（normative conformity）則來自對群眾認同的需求，個人即便私下不完全認同，也會順從群眾的期待，以避免被排斥。

此外，「服從」（obedience）也是一種因權威壓力而改變行為的現象。「米爾格倫」的經典電擊實驗顯示，人在權威人物的指導下，即便面對道德困境，也可能執行令人不安的指令，凸顯權威對行為的深遠影響。

「社會認同」（social proof）則是另一種顯著的社會影響形式。當面對不確定的情況時，人們往往會模仿他人的行為，假設這些行為是正確的。這在團體決策中尤為明顯，尤其當個人缺乏明確資訊時。而「權威效應」（authority effect）則強調權威人物的意見和行為對他人的指導作用。人們因信任權威的專業能力或社會地位而改變自身的行為，例如：醫生的建議或專家的指導常被視為具高度可信度的參考。

另外一方面，「稀缺性效應」（scarcity effect）則源於物品的稀有性對價值認知的影響。當某物資供應有限時，人們對

其價值的感知會提升，從而促使購買決策。這種效應被廣泛應用於行銷策略中，例如：限時搶購或限量發售的促銷方式。

克服「社會影響」的方法

「社會影響」理論在日常生活中的應用十分廣泛，市場銷售是其中一個典型領域，企業經常利用「從眾效應」、「社會認同」和「稀缺性效應」來設計廣告和促銷活動，從而影響消費者的購買行為，例如：名人代言能夠提升產品的可信度，展示銷售量或用戶評價則可以增加消費者對產品的信心。此外，限時或限量促銷強調稀缺性，常常刺激即時購買行為。

在公共政策方面，政府機構透過展示多數人的行為來促進公共利益，例如：宣傳大多數人都繳稅或參與回收的行為可以鼓勵更多人遵守這些規範。同時，權威機構發布健康建議或安全指南，可以利用權威效應來影響公眾的行為。

教育與培訓中，教師作為權威人物，其言行對學生的學習行為產生深遠影響，例如：教師的正向行為和鼓勵可以激發學生的參與意願。此外，同儕之間的社會認同也能提升學習動機，如班級內的合作學習模式往往因為團體的激勵效應而更加有效。

在職場管理中，「從眾效應」和「權威效應」也被廣泛應用。企業經常設立模範員工以激勵其他人，或透過領導者的權威性發揮影響力，例如：強調高績效員工的工作成果能提高團

隊合作和工作效率。

　　儘管社會影響可以帶來積極效果，但其負面影響亦不容忽視，過度依賴他人意見可能導致非理性決策。為此，培養獨立思考能力尤為重要。透過批判性思維，個人更能識別他人行為是否適合作為參考依據。同時，多元化資訊來源可以幫助避免單一觀點的偏誤，而設立個人標準則能保持決策的一致性。此外，對權威意見的識別與評估能幫助我們避免盲目服從。

生活應用

案例一：避免購物的「從眾效應」

當消費者看到許多人試穿流行服飾而受到影響，這反映了「從眾效應」對購買決策的顯著影響。在這種情況下，消費者容易受到他人行為的影響，並做出相同的購買選擇，即使這個商品未必符合自身需求或偏好。為了克服這種社會影響，可以採取以下策略。

首先，培養獨立思考能力非常重要。消費者在購物時應根據自己的需求和喜好來選擇商品，而不是僅僅因為別人的行為而改變自己的決定。問問自己是否真正需要這件服飾，或是是否真的喜歡它的風格和設計，這樣可以幫助減少因從眾心理而做出的不必要購買。

其次，多方比較是避免盲目從眾的有效策略。在做購物決策前，應仔細比較不同品牌和產品的品質、價格以及其他消費者的評價。這樣可以讓消費者做出更加全面的決策，避免因為只看到他人選擇某個商品就跟隨購買，而忽略了可能有更高性價比的其他選擇。

案例二：依據個人需求制定健身計畫

當我們在決定是否開始新的健身計畫時，容易因為朋友的選擇而猶豫，這反映了「社會認同」對個人健康決策的影響。這種社會壓力可能讓我們偏離真正適合自己的計畫，從而影響健康效果。因此，為了在健身決策中保持獨立和理性，可以考慮以下策略。

首先，應根據個人的需求來選擇健身計畫，而不是僅僅因為朋友的選擇而改變自己的決定。每個人的身體狀況、運動喜好和健康目標都不相同，例如：有些人可能適合進行高強度間歇訓練，而另一些人則可能更需要瑜伽或有氧運動。因此，應根據自己的健康狀況和長期目標來決定最適合的健身方式，這樣能確保健身計畫的可行性和持續性，避免因隨波逐流而感到不適或受傷。

　　其次，尋求專業的建議也是做出明智健康決策的重要步驟。在開始任何新的健身計畫之前，最好向專業教練或醫生尋求建議，以確保計畫的適合性和安全性。專業人士可以根據你的身體狀況、運動經驗以及健康目標提供具體的建議和調整，幫助你制定更合理且符合個人需求的健身計畫。這樣不僅能提高健身的安全性，還能最大化地達到健身效果，避免因為他人的選擇而陷入不適合自己的訓練模式。

案例三：職場決策避免「權威效應」

　　在職場決策中，上班族因為主管的推薦而支持某個計畫，這是一種「權威效應」的典型表現。由於權威的影響力，員工常常會選擇支持主管的意見，即便自己對該計畫的可行性或風險心存疑慮。這樣的決策可能在缺乏全面評估的情況下導致不理想的結果。為了在職場中做出更加獨立和理性的決策，可以考慮以下策略。

　　首先，應該在支持該計畫之前進行獨立評估。上班族應該根據計畫的具體內容、預期效果、潛在風險等進行自主的分析，而不是僅僅依賴於權威的意見。這樣的獨立評估能幫助自己更全面地理解該計畫，並找到可能的挑戰或需要改進的地方。透過自主

思考和分析，可以確保每個決策都是基於充分的認識和理解，而不是因權威的推薦而倉促做出支持。

其次，尋求多方意見也是避免「權威效應」的有效方法。在面對重大決策時，最好能夠尋求來自不同背景和觀點的意見，以確保資訊的全面性。不同的同事或專家可能從不同的角度提出看法，這樣可以幫助你看到計畫中可能被忽略的風險或者額外的機會。多方意見的收集能使決策更加全面和周到，避免因過度依賴單一資訊源或權威的影響而導致偏頗。

案例四：學生選課依據自己的興趣發展

學生在選擇課程時，常常因為周圍同學的選擇而隨波逐流，這是一種「從眾效應」與「規範性從眾」的表現。這種現象可能導致學生忽略了自己的興趣和學習目標，最終選擇的課程不一定適合自己，影響學習效果。為了幫助學生在教育決策中保持理性和獨立，可以採取以下策略。

首先，應根據個人的興趣和學習目標來選擇課程，而不是僅僅因為同學的選擇而改變自己的決定。每個學生的興趣、優勢和學習風格都是不同的，因此在選擇課程時，應多加考慮自身的興趣和職業目標，例如：如果你對科學研究感興趣，那麼即便周圍的同學選擇了更輕鬆的課程，你也應該堅持選擇能夠幫助自己實現興趣和目標的課程。這樣的獨立選擇不僅能讓你在學習中保持動力，還能讓你真正享受學習的過程。

其次，尋求師長的建議也是一個明智的做法。在選擇課程前，與老師或學校輔導員交流，了解每門課程的內容、要求以及未來的應用，可以幫助你更理性地做出決定。這些師長通常對學

科和學生有深刻的理解，他們的建議能幫助你評估每門課程的難度和適用性，確保所選的課程不僅符合你的興趣，也符合你的學習能力和發展方向。透過師長的指導，你可以在多種選擇中做出最符合自己需要的選擇，減少因為從眾而做出不適合的決定。

2.

想贏就要懂策略，「策略性行為」讓你做出最佳選擇

「策略性行為」是指個人或組織在決策過程中，透過預測他人行為並做出相應調整，以達到自身最佳利益的行為。

選擇障礙的真相：餐廳菜單的心理學

請各位回想一下，你去過的高級餐廳裡，菜單以及服務生的介紹，當中是否有藏有「玄機」？

在餐廳面對琳瑯滿目的菜單時，許多人都會陷入猶豫不決的困境。每一道菜色看起來都很誘人，但就是難以抉擇。實際上，餐廳的菜單設計早已精心策劃，目的就是巧妙地引導顧客的選擇，這就是業者在菜單背後的「策略性行為」（strategic behavior）。餐廳業者善於運用「策略性行為」這一心理學技巧，預測顧客的決策模式，並透過精心設計的菜單引導消費者選擇利潤更高的菜色。

常見的菜單設計策略包括以下三個方案：

首先，是高利潤菜色的「戰略位置」。各位回想起來了嗎？最醒目的位置當然是業者最有利潤的菜色，但是，最貴的菜色，往往並不是業者想要讓你點的菜色，那是讓你相對上讓其他菜色變便宜的手法。首先，業者將高利潤菜色放在菜單的醒目位置，首頁和特色區段往往是這些菜色的最佳展示場所；其次是透過誘人的菜色描述，以及使用富有感染力的文字描繪食材，詳細介紹烹飪方法和口味，就會激發顧客的味蕾想像；第三是運用巧妙的誘餌菜色，透過精心安排某些價格較高的菜色製造出對比效果，使其他菜色看起來更加超值。

高明的餐廳老闆，當然是用經過精心設計的菜單，讓消費者不自覺的就掉進業者所要讓消費者選擇的菜色。

因此，高明的餐廳菜單心理學中，招牌菜色必定位於菜單首頁，使用優雅的字體和版面設計，凸顯單點菜色的性價比，這些技巧都在不著痕跡地影響顧客的點餐決策。

身為聰明的消費者，理解餐廳設計菜單的心理策略是提升用餐體驗的關鍵。首先，仔細閱讀菜單，特別是菜色描述與排版細節，例如：餐廳經常利用華麗的文字修飾或精美的圖案來強調某些高利潤菜色。透過專注於菜餚的真實價值，而非被精美外觀迷惑，可以幫助消費者做出更理性的選擇。

其次，主動諮詢服務人員。他們通常對餐廳特色菜色和用料有深入的了解。詢問菜餚的烹飪方式、分量和來源，能夠幫助你避免點選過於昂貴或不符合需求的餐點，同時也能找到性價比最高的選擇。

此外，制定用餐預算是避免衝動消費的重要策略。在點餐前確定消費上限，並堅守預算，可以有效避免因餐廳的心理誘導而超支。

最後，理性選擇是關鍵。餐廳經常使用形容詞如「手工製作」或「頂級特選」來提升菜餚吸引力，但真正重要的是這些菜餚是否符合你的口味和需求。專注於個人偏好，選擇能帶來真實滿足感的餐點，而非僅僅因為描述吸引人。

星巴克的菜單心理學：咖啡消費的隱形引導術

回想一下，當你到星巴克時，你會點什麼咖啡？當你抬頭

掃描牆上密密麻麻的各式咖啡，這時候，你會作何選擇？

我分享一下我在咖啡店的選擇，我一律選美式咖啡，夏天冰美式咖啡，冬天則改熱美式咖啡。其實，美式咖啡只是將濃縮咖啡與熱水混合的飲品，但在咖啡店的利潤上，因為價格低，利潤也是最低的。

星巴克的菜單設計早已精心編排，利用「策略性行為」精準引導消費者選擇。在琳瑯滿目的飲品中，消費者常常面臨選擇困難，但這恰恰是星巴克精心設計的結果。

星巴克的菜單布局充滿心理策略，菜單上的高價品項被巧妙地安排，製造出其他飲品的相對超值感。

但我在星巴克喝咖啡，有一套我的選擇策略。

我記得詹宏志在他的《城市人：城市空間的感覺、符號和解釋》（1996）一書中提到：「你在鬧區的轉角，摩天大樓的地面樓層，找到一家面積不大的咖啡店。它裝潢精緻小巧，惹人喜愛；服務有特色，咖啡香醇獨到即使某天你遠離居住的城市千里之遙，有一個晚上突然會回想到那個乾淨、明亮的角落，覺得城市是你的家。」我認為星巴克咖啡賣的就是空間與美式文化的感覺，一杯咖啡的價格裡包含了原物料、人工與銷管成本，以及消費者享受品牌符號與空間感覺所支付的溢價。

星巴克外帶與內用咖啡只有一個價格，如果外帶就平白損失空間感的價值，星巴克當然也不會使用「差別定價」（price

discrimination）[1] 這種方式讓外帶咖啡便宜一點，因為這會讓溢價的內容曝光。

　　從行銷角度來論，「雙尾美人魚」的「符號價值」對星巴克的死忠粉絲而言絕對是剛性需求。就在星巴克數次調整過飲品價格後，死忠粉絲依然買單，獲利上升，證明諸多死忠粉絲仍是支持的。若以經濟語言詮釋，星巴克死忠粉絲的剛性需求絕對是極低的「價格彈性」[2]（price elasticity，即價格調漲不影響消費量），代表即使整體價格調漲，死忠粉絲仍不為所動，

---

1 「差別定價」是指企業根據顧客的支付意願或其他特徵，對同一產品或服務設定不同的價格。這一策略旨在從不同類型的消費者獲取最大化的收益，通常用於市場中具有價格彈性的情況。
　差別定價的主要類型：
　第一級差別定價：根據每位顧客的最大支付意願為其設定價格，例如：高級產品的議價銷售或拍賣會，又稱完全「差別定價」。
　第二級差別定價：根據購買數量或產品組合設定價格，鼓勵大量購買，例如：大宗採購折扣或「買一送一」活動。
　第三級差別定價：根據不同消費者族群的特徵設定價格，例如：學生票、老年人優惠票或地區定價。
2 「價格彈性」是經濟學中用來衡量需求對價格變動敏感程度的概念，價格彈性描述的是當商品或服務的價格改變時，其需求量的變化幅度。
　價格彈性通常以數值表示：
　彈性大於 1（富有彈性）：表示需求對價格變化非常敏感，價格稍微上升，需求量就會顯著下降。
　彈性等於 1（單位彈性）：表示價格和需求量的變化比例一致。
　彈性小於 1（缺乏彈性）：表示需求對價格變化不敏感，價格變動對需求影響很小。

正因為星巴克「雙尾美人魚」的符號價值絕對會讓死忠粉絲們忘記一杯咖啡的價格。

另外，還要加上儲值卡的魔力。死忠粉絲們使用儲值卡，儲值後的消費對於消費者而言會誤以為每次消費都是免費的，簡單來說，消費者在儲值的當下，不管儲值多少錢都已經是「沉沒成本」，以至於每次的消費都會誤以為是免費的，於是乎就被「內鎖」並創造出所謂的消費者忠誠。

2004 年網路盛傳一篇日本一名星巴克的前員工爆料，「在星巴克點中杯的是絕對蠢貨！」的評論，引來大批網友熱烈討論，到底在星巴克怎麼點拿鐵咖啡？

根據星巴克官網（2004 年）的資料顯示：

- 熱拿鐵（小杯），咖啡因 110 毫克，110 元。
- 熱拿鐵（中杯），咖啡因 110 毫克，120 元。
- 熱拿鐵（大杯），咖啡因 182 毫克，135 元。
- 熱拿鐵（特大杯），咖啡因 182 毫克，150 元。
- 濃縮咖啡（Solo），咖啡因 98 毫克，80 元。
- 濃縮咖啡（Doppio），咖啡因 195 毫克，95 元。

上述的內容印證前述的爆料，但實際上根本算不上爆料，因為官網上寫得很清楚，純粹論咖啡因的話（只是想提神，享受空間感），最省錢的方案就是點濃縮咖啡，對照拿鐵可以省下 55 元，若只是想加味成為拿鐵，熱拿鐵小杯和大杯也是一

個方案。

但經濟學的訓練告訴我可以這樣設計，去便利商店買一小瓶鮮奶（約 30 元）微波加熱，慢慢搖到星巴客。點雙倍濃縮咖啡（Doppio），和店員多要一個空杯，加上已經被你搖出些奶泡的鮮奶結合之後，不就分成兩杯中杯熱拿鐵。

精算一下心裡頭的價值等於 240 元（兩杯中杯熱拿鐵），僅花費 125 元（一盒鮮奶與濃縮咖啡），我的「消費者剩餘」為 115 元。還是我的「巷子口經濟分享杯」最便宜（享有百分百鮮奶與星巴克咖啡及空間感）！

於是乎，我多了一杯中杯熱拿鐵，誰要陪我喝？

事實上，星巴克那些花式咖啡的利潤才是最高的，濃縮咖啡與美式咖啡的利潤根本不及其他花式咖啡，但你會點濃縮咖啡和美式咖啡嗎？

理性消費需要洞察這些潛藏的行銷策略。消費者應該仔細閱讀菜單，不僅停留在圖片和名稱，更要留意價格和詳細描述。向咖啡師主動諮詢，了解飲品成分和客製化選項，是明智選擇的關鍵。事先設定消費額度，避免衝動消費，同時對「隱藏菜單」保持理性態度。

星巴克的成功超越了咖啡本身，透過精微的菜單設計、命名藝術和定價策略，他們巧妙地引導消費者的選擇。這是一場精心編排的心理博弈，消費者若能識破這些微妙策略，就能在享受美味咖啡的同時，保持理性和節制。

預測他人行為並作調整，以達到自身最佳利益

　　「策略性行為」指的是個人或組織在決策過程中透過預測他人的行為並做出相應調整，以實現自身最佳利益的一種行為模式。這一概念在「賽局理論」（game theory）中得到了詳細的闡述。「賽局理論」用以研究決策者在不同互動情境下的行為選擇，揭示了人們如何在競爭和合作的框架中進行最佳決策。

　　「策略性行為」的一個重要特徵是「相互依賴性」，參與者的行為與結果彼此影響，例如：在一場價格戰中，企業的降價策略需要根據競爭對手的定價行為進行調整。這也表現了「策略性行為」的另一個特點，即「預期與回應」，決策者會需要預測其他參與者可能的行動，並據此調整自身策略。

　　「策略性行為」還涉及在長期與短期利益之間的平衡。舉例來說，一家公司可能選擇暫時降低利潤以打擊競爭對手，從而在未來獲得市場主導地位。此外，「資訊不對稱」（information asymmetry）在「策略性行為」中也具有重要作用，當一方掌握的資訊多於另一方時，可能會利用這種優勢制定有利於自己的策略，例如：在談判過程中故意隱瞞關鍵資訊。

　　「賽局理論」提供了分析策略性行為的核心框架。「納許均衡」（Nash Equilibrium）描述了一種狀態，在此狀態下，所有參與者的策略相互匹配，且沒有任何人能透過單方面改變

策略來提高收益。「囚徒困境」（prisoner's dilemma）則說明了即使合作能帶來更好的集體結果，參與者也可能因預期對方的背叛而選擇非合作策略，導致整體次優結果。

另一個相關實驗是「公共財賽局」（public goods game），參與者需要決定是否為公共資源出資。研究發現，當資訊不對稱或信任不足時，參與者往往低估他人的貢獻，導致公共資源供應不足。這進一步說明了「策略性行為」的複雜性，以及如何透過設計制度來促進合作和提高資源的有效配置。

理解「策略性行為」有助於在各種情境中做出更明智的決策，例如：商業競爭、政策制定、談判和日常互動等。透過分析相互依賴的行動、預測他人行為並制定相應策略，個人和組織可以更有效地達成目標並最大化利益。

「策略性行為」的應用與克服「策略性行為」挑戰的方法

「策略性行為」理論解釋了許多實際生活中的決策情境，涵蓋從市場競爭到社會互動的各種應用。在商業競爭中，企業根據競爭對手的行動調整策略，例如：透過價格戰、產品創新或市場定位來爭奪市場優勢。這種行為表現了相互依賴性和預期與回應的特徵，企業必須持續觀察競爭者的舉措並快速適應。

在國際關係領域，國家透過外交談判、軍事部署或經濟制裁等「策略性行為」以保護自身利益，例如：對手國採取某種

外交或經濟行動後，一國可能調整其政策以回應，這反映了長期與短期利益的平衡挑戰。

法律與規範的設計也充分考慮到「策略性行為」的影響，例如：「反壟斷法」的目的是限制企業利用策略性行為壓制競爭，如合謀定價或市場劃分，以維持公平競爭的環境。此外，法律機制需要應對「資訊不對稱」，以確保透明度和公正性。

在人際互動和社會行為中，「策略性行為」幫助個人最大化社會效益，例如：在集體行動中，人們根據他人的參與程度調整自己的投入，這是一種典型的「公共財賽局」現象，涉及信任與合作的構建。

儘管「策略性行為」能夠協助我們為決策提供了分析框架，但也帶來了挑戰。「資訊不對稱」是主要問題之一，可能導致決策失誤或策略性背叛。增強資訊透明度有助於各方獲得完整資訊，降低不確定性。此外，信任機制的建立對促進合作至關重要，例如：在商業合作中確認雙方責任，減少摩擦。激勵機制的設計可用於平衡短期與長期目標，例如：以獎勵促使企業採取可持續發展行動，而非追求短期利益。

最後，強化監管與執法是防止「策略性行為」被濫用的有效方式。透過嚴格執行法律和規範，可以有效遏制市場操縱行為，確保競爭環境的公平和有序。這些策略不僅有助於解決策略性行為帶來的問題，也為個人、企業和政府在不同互動情境中的行為提供了指導框架。

生活應用

案例一：工作升遷策略

　　上班族在面對新的專案時，往往因為需要權衡其中的挑戰和升遷機會而猶豫，這反映了「策略性行為」在職場決策中的影響。這樣的情況中，上班族需要考慮是否接手新的專案對自身的職業發展有利，並且評估其中的風險和機會。為了在職場中做出更明智的決策，可以考慮以下策略。

　　首先，制定長期職業發展規畫是進行戰略性決策的基礎。上班族應該為自己設立一個明確的職業發展目標和路徑，這樣在面臨是否接受新專案時，可以根據這些長期規畫來做出決定，例如：如果你的目標是提升管理技能並擔任更高層級的管理職位，那麼接手有挑戰性的專案可能會是邁向目標的一步。而如果某個專案並不符合你的長期規畫，則可以考慮是否有其他更合適的機會。制定清晰的長期目標能幫助你更好地衡量每一個機會的價值，從而做出符合未來職業發展的戰略性選擇。

　　其次，在職場中，積極與上司和同事溝通也至關重要。清楚地表達你的職業目標和期望，可以幫助你爭取更多的支持和機會，例如：當上司指派新專案時，如果你願意接受挑戰，可以主動表達自己對專案興趣以及希望從中學到的技能，這樣可以讓上司了解到你的目標和動力，並在職業發展中提供更多的幫助。積極的溝通不僅能爭取到合適的機會，還能讓同事和上司對你的能力和目標有更深入的了解，進一步提高升遷和發展的機會。

透過制定長期職業發展規畫和積極與上司、同事進行溝通，上班族能夠在面對新的專案和機會時，做出更加符合自身目標的策略性決策。這些策略不僅有助於提升職業的發展速度和品質，還能幫助上班族在職場中更好地掌握主動權，實現個人和職業的雙重成就。

案例二：股票投資策略

投資人在面對市場波動時，往往因為預測市場走勢而猶豫是否賣出股票，這是一種「策略性行為」在投資決策中的典型表現。這樣的猶豫可能是為了獲得更大的回報，但同時也可能導致錯過最好的賣出時機，甚至因市場的不確定性而遭受損失。為了更好地進行投資決策並減少因策略性行為而帶來的困擾，可以考慮以下策略。

首先，應該分散投資風險。在面對市場不確定性時，分散投資是一種降低風險的有效手段。投資者可以採用分批賣出或買入股票的方式來降低市場波動帶來的影響，例如：在某個股價達到設定的目標價位時，可以分多次逐步賣出部分持有的股票，而不是一次全部拋售。這樣可以在市場變動中保持一定的靈活性，並在一定程度上緩解對投資決策的焦慮。分散風險能讓投資者更安心地面對市場波動，而不必過於糾結於單一時間點的決策。

其次，及時調整投資策略也是非常重要的。投資人應根據市場的變化及時調整策略，例如：設置合理的停利點和停損點，以確保投資收益和風險控制。在股價上漲到某一合理預期時，設置停利點可以幫助你鎖定利潤，避免因市場回調而失去已經獲得的收益。同樣地，設置停損點則能夠在市場走勢不利時及時停損，避免更大的財務損失。這樣的策略有助於在市場波動中保持冷

靜，並確保投資行為符合既定的財務目標。

透過分散投資風險和及時調整策略，投資人可以更有效地管理投資中的「策略性行為」，減少因市場波動帶來的不必要的壓力和猶豫。這些策略不僅能幫助投資者降低投資風險，還能在市場變動中更理性地進行決策，最終實現穩定的投資收益和長期財務增長。

案例三：家庭財務策略

有些人在考慮是否現在購屋時，常因為試圖預測未來房價的走勢而猶豫不決，這是一種「策略性行為」在財務決策中的典型表現。人們希望透過預測市場走勢來找到最佳購屋時機，但這樣的猶豫可能導致錯失適合自己的購屋機會，或者增加決策壓力。為了更好地進行購屋決策，可以考慮以下策略。

首先，制定長期的家庭財務規畫至關重要。購屋是一項重大財務決策，因此應根據家庭的實際需求和財務狀況來做出戰略性決策，例如：如果家庭的主要目標是提高居住條件，並且目前的財務狀況也允許，那麼即使房價預期有所波動，也應考慮是否進行購屋以實現長期目標。制定長期財務規畫能幫助家庭在面臨市場波動時仍能保持清晰的方向，根據需求做出合適的決定，而不是僅僅依賴於短期的房價波動預測。

其次，靈活應對市場變化也是減少猶豫和壓力的重要方法。市場變化難以精確預測，因此在財務決策中保持靈活性很重要，例如：如果目前的市場情況顯示房價較高，而你又無急需購屋的需求，那麼可以選擇等待更適合的時機。但如果家庭財務狀況良好，且有急需改善居住環境的需求，那麼購屋也是一個可行的選

擇。這種靈活的應對方式可以減少對房價短期波動的過度關注，讓決策更基於實際需求和長期規畫，而非單純的市場預測。

　　透過制定長期家庭財務規畫和靈活應對市場變化，個人可以更好地管理購屋決策中的「策略性行為」，減少因房價預測而造成的猶豫和焦慮。這些策略不僅有助於提升決策的理性，也能幫助家庭在變化的市場中找到最佳的解決方案，最終實現居住條件的改善和財務穩定。

3

理性與感性大戰，「情緒」如何左右你的決定？

現代行為經濟學和心理學研究表明，情緒不僅是決策過程中的重要組成部分，還能顯著影響決策結果。

我們都知道，投資是一門科學，但同時也是一門藝術。除了冷冰冰的數據分析之外，投資者的情緒也扮演著不可或缺的角色。現代行為經濟學研究表明，情緒不僅是決策過程中的重要組成部分，還能顯著影響投資結果。

2020 年初，新冠疫情席捲全球，引發了全球金融市場的劇烈震盪。在疫情初期，恐慌情緒迅速蔓延，投資者紛紛拋售股票，導致股市大幅下跌。這種現象可以用「前景理論」（prospect theory）來解釋。「前景理論」認為，人們對損失的厭惡程度大於對收益的喜愛程度，當投資者看到股價下跌時，他們會感到恐慌，擔心損失更多，因此傾向於快速賣出股票，以避免更大的損失。

問題是，情緒如何影響投資決策？

第一是恐懼，恐懼是投資者最常見的情緒之一。當投資市場出現下跌或不確定性增加時，恐慌性的情緒會促使投資者做出倉促的決定，如緊張性的拋售，這可能會因為非理性，導致投資組合價值縮水。

第二是貪婪，貪婪是另一種投資人常見的情緒，當市場上出現投資熱點或某個股票大幅上漲時，投資者可能會被貪婪情緒驅動，盲目一路追高，反而忽略了潛在的風險而不自知。

第三是後悔，投資者在做出錯誤的投資決策後，常常會產生後悔情緒。這種情緒可能會導致投資者在未來做出更保守的投資決定，反而錯過潛在的投資機會。

第四是樂觀或悲觀，投資者的樂觀或悲觀情緒也會影響他們的投資決策。樂觀的投資者往往會高估市場的未來表現，而悲觀的投資者則會低估市場的潛力。

　　情緒對投資決策的影響不僅僅是短期的，它還會對投資者的長期投資績效產生深遠的影響，例如：如果一個投資者總是受到恐懼情緒的支配，那麼他很可能錯過市場的許多上漲機會。反之，如果一個投資者能夠很好地控制自己的情緒，保持理性的投資態度，那麼他更有可能獲得長期穩定的投資收益。

　　理性的投資者應該學會克服情緒對投資決策的影響，以避免因情緒驅動而做出不理性的選擇。首先，投資者需要認識到情緒在投資決策中的重要性，例如：恐懼、貪婪和焦慮等情緒可能會導致過度反應或錯失良機。認識情緒的存在是第一步，因為只有了解其影響，才能進一步學習如何管理情緒。

　　建立多元化的投資組合是分散風險的重要策略。透過投資於不同類型的資產，例如：股票、債券和房地產，投資者可以減少某一市場波動對整體投資組合的影響，從而減輕情緒波動對決策的干擾。多元化的策略能夠在市場波動時提供穩定性，讓投資者更理性地面對市場變化。

　　制定長期投資計畫，並堅持執行有助於投資者避免因短期市場波動而做出衝動決策。長期計畫能幫助投資者專注於長期目標，例如：退休儲蓄或財務自由，而非因為短期的市場起伏而輕易改變策略。堅持執行計畫的過程需要自律，但長期而言

能為投資者帶來穩定的回報。

　　尋求專業建議是另一項關鍵措施。如果投資者對自己的投資能力缺乏信心，可以考慮尋求專業投資顧問的指導。專業人士能夠提供客觀的分析和建議，幫助投資者理性地做出決策，減少情緒對投資行為的影響。

　　情緒是人類的天性，無法完全消除，但投資者可以透過學習和訓練來管理情緒。這包括認識情緒、學會控制反應，以及採取適當的策略來降低情緒對決策的干擾。情緒與投資決策息息相關，理解其影響並有效管理是成功投資的關鍵。隨著投資者的不斷學習和實踐，他們將能夠更好地掌控自己的情緒，做出更明智的投資選擇，最終實現財務自由的目標。

行為金融學在投資實踐中的應用分析

　　行為金融學是心理學、社會學與經濟學交叉的一門學科，旨在研究投資者心理和行為如何影響金融市場運作。相較於傳統金融學認為投資者是完全理性的，行為金融學認為投資決策常受情緒與認知偏差等非理性因素影響，因此更貼近現實。

　　行為金融學的應用主要表現在以下三個方面。第一，在理解市場異常現象時，行為金融學解釋了諸多偏差與投資行為。「羊群效應」揭示投資者常因追隨大眾行為導致資產價格泡沫或崩盤。「過度自信」則反映投資者高估自己的能力，進而做出不當的交易決策。「損失規避」顯示投資者對損失感受強於

收益快感，導致不敢停損，甚至在虧損時追加投資。而「代表性偏差」則表現出投資者基於少量數據過度推論的行為，往往導致誤判。

第二，行為金融學提供了更有效投資策略的思路。透過認識情緒對交易的影響，投資者可以避免衝動操作；採取分散投資則有助於降低投資組合風險；長期投資策略能減少因短期市場波動而做出非理性決策的可能；而價值投資則鼓勵投資者尋找被低估的資產，而非盲目追逐市場熱門標的。

第三，行為金融學在改善投資產品設計中也發揮重要作用。投資工具的設計如目標日期基金，考慮了人性特徵，幫助投資者實現長期目標。同時，對風險進行更透明的披露，也幫助投資者全面了解並管理可能面臨的風險。

行為金融學為金融市場提供了全新的視角，幫助人們更深入地理解市場運作及投資者行為。認識自身的行為偏差並結合理論，可以幫助投資者做出更理性決策。然而，投資並非僅靠理論可解，仍需綜合多種因素進行權衡。

限時優惠引爆搶購潮，情緒驅動的消費決策

2024 年的雙 11 和雙 12，各家電商紛紛提前舉行「暖場活動」，這原因不外乎是大家對於 2024 年營業額的預期，因 2023 年的表現不理想，業者普遍看淡，所以，各家業者不約而同用「暖場活動」的方式「偷跑」。

2024 年的年末，電商消費平臺的折扣戰比起以往的折扣來的又大又猛，加上淘寶對臺灣的消費者實施高達新臺幣 20 億元的高額補貼，滿人民幣 99 元就免運，甚至還免運免稅，更加劇了各電商平臺之間的折扣戰。譬如說，我在某電商平臺看到一雙潮牌的運動鞋，在印象中一雙往往要價超過 2,500 元以上，就在「暖場活動」中推出限時一雙 1,111 元。這則特惠訊息，馬上在社群網路中以病毒行銷的方式炸開。於是，我也下單買了一雙……。

電商平臺的限時優惠活動常常引發大規模搶購，消費者因心理機制影響而做出超出實際需求的衝動購買。這一現象可以從行為經濟學的角度進行分析，揭示情緒與認知偏差如何影響購物決策。

消費者的「損失規避」心理是限時優惠成功的重要原因。對於消費者而言，失去一個機會的痛苦遠超過獲得同等優惠的快樂。當活動強調「錯過即失」時，消費者會感到緊張，進而被迫迅速下單。同時，「確證偏誤」會讓消費者在購物時傾向於只尋找支持購買決策的資訊，例如：其他消費者的好評，從而忽略潛在的產品缺陷。「社會比較效應」則進一步放大了這種心理，當身邊的人都在參與搶購時，消費者容易產生從眾心理，跟隨購買以避免被邊緣化。

此外，購物本身會帶來短暫的愉悅感，能緩解壓力或負面情緒，這也使得消費者在壓力情境下更容易進行衝動購買。

「錨定效應」則透過設置高原價來放大折扣價的吸引力，讓消費者誤認為自己占了很大便宜。

企業利用這些心理機制設計銷售策略，例如：透過營造稀缺性（限量供應或限時優惠）、展示其他消費者的好評和購買紀錄來提升信任感、設置高原價以製造優惠感，或提供多種支付方式來降低消費門檻，從而有效提升銷售額。

從消費者的角度來看，理性消費是應對這些策略的關鍵。提高自我認知，認識到情緒對消費決策的影響，是理性購物的第一步。購物前列出清單、比較不同產品的性價比，以及給自己留出冷靜期都是有效的策略，例如：將物品加入購物車後稍作等待再決定是否購買，可以有效降低衝動消費的可能性。

限時優惠活動表面上是一場促銷，實質上是企業利用行為經濟學中的心理效應與消費者進行的一場博弈。消費者若能了解這些心理策略，將更有能力做出符合自身需求的理性選擇。

情緒不僅是決策過程中的重要組成部分，也會影響決策

「情緒與決策」（emotion and decision-making）是指情緒在個人決策過程中的影響。現代行為經濟學和心理學研究顯示，情緒不僅是決策過程中的關鍵組成部分，還對決策結果有顯著影響。了解情緒如何作用於決策過程，可以幫助我們做出更理性且有益的選擇。

情緒能驅動行為，正面情緒（如快樂或滿足）和負面情

緒（如恐懼或焦慮）會影響人們的行動方向，例如：快樂的情緒可能鼓勵冒險，而恐懼通常讓人更傾向保守。情緒還會影響認知，包括注意力、記憶和思維方式。正面情緒有助於創造性解決問題，而負面情緒可能導致認知偏差或決策失誤。情緒對決策的影響可能是短期的，例如：衝動購物；或是長期的，例如：長期焦慮導致決策迴避。此外，情緒表達和影響決策的方式會因社會和文化背景而異，例如：不同文化對風險態度的差異可能會改變情緒的作用。

「前景理論」解釋了為何人們在面對風險和不確定性時，會依賴情緒進行決策。「情緒催化理論」（affective forecasting theory）則揭示了人們通常會高估未來事件對情緒的影響，進而導致偏差。「雙系統理論」指出，人類的決策由快速的情感驅動（系統一）和慢速的理性分析（系統二）共同推動，其中情緒主要作用於系統一。而「情緒調節理論」（emotion regulation theory）研究了人們如何調節情緒以減少其對決策的負面影響，強調了有效情緒管理在理性決策中的重要性。

實驗研究進一步證實了情緒的影響。一項研究中，參與者在觀看恐怖電影後做出的投資決策更趨於保守，顯示負面情緒增強了風險討厭傾向。另一項研究發現，觀看喜劇影片後，參與者更可能衝動購物，表明正面情緒促使人們更願意冒險並進行即時消費。

理解情緒如何影響決策不僅能幫助我們解釋和預測行為，還能讓我們更有效地管理情緒，在生活中做出更理性的選擇，這是行為經濟學與心理學理論在日常生活中的一項重要應用。

克服情緒影響的方法

理解情緒與決策的關係可以幫助我們在多個領域做出更明智的選擇。首先，在個人理財方面，情緒在財務決策中起著關鍵作用。市場波動容易引發恐慌，導致投資者做出非理性的賣出行為。識別並調節情緒可以幫助投資者減少短期情緒波動的影響，專注於長期目標。其次，在消費行為中，情緒對購物決策的影響尤為明顯。正面情緒常導致衝動購物，而負面情緒則可能導致過度節儉。了解這些情緒驅動因素可以幫助消費者理性分析購物需求，避免非必要消費。

在健康決策方面，情緒對生活習慣有深遠影響，例如：焦慮和壓力可能誘導人們選擇不健康的飲食或忽視運動。透過學習情緒管理技巧，可以改善健康選擇，推動積極的行為改變。最後，在職場中，情緒影響著從人事安排到計畫選擇的各種決策。了解情緒對決策的影響有助於管理者和員工更有效地處理壓力，制定更合理的計畫。

為了減少情緒對決策的負面影響，可以採取多種策略。第一是情緒覺察，透過自我反思和情緒識別來了解自身情緒狀態，減少情緒的無意識干擾。第二是情緒調節，包括深呼吸、

冥想和認知重建等技術，幫助減少負面情緒的影響。第三是尋求支持，在重要決策時尋求朋友、家人或專業顧問的意見，以獲得更全面的視角。最後，制定計畫是有效的方式，透過在情緒穩定時規畫好行動方案，在情緒波動時按照既定計畫執行，可以降低情緒對決策的干擾。這些方法可以幫助人們在面對情緒挑戰時，做出更明智的選擇。

生活應用

○

案例一：購物衝動中的情緒驅動

消費者因為喜歡某件昂貴外套而衝動購買，這反映了正面情緒在購物決策中的影響。當人們在購物過程中感受到極大的喜悅或滿足時，往往容易忽略價格和實際需求，從而做出不符合長期財務利益的決策。為了更好地管理因情緒影響而導致的購物行為，可以考慮以下策略。

首先，設置「冷靜期」是一個有效的策略。在購物之前，尤其是面對昂貴商品時，可以給自己一段冷靜期，例如：24 小時甚至更長的時間，用來重新考慮這件商品是否真的需要，是否符合自己的生活需求。這段冷靜期能讓你從初期的情緒激動中冷靜下來，避免因一時的喜好而做出可能帶來後悔的衝動性購買。這樣的策略能有效減少情緒對購物決策的負面影響，讓你在理性與感性之間取得平衡。

其次，設定購物預算也是管理衝動購買的重要措施。提前設定好每月或每次購物的支出限額，並嚴格遵守，可以幫助你在面對昂貴商品時做出更理性的決定。當預算的限制明確地擺在面前時，你會更加清楚自己的消費能力以及購買這件昂貴外套是否會對其他生活需求造成影響。這樣的財務控制不僅能夠避免因為情緒影響而超支，還能幫助你建立健康的消費習慣，使你在長期內達成更穩定的財務狀態。

透過設置冷靜期和嚴格的購物預算，消費者可以更好地控制購物決策中的情緒因素，減少衝動購買的發生。這些策略不僅有

助於提高購物的理性和滿意度，還能幫助你在每一次消費中更清晰地衡量商品的價值與自身的需求，最終達成理性與感性之間的平衡。

案例二：恐懼影響投資決策

投資者在面對市場波動時感到恐懼，這往往會直接影響其投資決策，導致他們在情緒的驅動下做出不利的選擇，例如：過早賣出股票或停止投資。這種情緒反應使得投資者難以保持冷靜，甚至錯失長期回報的機會。為了更好地管理情緒並做出理性的投資決策，可以考慮以下策略。

首先，採取長期投資視角非常重要。當市場發生波動時，投資者應將注意力放在長期目標上，而不是短期的起伏。市場的短期波動是常態，且多數情況下無法完全預測。投資者應該根據自己的長期財務目標和風險承受能力來制定投資策略，避免因短期的恐懼而做出過激的反應。長期視角能讓投資者在面對市場波動時保持鎮定，從而不因情緒影響而失去長期回報的潛力。

其次，尋求專業投資顧問的建議也是減少情緒影響的有效方式。在感到不確定或恐懼時，投資者可以與專業的投資顧問交流，獲得更客觀的市場分析和建議。專業顧問具有豐富的市場經驗，能夠根據個人財務狀況和投資目標提供量身訂做的建議，幫助投資者理解當前的市場情況，並協助他們做出更具理性的決策。這樣可以降低因情緒驅動而做出不利行為的風險，保持投資計畫的穩定性。

案例三：焦慮影響職場決策

上班族因為焦慮而猶豫是否接受新的工作挑戰，這是一種負

面情緒在職場決策中影響行為的典型案例。當面臨一個需要突破自我的挑戰時，焦慮可能會讓人過度擔心失敗的後果，從而選擇拒絕改變與成長的機會。為了更好地管理這種情緒，並在職場中做出更有利於自身發展的決策，可以考慮以下策略。

首先，培養積極心理非常重要。上班族應該學會在挑戰中看到潛在的機會和個人成長的可能，而不是僅僅聚焦於失敗的風險。每個挑戰都是一個成長的契機，即便在過程中遇到困難，也能收穫寶貴的經驗。改變思考方式，將挑戰看作是一種學習和提升自己的機會，而不是一種可能的風險，可以幫助減少對失敗的恐懼。透過這種積極的心態，上班族能更加自信地接受新的挑戰，從中獲得技能的提升和職業的進步。

其次，建立一個強有力的支持系統，也是幫助上班族克服焦慮的重要方法。與同事和上司保持良好的溝通，並主動尋求支持和建議，可以大大減少面對挑戰時的孤立感，例如：在面對一個新的計畫時，可以向有經驗的同事請教他們的成功經驗，或者與上司討論可能的支持資源。這樣不僅能增強對計畫的理解，還能讓上班族在面對挑戰時感到自己並非孤軍奮戰，而是有一個可靠的後盾。這種支持感能幫助減少焦慮，讓上班族更有信心應對挑戰。

案例四：避免消費行為中的負面情緒

當消費者在心情不好的時候，容易透過過度消費來試圖改善情緒，這是一種負面情緒影響消費決策的典型情況。這種「情緒性購物」可能導致消費者購買許多不需要的物品，造成財務壓力，甚至形成一種不健康的情緒管理模式。為了有效控制這種情緒驅動的消費行為，可以考慮以下策略。

首先，找到替代行為來管理情緒是關鍵。當感到情緒低落時，消費者可以選擇其他更健康且能帶來情緒舒緩的活動來替代購物，例如：進行一些運動、閱讀一本喜歡的書籍或者與朋友交流。運動不僅可以釋放壓力，還能促進體內的多巴胺分泌，從而改善心情。與朋友交流也能讓你感受到情感的支持和陪伴，讓情緒得到正向的疏導。這些替代行為不僅能有效管理情緒，還能避免因為衝動消費而導致的後續財務壓力和悔恨。

　　其次，記錄情緒和消費行為也是一個有效的方式。建立「情緒日記」可以幫助消費者了解自己的情緒模式和消費行為之間的連繫。每天記錄自己在某一特定情緒下的消費行為，例如：因心情低落而購買了某些不必要的物品，並分析這些情緒的觸發因素。透過長期的記錄，可以識別出導致過度消費的情緒觸發點，並提前設置應對策略來避免這些情況，例如：在察覺自己情緒不穩定時，選擇將注意力轉移到其他活動上，而不是使用購物來填補情感上的空缺。這樣的記錄和分析有助於自我意識的提升，從而更好地控制消費行為。

4.

不公平！爲什麼我們這麼在意「公平」？

公平感是指個人對於資源分配、決策過程和結果公正性的主觀感受。

看性別薪資差距，一個隱形的社會困境

你會不會在意「同工不同酬」呢？如果你在意的話，我相信你會認為這是不公平的待遇，為什麼大家做一樣的工作，你領的薪水就是比其他人矮一截呢？

2024 年的 2 月 23 日是一個很特別的日子，這個日子既不紀念，也不放假，所以大部分的人根本不知道這一天究竟是什麼日子？我幫各位解釋一下，為喚起兩性同酬之公共意識，勞動部每年會發布我國的「同酬日」，為什麼要有這個「同酬日」？主要是因為兩性平均薪資除受性別影響外，同時與工作性質、類型、年資、學經歷等因素有關，縮小兩性薪資差距為社會各界共同努力的目標。

因為「同酬日」是計算去年一整年，女性勞工比男性勞工多出的工作日，因此，每一年的「同酬日」都不一定。以 2024 年而言，「同酬日」是訂在 2 月 23 日，代表女性勞工要多工作 54 天（1 月的 31 天加上 2 月的 23 天）才能和男性的薪資一致。

我國「同酬日」係依據行政院主計總處「受僱員工薪資調查」，以前一年兩性平均時薪差距，計算當年 1 月 1 日起女性需增加之工作日數。依主計總處 2023 年薪資調查統計初步結果，我國女性平均時薪為新臺幣 318 元，僅為男性 373 元的 85.3%，意思是兩性薪資差距為 14.7%。易言之，女性需較男性多工作 54 天（365×14.7%），才能達到與男性相同的全年

薪資，因此自 113 年 1 月 1 日起算 54 天之 113 年「同酬日」為 2 月 23 日。

根據勞動部所公布的資料顯示，兩性薪資長期呈現拉近趨勢，從 2021 年到 2023 年近 3 年資料而言，我國兩性平均時薪差距均為 15.8%，112 年女性時薪增幅高於男性（受到女性占比較高之內需服務業人力需求回升影響），致兩性平均時薪差距縮小至 14.7%，女性需增加工作天數亦由 58 天減為 54 天，113 年同酬日因而較 112 年進步 4 天。

至於，我國的男女不同酬的現象，相較其他國家的情況呢？以 2022 年進行比較，比起日本的 30.2% 及韓國的 30%，與美國的 17% 好上許多，所以，男女不同酬的現象，看來是一種常態。

不同於傳統經濟學單純從市場供需角度進行分析，行為經濟學更注重心理因素在經濟決策中的作用，特別是人們如何感知和回應不公平現象。行為經濟學研究發現，人類的經濟行為往往受到社會比較的強烈影響。在職場中，當女性發現自己與同等條件的男性同事存在薪資差距時，會產生強烈的不公平感。這種不公平感並非簡單的情緒反應，而是會實際影響工作效率和職業發展決策，例如：在美國科技業，即使擁有相同的學歷和工作經驗，女性的平均薪資仍然明顯低於男性，這種差距會影響女性的職業選擇和工作投入度。

美國好萊塢演員的收入也是男女不一。《富比世》

（*Forbes*）揭露 2023 年收入最高的前 10 名好萊塢演員，總收入為 4.49 億美元，只有兩名女演員入榜，分別是瑪格‧羅比（Margot Elise Robbie）和珍妮佛‧安妮斯頓（Jennifer Joanna Aniston）。2023 年收入最高演員是亞當‧山德勒（Adam Richard Sandler），片酬是 7,300 萬美元；瑪格‧羅比的片酬是 5,900 萬美元，雖然是當年第二高的片酬，但也僅是亞當‧山德勒的 80.8% 而已。

從「心理帳戶」理論來看，職場中的性別薪資差距會在女性心中形成一個特殊的心理帳戶。這個帳戶不僅包含實際的金錢損失，還包含了對職業發展機會的損失感知。研究表明，當女性意識到自己因性別而獲得較低薪資時，她們不僅會感到當前收入的損失，更會預期未來職業生涯中持續的不公平待遇，這種複合效應會顯著影響其職業抉擇。

行為經濟學中的「框架效應」也能幫助我們理解，為什麼性別薪資差距如此難以消除，當企業將某些職位定義為女性特質的工作時，這些職位往往被賦予較低的薪資水準，例如：在科技公司中，行政助理等被視為女性工作的職位，其薪資普遍低於被視為男性工作的技術職位，即使這些職位可能需要相似的技能水準和工作強度。

「錨定效應」在性別薪資差距中也扮演著重要角色，初始薪資往往會成為未來薪資調整的參考點或錨。當女性在職業生涯初期接受較低的起薪時，這個錨會持續影響其後續的薪資談

判和調整，形成一個難以打破的惡性循環。

更令人擔憂的是，行為經濟學研究還發現，職場中存在所謂的「母性懲罰」現象。當女性因生育而中斷職業發展時，不僅會直接損失當期收入，更會因為人力資本貶值和職場偏見而影響未來的薪資成長。這種現象與「損失規避」理論相呼應，表明人們對損失的痛苦感受遠大於對等金額收益的喜悅感受。

從社會規範的角度來看，性別薪資差距還與深層的文化認知有關。即使在法律明文禁止性別歧視的情況下，隱性的性別偏見仍然影響著招聘、晉升和薪資決策。這種偏見往往是無意識的，這使得它特別難以識別和糾正。

要改善這種狀況，需要從行為經濟學的角度設計更有效的政策干預。首先，建立薪資透明制度可以減少資訊不對稱，讓性別薪資差距更容易被發現和糾正。其次，設計更靈活的工作制度，例如：遠距辦公和彈性工時，可以幫助女性更好地平衡工作與家庭。

企業也需要重新設計績效評估體系，確保評估標準的客觀性和公平性，例如：避免將加班時長作為考核指標，而應該更注重工作效率和實際產出。同時，提供更多的職業發展機會和領導力培訓項目，幫助女性打破職業發展的「玻璃天花板」。

總而言之，性別薪資差距是一個需要社會各界共同努力的問題。透過行為經濟學的視角，我們不僅能更好地理解這個問題的成因，也能設計出更有效的解決方案。只有當我們充分認

識到這個問題的複雜性，並採取系統性的應對措施，才能逐步實現眞正的性別平等。

從公平理論看職場霸凌，一個被忽視的組織管理困境

職場霸凌已成爲現代社會中一個不容忽視的嚴重問題，這種行爲不僅損害員工的身心健康，更會影響組織的整體運作效能。從「公平理論」的視角來看，職場霸凌本質上是一種嚴重的組織不公平現象，涉及分配公平、程序公平和互動公平等多個層面。

當我們深入分析職場霸凌現象時，可以發現它往往與權力的不當使用密切相關。管理者或資深員工可能利用其職位優勢，透過各種形式的不當行爲來展現權力，例如：過度苛責、公開羞辱、惡意排擠等。這些行爲不僅違反了基本的職場倫理，更是對組織公平制度的嚴重破壞。

從分配公平的角度來看，職場霸凌常常表現在資源分配的不公平上，例如：霸凌者可能故意安排受害者承擔過重的工作負擔，剝奪其應得的休息時間；或在獎金分配、升遷機會等方面進行不公平對待。這種分配不公會直接影響員工的工作積極性和組織忠誠度。

程序公平在職場霸凌事件中扮演著關鍵角色。當員工遭遇霸凌並尋求組織協助時，如果未能得到公正的處理程序，或是申訴管道不暢通，就會產生二次傷害。許多案例顯示，組織在

處理霸凌事件時往往傾向於迴避或掩蓋問題，這種做法不僅無法解決問題，反而會加深員工對組織的不信任感。

互動公平的缺失是職場霸凌最直接的表現形式。霸凌者透過言語攻擊、冷暴力、孤立排擠等方式，嚴重損害受害者的尊嚴和自尊。這種不尊重的互動方式不僅影響個人的工作表現，更會破壞團隊的和諧氛圍，造成整體工作氣氛的惡化。

職場霸凌對組織造成的負面影響是多方面的。首先，它會導致員工產生嚴重的心理問題，如焦慮、抑鬱、失眠等，這些問題不僅影響工作效率，更可能導致員工選擇離職。其次，霸凌行為會破壞團隊合作精神，造成組織內部的不信任和對立。最後，當霸凌事件曝光後，還會嚴重損害企業的社會形象和品牌價值。

為了有效預防和處理職場霸凌問題，組織需要建立完善的防治機制。首先，要建立清晰的反霸凌政策和程序，明確界定何為霸凌行為，並制定相應的懲處措施。其次，要提供安全、保密的申訴管道，確保員工能夠無顧慮地反映問題。同時，要定期對管理者和員工進行相關培訓，提高其對霸凌行為的識別和應對能力。

組織文化的建設也是預防職場霸凌的關鍵。企業應該致力於營造一個尊重、包容、平等的工作環境，鼓勵開放的溝通和良性的互動。管理者應該以身作則，展現正面的領導風格，避免濫用職權或採取威權式的管理方式。

從法律層面來看，需要完善相關法規，為職場霸凌的預防和處理提供法律保障。這包括明確界定職場霸凌的法律定義，規定企業在預防和處理霸凌事件方面的責任，以及對霸凌行為的處罰標準。

最後，解決職場霸凌問題需要社會各界的共同努力。除了企業自身的努力，政府部門、工會組織、社會團體等都應該發揮各自的作用，共同維護職場的公平正義。只有建立起完善的防治體系，才能有效遏制職場霸凌，創造一個健康、和諧的工作環境。

總而言之，職場霸凌是一個需要認真對待的嚴重問題。透過公平理論的視角，我們可以更好地理解這一問題的本質，並採取更有針對性的解決措施。只有確保組織中的分配公平、程序公平和互動公平，才能真正實現一個沒有霸凌的職場環境。

「公平感」在經濟行為和決策中扮演著關鍵角色

「公平感」（fairness and reciprocity）是指個人對於資源分配、決策過程和互動結果的主觀公正性評價。它在經濟學和心理學中扮演重要角色，影響人們的行為模式和選擇。公平感的特徵包括結果公平（outcome fairness）、過程公平（procedural fairness）、互動公平（interactional fairness）和分配公平（distributive fairness）這四項，這些特徵構成了人們對公平感受的多重層次和表現。

「公平感」的理論基礎建立在多個經濟與心理學理論之上。「公平理論」（equity theory）指出，人們會根據投入與回報比例來衡量公平性，比例失衡可能導致行為改變。「正義理論」（justice theory）則從分配、程序和互動三個方面強調公平感的重要性。「社會比較理論」（social comparison theory）解釋了人們如何透過與他人的比較來評估公平，而「相對剝奪理論」（relative deprivation theory）則關注個人期望與實際結果的差距如何影響公平感受。

　　「公平感」的實驗研究提供了豐富的實證證據。「最後通牒賽局」（ultimatum game）顯示，結果公平對人們的決策有顯著影響，即使是小額金錢，若被認為分配不公，接受者往往會拒絕，寧可雙方皆得不到好處。「信任賽局」則表明，過程公平和互動公平對於建立和維持信任至關重要，參與者更傾向於信任那些以透明且尊重態度互動的人。

　　理解「公平感」對個人和組織都具有實際意義。在政策設計中，考慮到程序和分配的公正性能夠增強政策的接受度。在企業管理中，關注「公平感」能夠提升員工的滿意度和生產力。在社會層面，「公平感」的促進可以減少社會矛盾，增強人際信任與合作。透過科學理解和應用公平感的概念，社會各界可以更有效地實現和諧與穩定的目標。

減少公平感負面影響的方法

　　「公平感」是決策中的核心元素，其影響力遍及多個領域，從企業管理到教育政策，皆需要深入考量，才能促進更和諧與高效的結果。在企業管理中，公平的薪酬分配、績效評估以及升遷決策，不僅能提高員工滿意度，還能激發工作積極性，減少人員流失，從而提升整體生產力。在公共政策方面，政府應注重制定具有公平感的政策，無論是在福利分配還是稅收設計上，只有公平的政策才能獲得民眾的廣泛支持，提升政策執行效率，並促進社會的穩定與和諧。

　　司法系統中，公平的程序和結果是維持社會信任和正義的基石。確保司法過程透明且尊重當事人權利，不僅能增強民眾對司法機構的信任，還能有效遏制犯罪和維護秩序。教育領域同樣需要將公平置於核心地位，從資源分配到評估標準，若能充分考量學生的公平感受，將更有助於縮小教育差距，並提升學生的學習動力。

　　為了減少不公平感可能帶來的負面影響，我們可以採取一些具體策略。首先，提升決策透明度，讓參與者了解決策的依據和過程，有助於消除因資訊不對稱而產生的疑慮。其次，確保過程公正性，讓所有參與者都能平等參與並表達意見，不僅可以提升結果的公正感，還能增強參與者的歸屬感。尊重與禮貌也是不可或缺的要素，良好的互動氛圍能提升人們對決策結果的接受度。最後，根據實際情況選擇合適的分配原則，無論

是基於需求、貢獻還是平等，皆可在不同場景中滿足群眾的公平需求。

「公平感」的價值在於其能有效促進決策的合理性和結果的接受度。透過理解公平感的機制及其應用，我們不僅可以在經濟與管理實踐中實現效率與公正的平衡，也能在政策與教育設計中增強社會信任與合作。

生活應用

案例一：薪酬分配中的結果公平

　　當上班族因為薪酬分配不均而感到不公平時，這反映了「結果公平」在職場中的重要性。員工對薪酬分配的公平感直接影響工作動力和職場滿意度，如果認為薪酬分配缺乏公正性，可能會導致工作積極性下降，甚至影響整個團隊的士氣。為了解決這種不公平感並提高員工的工作滿意度，可以考慮以下策略。

　　首先，公司應建立透明的薪酬標準，讓員工清楚了解薪酬分配的依據。當員工能夠清楚知道哪些標準和因素決定薪酬，例如：工作年資、職位責任、績效目標達成度等，他們會對薪酬的分配有更好的理解和認同感。透明的薪酬標準不僅能減少員工對分配不公的誤解，還能增強對公司的信任感，從而減少因為資訊不對稱而產生的猜忌和不滿，這樣的透明度有助於建構一個更加信任和互相尊重的職場環境。

　　其次，根據員工的實際績效和貢獻進行薪酬調整，確保薪酬分配的公正性。績效評估應該客觀且多面向，包括工作品質、團隊貢獻、創新能力等方面，並且應避免偏見和個人喜好的干擾。當薪酬調整能夠與員工的努力和貢獻直接掛鉤時，員工會更加願意投入工作，因為他們知道付出的努力能夠獲得公平的回報。這種基於績效的薪酬調整方式，不僅能提高結果的公平性，還能激發員工的潛力，推動公司整體績效的提升。

　　透過建立透明的薪酬標準和根據績效進行薪酬調整，公司可以有效提升員工對薪酬分配的公平感，進而提高工作動力和職場

滿意度。這些策略不僅能幫助企業創造一個更加公平和積極的工作環境，還能促進員工和公司之間的互相信任和共同成長，最終實現雙贏的局面。

案例二：社會福利政策中的分配公平

在社會福利政策的實施中，民眾對於政府資源分配感到不滿，這充分反映了「分配公平」在公共政策中的重要性。如果民眾感到社會資源的分配不公，會直接影響對政府的信任和政策的支持度，進而影響社會的穩定和凝聚力。為了減少這種不滿並提升公共政策的效果，可以考慮以下策略。

首先，政府應根據需要、貢獻和平等原則，公平分配公共資源。合理的分配應充分考慮不同群體的需求，例如：經濟困難的群眾可能需要更多的福利支持，而在某些領域做出重大貢獻的群體則應得到相應的鼓勵和獎勵。此外，分配過程中應該秉持平等原則，確保所有人都能公平地獲得應有的資源。這樣的分配方式能有效提升公眾對資源分配的公平感，減少因分配不均而產生的不滿與抗議，進而增強對政策的支持度。

其次，鼓勵公眾參與政策制定過程，是提升政策公平性和接受度的重要途徑。政府應積極傾聽來自不同群眾的需求和意見，例如：透過公眾諮詢會、社區座談會或網路問卷等方式，了解民眾對政策的期待和關注點。公眾的參與能讓政策制定者更清楚地了解民眾的實際需求，從而制定出更加貼近公眾需求的政策。同時，公眾參與也能提高政策的透明度，增強政策的合法性和公信力，進而提升政策的接受度和有效性。當民眾感受到自己對政策有參與權，並且政府重視他們的意見時，對政策的信任度和支持度也會相應提升。

透過公平分配公共資源和鼓勵公眾參與政策制定，政府可以有效提升民眾對社會福利政策的公平感，並減少因資源分配不公而產生的反感。這些策略不僅有助於增強公共政策的合法性和效果，還能促進社會的和諧與穩定，讓資源的分配真正達到惠及全民的目的。

案例三：學校評分系統中的程序公平

在學校的評分系統中，當學生對評分標準不一致感到不滿時，這反映了「程序公平」在教育中的重要性。如果學生認為評分過程缺乏一致性和透明性，可能會對自己的成績感到不公，進而影響學習動力和對學校的信任感。為了解決這一問題，並提高評分系統的公正性和學生的接受度，可以考慮以下策略。

首先，學校應建立統一的評分標準，確保評分過程的透明和公正。每個學科的評分標準應該明確且公開，包括對不同類型作業、測驗和計畫的評分標準。這樣做可以讓學生了解評分的依據，避免因為標準模糊或評分過程不一致而感到不公。統一的評分標準還可以讓教師在評估學生表現時遵循相同的規則，減少主觀偏差，從而使評分結果更具客觀性和一致性，增加學生對評分過程的信任感。

其次，讓學生參與評分標準的制定過程也非常重要。當學生有機會參與評分標準的討論和制定時，他們會對這些標準有更深的理解，也會感受到自己的意見受到重視，從而增加對評分系統的認同感和信任感，例如：學校可以設立評分標準討論小組，邀請學生代表、教師和學校管理者一起討論如何制定和改進評分標準。這樣不僅能促進學生的參與感和責任感，也能使評分標準更符合學生的需求和學習環境的實際情況。

透過建立統一的評分標準和讓學生參與評分標準的制定，學校可以有效提高評分系統的透明度和公平性。這些策略不僅能幫助學生更好地理解評分過程，也能減少對評分不公的抱怨和不滿，從而促進學生的學習積極性和對學校的信任感，最終達到更好的教育效果。

案例四：職場升遷中的結果公平和過程公平

在職場升遷的案例中，上班族因對升遷結果和過程感到不滿而產生負面情緒，這顯示了「結果公平」和「過程公平」在職場中的重要性。當員工認為升遷決策缺乏公正性時，不僅會影響士氣和工作動力，還可能導致對公司整體文化的失望。為了提升升遷制度的公平性並改善員工的職場體驗，可以考慮以下策略。

首先，公司應公開升遷標準和程序，確保每位員工都能清楚了解升遷的依據。公開升遷標準應包括明確的要求，如工作績效、經驗、技能和貢獻等，這樣可以讓員工知道什麼樣的行為和成果會得到公司的認可與獎勵。升遷程序的透明化可以讓員工參與其中，了解每一步驟的運作，從而增加過程公平感。當每個人都知道自己需要達到什麼條件才能獲得升遷時，他們的工作動機也會更加明確，並對公司內部的升遷決策有更多信任。

其次，建立員工回饋機制也是提升升遷制度公平性的重要措施。公司應該提供平臺讓員工表達對升遷決策的看法，並鼓勵他們對升遷標準和程序提出建議。這樣的回饋機制不僅有助於公司發現和改進升遷制度中的問題，也能讓員工感受到自己意見被重視，從而減少不滿情緒，例如：公司可以舉辦定期的員工座談會，或者設立匿名回饋管道來收集意見。透過積極聽取員工的回饋並根據實際情況進行調整，可以有效提升升遷制度的公平感和

透明度。

　　透過公開升遷標準和程序以及建立員工回饋機制，公司可以有效提升員工對升遷結果和過程的公平感，從而增強員工對公司的信任和工作動力。這些策略不僅能減少升遷制度的不公所帶來的消極影響，還能促進公司內部文化的透明與公平，營造出更加積極和互信的工作環境，最終提高整體的工作績效和員工的職場滿意度。

第四篇

選擇障礙？原來是掉進了這些陷阱！

我們在日常生活中的選擇過程常常不是那麼簡單，其中有很多潛藏的心理陷阱在影響著我們的決策。

本篇的特色在於，用簡單易懂的方式介紹了多種常見的行為經濟學理論，例如：「框架效應」、「稟賦效應」和「默示偏好」，幫助你了解為什麼我們在做選擇時，總是會感到困惑或被某些因素牽引而做出不理性的決定。

透過這一篇，你可以辨識這些心理偏誤，並學會如何更清晰、更理性地應對選擇困境，擺脫那些看不見的「陷阱」。

1

換個說法就不一樣？「框架效應」讓你掉進陷阱！

框架效應是指同樣的資訊或選擇，因表達方式的不同而導致不同的決策或反應。

從「框架效應」看新冠疫苗接種意願

　　我記得在新冠肺炎流行時，當初官方最早提供的疫苗是 AZ（Oxford-AstraZeneca COVID-19 Vaccine），但是，根據官方與新聞媒體揭露，施打 AZ 疫苗會有血栓（thrombus）的後遺症，當時確實有很多民眾被這個血栓副作用給「框住」了。這時候，大部分的民眾心裡想的是，如果我保持人際距離，我是不是就不會染上新冠肺炎？如果我施打 AZ 疫苗，我不會染上新冠肺炎，卻可能得到血栓，這恐怕會得不償失，不是嗎？

　　當年，你曾經被以上的想法「框住」了嗎？

　　這就是「框架效應」（framing effect）在作祟，因為我們被「副作用」這三個字「框住」了。但事實上，根據國外研究顯示，AZ 疫苗引發血栓的比率約為 100 萬分之 1 至 100 萬分之 10，這可比得到新冠肺炎的機率還低上很多。

　　當年新冠疫苗推出時，媒體新聞大量散播各種疫苗的副作用，這資訊往往令人不安。想必大家一定曾經比較過莫德納（Spikevax JN.1 COVID-19 Vaccine）、AZ 和 BNT（Pfizer-BioNTech COVID-19 Vaccine）等疫苗哪一個比較好，這個所謂「比較好」的參考依據，事實上根本沒有統計基礎。所以，大家到底是擔心得到新冠肺炎比較嚴重呢？還是害怕疫苗的副作用比較嚴重？

　　施打疫苗這件事本來就沒有絕對安全性可言，但是不施打疫苗，暴露在外的風險根本無法預期，不是嗎？然而，一般人

腦袋裡可不是這麼想的，包含我的親朋好友們，很多人認為疫苗的副作用，讓他們裹足不前，意思是他們放大了疫苗副作用的機率，卻輕視了染上新冠肺炎的機率。

以我為例，我確診之前已經注射了四劑疫苗，一些未確診的朋友卻認為即使打了疫苗還是會確診，而疫苗還有副作用，言下之意，他們認為打疫苗有「雙重風險」，而拒絕施打疫苗，我相信，在疫情期間有這種想法的人大有人在。

在新冠肺炎疫情肆虐的背景下，提高民眾的疫苗接種意願成為各國政府面臨的重要挑戰。「框架效應」理論為我們提供了一個獨特的視角，雖然這已經是事後諸葛，但至少可以幫助我們理解為何相同的疫苗資訊，在不同的表達方式下，會產生截然不同的公眾反應。這種認知偏差不僅影響個人的健康決策，更會對整體公共衛生政策的實施效果產生深遠影響。

從風險與效益的框架來看，疫苗接種訊息的呈現方式直接影響民眾的接種意願。當媒體或政府將疫苗描述為「具有潛在風險的實驗性藥物」時，往往會強化民眾對副作用的擔憂，降低接種意願。相反的，如果將疫苗描述為「保護自己和家人健康的有效工具」，則能凸顯其正面效益，提高接種意願。這種表述差異雖然細微，卻能對公眾的決策產生顯著影響。

從個人與團體的框架角度分析，訊息的重點也會影響接種行為。強調個人利益時，如「接種疫苗可以降低個人感染風險」，往往更容易引起自我保護意識；而強調社會責任，如

「接種疫苗有助於建立群體免疫，保護弱勢族群」，則能喚起公民責任感。

在強制與自由的框架下，不同的政策表述也會引發不同的民眾反應。當政府採取強制性措施時，可能會激發部分民眾的抵觸情緒；而採用尊重個人選擇的方式，同時提供充分的科學資訊，則更容易獲得民眾的認同和配合。

資訊傳播的環境也深刻影響著框架效應的作用。在當今社群媒體發達的時代，各種關於疫苗的資訊複雜程度，有時甚至相互矛盾。這種資訊超載容易導致民眾產生困惑和焦慮，影響其判斷能力。因此，如何在眾多資訊中凸顯關鍵訊息，成為政府和衛生機構面臨的重要挑戰。

針對這種情況，改善疫苗接種意願需要多管齊下。首先，應該提供清晰、準確的科學證據，用淺顯易懂的方式解釋疫苗的作用機制和安全性數據。其次，要建立多元化的訊息傳播管道，讓醫護人員、社區領袖等具有公信力的人士參與宣導工作。同時，針對不同族群的特點和顧慮，採取個性化的溝通策略。

建立社會信任也是提高疫苗接種率的關鍵。政府和醫療機構應該保持資訊透明，及時公布疫苗相關研究數據和副作用監測結果。同時，要積極回應民眾關切，解答疑慮，建立良好的雙向溝通機制。這種信任關係的建立，有助於減少謠言和陰謀論的傳播。

社群媒體的正確運用也很重要。政府和衛生機構應該善用社群平臺的特性，製作易於傳播的正確資訊，並鼓勵民眾分享接種經驗。同時，要建立快速的謠言澄清機制，防止錯誤資訊的擴散。

　　從長遠來看，提高公眾的健康素養和科學認知能力是根本之策。透過加強科普教育，幫助民眾建立正確的健康觀念和風險認知，使其能夠理性評估疫苗接種的利弊。這種能力的提升，有助於減少框架效應的負面影響。

　　總而言之，「框架效應」在疫苗接種意願中扮演著關鍵角色。只有充分認識到這一點，並在傳播策略中運用得當，才能有效提高民眾的接種意願。這不僅關係到個人健康，更是實現群體免疫、控制疫情蔓延的重要基礎。因此，在今後的公共衛生政策制定和實施過程中，都應該充分考慮框架效應的影響，採取更有效的傳播策略。

新聞框架如何影響我們看待氣候變遷？

　　新聞媒體在報導氣候事件時，常常因為「框架效應」而導致觀點和敘事的多樣性。這種現象揭示了同一事件可以因報導的選詞和角度而對讀者產生截然不同的影響。以下是以極端氣候為例，框架效應的三種常見表現：

　　首先，對於氣候事件的描述，媒體可能採用「末日預警」或「轉機契機」的框架。當一場颱風襲來，有些媒體強調其破

壞性與人類生存的威脅，帶給人恐慌和無助感；另一些媒體則聚焦於應對措施與技術創新，激發人們尋求解決方案的動力，例如：「極端氣候帶來災難」的敘述可能讓人產生無力感，而「綠能創新因應氣候挑戰」則更能推動行動。

其次，針對氣候變遷的成因，報導可能強調人為破壞或自然變化。人為破壞框架讓人相信氣候問題可透過改變人類行為解決，例如：減少溫室氣體排放；而自然變化框架則可能引發對行動的冷漠，因為其隱含的假設是人類對氣候的影響有限，進而弱化採取積極行動的必要性。

此外，應對氣候問題的角色分配，也反映了個人行動與政府政策的框架。某些媒體強調個人的日常行動如節能減碳的重要性，而另一些則呼籲政府制定政策，將責任推向更高層面。這種區分影響了公眾是否從個人行動開始，還是期待由政策帶動的結構性改變。

這些「框架效應」不僅影響讀者對氣候問題的認知，也直接塑造了行動的動力和方向。當新聞聚焦於恐懼時，容易引發不安和行動的停滯；相對地，當強調希望和解決方案時，則更能促進積極的行動。

更重要的是，這些框架也深刻影響了政策支持的程度。當節能政策被描述為經濟機會，而非單純的環保負擔，公眾更可能接受和支持。因此，身為明智的讀者，應警惕報導中的「框架效應」，學會辨識不同的敘述策略，並從多元化的資訊來源

中建立全面的理解。正如同一個問題的不同問法會改變答案，不同的媒體框架也會深刻地影響我們對現實的感知與反應。

資訊的「框架」會改變人們的決策過程

「框架效應」描述了相同的資訊因表達方式不同，導致人們的決策或反應出現顯著差異的心理現象。這一效應強調了表達方式對個人決策的重要影響，即使實際的內容並未改變。

丹尼爾‧卡尼曼（Daniel Kahneman）和阿莫斯‧特沃斯基（Amos Tversky）在 1981 年的研究中指出，「框架效應」是指相同的選項，因為表達方式（框架）不同，會導致人們的決策出現顯著差異。該效應最主要表現在涉及風險的決策中，例如：當表述為「收益框架」（saving lives）時，人們更傾向於風險規避，反之，當表述為「損失框架」（losing lives）時，人們更傾向於冒險。

「框架效應」的基本特徵包括表達方式對決策的深刻影響。當資訊以不同方式呈現，如「成功率 90%」比「失敗率 10%」更能讓人接受，這些描述雖然數據等同，但引發的情感反應和行動傾向往往迥異。損失與收益的框架也展現了人們在面對損失時的風險偏好，以及面對收益時的風險規避。這表明人們對損失和收益的感知並非對稱，表達方式會調整人們的心理權重。此外，「框架效應」在財務、醫療選擇和市場行銷等不同情境中的表現也各具特色，顯示其在具體決策場景中的普

遍影響。

「前景理論」為「框架效應」提供了重要理論基礎。根據該理論，人們以參考點為基準，對損失和收益進行評估。框架的設置會影響參考點的位置，進而改變決策。這與「認知偏見」（cognitive bias）密切相關，表現為人們在處理資訊時，傾向於以表達方式作為線索，而非純粹依賴客觀內容。

實驗研究進一步證實了框架效應的存在，例如：在一項經典的疫情救援方案實驗中，參與者面臨兩個描述不同但結果相同的選項。「挽救 200 人」的正向描述使得人們更傾向於選擇保守方案，而「400 人死亡」的負向描述則驅使更多人冒險選擇不確定的高風險方案。這充分展示了框架如何塑造參與者的決策模式。

「框架效應」提醒我們，資訊的呈現方式對行為和決策有著不可忽視的影響。理解這一心理效應可以幫助我們更理性地應對資訊影響，並設計出更具吸引力和效果的溝通策略。

克服「框架效應」的方法

理解「框架效應」對決策的影響可以幫助我們在多個領域中做出更明智的選擇和設計。市場行銷中，企業可以巧妙運用框架效應，改變產品描述的方式以吸引消費者，例如：強調「節省 10%」通常比「花費 90%」更能引發消費者的購買意願，儘管兩者數據等同。公共政策中，決策者可以採用不同的

描述方式來促進政策支持率，例如：在環保政策中，強調「節能減碳帶來的長期健康效益」比單純陳述「增加成本」更容易獲得公眾的支持。醫療選擇方面，醫生在解釋治療選項時，使用積極的表述（如「存活率 80%」）能有效減少患者的焦慮，比單純描述負面可能性更能增加治療接受度。

　　克服「框架效應」需要採取一些理性的策略。在面對資訊時，多角度思考是關鍵，嘗試從不同的角度看待問題，檢視各種表述方式的背後含義，能夠幫助避免陷入單一框架的影響。尋求客觀數據也是一個重要的方法，透過深入研究和分析數據而非單純依賴資訊的表達形式，可以讓決策更加理性且基於事實。訓練批判性思維也能幫助個人提升判斷力，識別框架背後可能存在的偏誤，從而更清晰地看待問題，做出更符合自身利益的選擇。理解並善用這些方法，將有助於減少框架效應對決策的不利影響。

生活應用

案例一：注意醫療決策的框架

　　當病患因為醫生的表達方式而影響了對手術的評估，這是一個典型的「框架效應」的案例，例如：同樣的手術成功率如果表達為「成功率 90%」與「失敗率 10%」，可能導致病患完全不同的理解和態度。這種效應可能讓病患在對手術風險和收益的認知上產生偏差，進而影響決策品質。為了避免因框架效應而影響醫療決策，建議採取以下策略。

　　首先，要求醫生從多個角度解釋治療方案，這是理解手術風險和收益的關鍵。在做出醫療決策時，病患應該積極要求醫生提供關於治療方案的全面資訊，例如：同時了解手術的成功率和失敗率、可能的副作用以及康復時間等。透過從不同角度了解治療的風險與收益，病患可以更清晰地掌握所有的相關資訊，而不是僅僅依賴醫生提供的某一種表述方式。這樣可以減少框架效應帶來的偏見，讓病患做出更理性、更符合自身需求的醫療決策。

　　其次，在重大醫療決策之前，尋求第二意見也是避免框架效應的重要方法。不同的醫生可能對同一治療方案有不同的看法和表述方式，尋求第二意見能幫助病患從多元的角度來審視治療選擇。這樣的過程不僅能讓病患獲得更多的資訊，還能幫助他們克服因單一資訊框架而可能產生的偏見。聽取不同醫生的觀點，有助於病患在做出重大醫療決策時擁有更多的信心和依據，從而減少因為資訊表述的偏差而產生的錯誤決策風險。

透過多角度理解治療方案和尋求第二意見，病患可以更有效地應對醫療決策中的「框架效應」，減少因表達方式而產生的認知偏差，最後做出符合自己健康利益的決策。這些策略不僅能增強病患對手術的了解，也能促進醫病之間的良好溝通，讓病患在治療過程中更安心、更有信任感。

案例二：注意金融投資的框架風險

當投資者因為投資顧問的描述而被吸引，這是一種「框架效應」在投資決策中的體現。投資顧問往往會以積極和吸引人的方式來呈現投資方案的優勢，例如：強調「高回報」或「穩定收益」，這些描述可能讓投資者忽視潛在的風險，從而影響他們的判斷和決策。為了減少因「框架效應」帶來的偏誤，投資者可以考慮以下策略。

首先，全面評估投資方案是關鍵。在做投資決策之前，投資者應該全面了解投資方案的風險和潛在回報，並根據自己的風險承受能力進行考量。不要僅根據顧問提供的好消息來做出決定，而應該尋求投資方案中可能存在的風險，例如：市場波動、經濟變數和投資產品的歷史表現等。全面評估能幫助投資者做出更平衡的決策，並確保這一投資符合自己的財務目標和風險容忍度。

其次，尋求多位投資專家的建議也是降低「框架效應」影響的有效策略。不同的投資顧問可能對同一投資方案有不同的看法，投資者可以透過詢問多位專家來獲取更豐富的資訊。這樣能夠幫助投資者從多個角度理解投資的優勢和風險，而不是依賴單一資訊來源。尋求第二或第三意見能使投資者更加客觀地審視投資機會，避免因顧問片面描述而過度樂觀，從而做出更加理性和全面的投資決策。

透過全面評估投資方案和尋求多位投資專家的建議，投資者可以有效地管理投資決策中的「框架效應」，避免被單一、積極的描述所影響。這些策略不僅能幫助投資者更清楚地了解投資的風險與回報，還能確保投資決策是基於充分的資訊和理性的判斷，最終實現穩健的財務增長和目標達成。

案例三：理解公共政策的框架

當民眾因為政策的不同描述方式而影響了對該政策的支持度，這是一種「框架效應」在公共政策理解中的影響。政策的表述方式，無論是凸顯其「優勢」還是「可能的問題」，都可能讓民眾對政策產生截然不同的感受，例如：同樣一個政策，如果強調「節省公共開支」會使人感到有益，但如果描述為「削減社會福利」則可能引發強烈反對。這種效應可能導致民眾對政策缺乏全面理解，進而影響其支持或反對的態度。為了更好地應對這一情況，民眾可以考慮以下策略。

首先，透過多方了解公共政策是關鍵。民眾應該主動透過多種管道來獲取關於公共政策的資訊，包括政府公告、專家分析、媒體報導以及學者的評論等。每個管道可能會對政策的優劣有不同的解讀，透過綜合這些資訊，民眾可以更全面地評估政策的影響，而不僅僅依賴於單一的描述方式。這樣可以有效減少「框架效應」的影響，確保對政策的理解基於多元的資訊來源，而不是偏向某一方的說法，例如：了解一個社會福利政策時，既要聽取政府關於預期成果的解釋，也應參考第三方機構的影響評估，這樣可以更全面地理解政策可能的影響和風險。

其次，培養獨立思考能力，不被單一描述方式所左右，是做出理性決策的根本。在了解政策時，民眾應該對描述的措辭保持

警惕，特別是那些帶有情緒或過度承諾的表述。可以問自己一些問題，例如：「這個描述是否過於偏向正面或負面？」「是否還有其他角度可以看待這個政策？」這些問題能夠幫助民眾保持批判性思考，避免因為過於正面或負面的描述而忽略了政策的全面影響。獨立思考能力的培養有助於民眾做出更加理性、符合自身利益的判斷，從而對公共政策的支持或反對有更清楚的依據。

　　透過多方了解和培養獨立思考能力，民眾可以有效降低政策描述方式帶來的「框架效應」影響，從而做出更加理性和全面的判斷。這些策略不僅有助於促進民眾對公共政策的正確理解，也有助於增強公民參與決策的能力，最終形成更健康和理性的社會輿論環境。

2.

我的東西就是好，「稟賦效應」讓你捨不得放手

人們對於失去已擁有的物品，感到比獲得同樣物品更大的痛苦。

好市多（Costco）無條件退貨政策不會增加退貨率？

在零售業中，好市多（Costco）的無條件退貨政策一直被視為一個大膽的商業決策。表面上看，這似乎會增加退貨率，損害企業利潤。但深入分析就會發現，這個政策巧妙運用了行為經濟學中的「稟賦效應」（endowment effect），不僅沒有增加退貨率，反而提升了銷售額和顧客忠誠度。

「稟賦效應」是指人們一旦擁有某樣物品，就會對其賦予更高的價值。這種心理效應在零售領域具有特殊的應用價值。當消費者購買商品後，隨著時間推移，他們會逐漸將商品視為自己的財產，產生情感連結，從而降低退貨的意願。

Costco 的無條件退貨政策實際上巧妙地強化了這種效應。當消費者知道可以隨時退貨時，購買決策的心理壓力就會降低，更容易做出購買決定。這看似會增加退貨風險，但實際上卻產生了相反的效果。因為一旦商品被帶回家，消費者就開始經歷「擁有儀式」——拆封、使用、收納等行為，這些都會強化「稟賦效應」的效果。

隨著時間推移，消費者會開始為商品找到各種潛在的使用價值，即使某件商品當下可能用不到，他們也會認為「總有用得到的時候」。這種心理預期會讓他們更傾向於保留商品，而不是進行退貨。

社會心理因素也在其中發揮作用。隨著時間推移，消費者會產生一種「不好意思退貨」的心理，這源於人類與生俱來的

公平意識。特別是在享受了無條件退貨這樣的優惠政策後，消費者反而會更謹慎地考慮是否真的需要退貨，以維護自己的社會形象和道德感。

此外，無條件退貨政策還能建立品牌信任。當消費者感受到企業的誠信和對顧客權益的重視時，他們反而更不願意濫用這項權利。這種信任關係進一步強化了「稟賦效應」，讓消費者更珍惜自己的購物決定。

從企業管理的角度來看，這個政策還能帶來額外的效益。首先，它能提升顧客的購買信心，促進衝動性消費。當顧客知道購物風險降低時，更容易做出購買決定。其次，良好的退貨政策能提升品牌形象，增加顧客忠誠度。

Costco 的無條件退貨政策是一個將行為經濟學理論成功運用於實踐的典範。它不僅沒有增加企業的營運成本，反而透過強化稟賦效應，創造了更好的商業價值。這啟示我們，在制定商業政策時，深入理解人性和消費心理，往往能找到雙贏的解決方案。

「稟賦效應」如何影響二手市場？揭開賣家定價過高的心理密碼

不知各位逛過二手市集嗎？我覺得一個賣家願意把家裡的用不著的物品拿出來拍賣，首先得克服心裡的障礙──割愛，我相信這是一件不容的事情，至少對我而言我還沒嘗試過，正

因為這些物品我都曾擁有過，我都認為是我的心肝寶貝。

當你決定克服心理障礙，把這些家裡用不著的物品拿去二手市集拍賣，接下來，你還得計算著，這些你曾經擁有過的物品，打算賣多少錢呢？

當我們走進二手市場的世界，一個有趣的經濟現象經常在不知不覺中主導著市場走向，那就是「稟賦效應」。這個由諾貝爾經濟學獎得主理查德‧泰勒（Richard H. Thaler）所提出的概念，不僅深刻影響著每個賣家的定價決策，更主導著整個二手市場的運作邏輯。

簡單來說「稟賦效應」的現象，當人們擁有一件物品時，會不自覺地高估其價值。這種心理偏差不僅影響個人的經濟決策，更直接衝擊著二手市場，這意味著你在二手市集的商品價格，會不會偏高呢？

在實際市場中，「稟賦效應」的影響廣泛而深遠。首先，它導致賣家普遍存在定價偏高的問題。舉例來說，一個使用兩年的手機，賣家可能會因為對手機的使用經驗和情感依附，將其標價定在接近新機價格的80%，遠超過市場實際願付價格。這種定價行為不僅造成交易難以達成，更容易引發買賣雙方的議價拉鋸戰。

更深層次來看，「稟賦效應」的形成有其深刻的心理基礎。首先是「心理所有權」──當我們擁有一件物品時，會產生一種特殊的歸屬感，認為這件物品獨一無二。其次是損失

「損失規避」心理，人們對失去某物的痛苦感受，往往是獲得同等價值物品所帶來快樂的兩倍以上。此外，「現狀偏誤」也扮演重要角色——人們傾向於保留已擁有的物品，而不願冒險換取未知的收益。

這些心理因素綜合作用，造就了二手市場中普遍存在的種種問題。比如市場效率低下——由於賣家定價過高，許多原本可以成交的買賣無法達成。二手市場中約有一定比率的物品因定價過高而長期滯銷。同時，過高的議價成本也大大降低了市場的運轉效率，有些買賣雙方可能需要經過數十次溝通才能達成交易，甚至最終因價格分歧過大而放棄交易。

不過，理解了「稟賦效應」的運作機制，我們就能採取相應的策略來減輕其影響。對於個人賣家來說，建立客觀的估價思維至關重要。

我會建議賣家在定價時採用「三步法」：首先，查詢同類商品的實際成交價格；其次，客觀評估物品的使用程度和保值率；最後，給出略高於市場均價的初始報價，為議價留出空間。

對於二手交易平臺而言，則可以透過設計來引導更理性的定價行為，例如：提供歷史成交數據查詢功能，讓賣家能夠參考同類商品的實際成交價格。同時，平臺可以引入專業估價服務，為賣家提供更客觀的價格參考。一些領先的二手交易平臺已經開始採用 AI 定價建議系統，透過大數據分析為賣家提供

更科學的定價建議，或者，提供限時競價與智慧配對等方式，都有機會突破「稟賦效應」帶來的市場困境。但最關鍵的還是市場參與者的認知提升，只有理解並克服自身的心理偏差，才能做出更理性的市場決策。

對於想要在二手市場取得更好交易體驗的參與者，我的建議是：首先，認清「稟賦效應」的存在；其次，透過市場調查建立客觀的價值判斷標準；最後，給自己一定的冷靜期，避免情緒化定價。只有這樣，才能真正實現二手市場的價值，促進資源的高效流通。

從心理到政策：解析臺灣中古屋房價居高不下的結構性難題

臺灣的房價不只居高不下，而且年年漲。很多人非常好奇，既然少子化與人口老化已經是必然現象，從住房需求來看，需求減少而供給年年增加，但怎麼臺灣的房價漲幅還是這麼高？

首先，我想要釐清一件事，臺灣的房價不是「供需自成市場」，意思是房價不是完全競爭市場，同樣的，房價也不完全適用價格機能。所以，我們單純用經濟理論來詮釋房市，當然有很多「說不通」的地方！

例如：臺灣的二手房屋，照理而言，受少子化與人口老化的影響，世代之間應該會釋出很多繼承的房屋，這些房屋如果

繼承者不自住，有可能就是釋出到中古屋市場。再者，受人口老化影響，老年人口因經濟壓力或者是照顧需要，可能將自己的房屋售出，這兩個因素不是會把二手屋市場的供給增加嗎？

臺灣房地產市場長期以來存在一個顯著的現象，即便是屋齡較高的中古屋，其價格仍居高不下，且往往超出市場合理預期。

假定我想把手上的房屋脫手，我會怎麼定價呢？

第一，我會分析周圍的房價，利用「實價登錄」，我就會大致知道行情。

第二，分析我當時的取得成本，加上我已經付出的貸款利息，以及當初的裝潢，得出一個我目前認定的成本。

第三，如果房屋裡還有一些沒有處置的設備，如電器、家具等，定一個折舊後的殘值價格。

最後，對照取得成本與「實價登錄」，給定一個我可以接受的底價，以及被加碼後的溢價——我相信我會利用「定錨效應」來提高我的成交價格。

大家看到沒？這四個步驟看似理性，但還是充滿著偏誤。

第一，周圍房價的「實價登錄」與我的房價不必然有直接因果關係，個案價格可以都是獨立的，因此，周邊的房價與我的預期房價不見得具有參考性。

第二，我的取得成本實際上可能部分是「沉沒成本」，例

如：我付出去的房貸利息，以及裝潢成本，這些成本都是我已經付出去的，不會影響到現在及以後的房價。

第三，家具折舊後的「殘值」更是「沉沒成本」，這代表我喜歡，但買家可能不喜歡，加上我的「稟賦效應」作祟，自然估價就會變高。

第四，加碼的「溢價」不就是我的「不捨」、「感情」與「投機」的價格嗎？

從行為經濟學的角度來看，「稟賦效應」在這個過程中扮演著關鍵角色。屋主往往會對自己的房產產生強烈的情感連結，將房屋視為獨特的資產。他們不僅會計入房屋的原始購入成本，還會加上裝修投入、日常維護費用，甚至是生活中累積的情感價值，形成一個龐大的心理資產。這種心理機制導致屋主在定價時往往不願降價，從而限制了市場的價格彈性。

中古屋市場「資訊不對稱」則進一步加劇了這個問題。在中古屋交易中，買賣雙方對房屋狀況的了解程度存在明顯差異。賣方可能隱瞞房屋的潛在問題，如漏水、壁癌等，而買方則難以完全掌握這些資訊。同時，房地產交易資訊的不透明也為賣方提供了抬高價格的空間。雖然近年來網路資訊發達，但真實的成交價格和房屋細節資訊仍然不夠透明。

從市場結構來看，供需失衡是推高房價的重要因素。臺灣特別是都會區的土地資源有限，新建案供給不足，導致中古屋市場需求持續攀升。加上房地產被視為重要的投資工具，大

量投資需求湧入市場，進一步推高了房價。根據內政部統計，2024 年第二季臺北市的「房價所得比」竟然高達 16.36 倍！

「房價所得比」所代表的數字，意思是收入中位數家庭，究竟要花幾年的工作所得，才能買得起中等的房子。所以，這裡的兩個數字，收入與房價皆是使用中位數，而不是平均數。

「房價所得比」等於不動產價格中位數除以家庭可支配年收入中位數，例如：臺北市 2024 年第二季的「房價所得比」16.36 倍，意思就是一個家庭要不吃不喝 16.36 年才買得起一間中等的房子。「房價所得比」數字當然愈低愈好，代表收入中位數的家庭要耗費多少年的收入，才能買得起一個價格中位數的正常房子。

再看另外一個指標「房貸負擔率」，2024 年第二季全國的「房貸負擔率」是 46.02%，臺北市則高達 70.69%，這代表在臺北市，收入七成以上全貢獻給房貸！

「房貸負擔率」的計算方法是，中位數住宅價格貸款月攤還額除以中位數月家戶可支配所得，也就是以 20 年期本利均等攤還方式，貸款成數為七成，計算每月應償還本利。再以應繳本利和除以中位數月家戶可支配所得求算。這個數值代表中位數住宅價格之每月應償還本利和，占中位數月家戶可支配所得的比例狀況，比例愈大則房價負擔能力愈低。

一般來說，房貸負擔率要小於 30%，才表示房貸是在家庭可合理負擔的範圍內，2024 第二季的統計值，在臺灣只有

基隆市的 27.99% 勉強「及格」。

回過來說房價這件事，政策面的影響同樣不容忽視。

過去政府推出的購屋優惠政策，雖然在短期內提高了民眾的購屋能力，但也間接助長了房價上漲。土地政策的限制，包括複雜的土地徵收程序和嚴格的用地分區管制，也制約了住宅用地的供給，形成了供給端的瓶頸。

同樣的，社會文化因素則從深層次影響著市場走向。臺灣社會普遍將擁有房產視為成功的象徵，特別是在都會區，「有土斯有財」、「有房才算是根」的觀念根深蒂固。這種文化心理助長了投機心態，許多人將購屋視為投資行為而非單純的居住需求，進一步推高了市場價格。

說實在，房價要突破「稟賦效應」，在臺灣並非易事，政府若只單純在房價管制上琢磨，相信成效還是有限！

因為擁有，所以有價

理查・塞勒在討論「秉賦效應」時，提到了一個與紅酒相關的例子。這個例子是關於一位經濟學家，他多年前以低價購買了一些優質的波爾多紅酒。這些紅酒的價值大幅上升，以至於一瓶當初只花了 10 美元的紅酒，現在於拍賣會上可以賣到 200 美元。

然而，這位經濟學家偶爾會喝這些紅酒，但他既不願意以拍賣價賣出紅酒，也不願意以拍賣價購買額外的紅酒。理查・

塞勒將這種模式稱爲「稟賦效應」，即人們放棄一個物品所需的價格通常遠高於他們願意支付的價格。

這個例子也說明了威廉・薩謬生（William Samuelson）和理查・薩克豪澤（Richard Zeckhauser）在 1988 年提出的「現狀偏誤」（status quo bias），即對現狀的偏好使經濟學家既不願買也不願賣他的紅酒。這些異常現象也是「損失規避」的表現，即放棄一個物品的不滿足感的程度，大於獲得它的滿足感程度。

在早先，傑克・科內許（Jack Knetsch）和約翰・辛頓（John Sinden）在 1984 年進行的馬克杯和巧克力棒交換實驗是稟賦效應研究中的一個重要案例。這個實驗清楚地展示了「稟賦效應」的存在。實驗設計是招募了大學生作爲參與者，參與者被隨機分爲兩組。初始分配的分配狀況是第一組每人收到一個馬克杯，第二組每人收到一塊瑞士巧克力棒，馬克杯和巧克力棒的市場價值大致相同，所有參與者都被告知他們可以自由交換自己的物品。

實驗結果指出，只有很少的參與者選擇交換他們的物品。具體來說，只有 10% 至 11% 的參與者進行了交換，意思是有 89% 到 90% 的參與者選擇不交換物品。傑克・科內許和約翰・辛頓這個實驗結果挑戰了傳統經濟學理論中的一些假設，如偏好的可逆性和無差異曲線的存在。同時，這個實驗也爲行爲經濟學中的「稟賦效應」提供了強有力的實證支持。

「稟賦效應」的基本特徵與理論基礎

「稟賦效應」揭示了人們對於已擁有的物品賦予更高主觀價值的心理現象。這種效應的特徵在於人們對擁有的物品形成情感連結，並因此抗拒進行經濟上看似合理的交換或出售。它通常與市場價值無關，而反映更多的是心理和情感因素的影響。

「稟賦效應」的一個顯著特徵是擁有影響，即人們傾向於對已經擁有的物品賦予比其實際市場價值更高的主觀評價。此外，情感連結進一步強化了這種現象，因為擁有者對物品產生了一種「心理所有權」（psychological ownership）的延伸現象，這種所有權感賦予了物品更多的控制權和責任感，使得人們更不願意放棄該物品。由於這種心理機制的作用，人們在面對交換時，往往會要求更高的補償價值，從而影響了交易行為。

「稟賦效應」的理論基礎可以從「前景理論」中的「損失規避」來解釋。根據該理論，人們對失去物品的痛苦程度往往超過獲得相同物品時的快樂，這種不對稱的心理反應導致他們對已擁有物品賦予更高價值。此外，「心理所有權」補充解釋了這一現象，認為人們在感知到物品屬於自己的時候，會主觀地提升其價值，並且這種感知不一定與物品的實際用途或客觀價值相關。

實驗研究提供了「稟賦效應」的直接證據，例如：在著

名的咖啡杯實驗中，研究人員將參與者隨機分為兩組，一組獲得咖啡杯，另一組獲得等值的現金。在隨後的交易環節中，擁有咖啡杯的參與者通常會要求更高的價格來出售，而擁有現金的參與者則願意支付較低的價格購買，形成了明顯的價格不對稱。這些結果強烈表明了「稟賦效應」對人們經濟行為的深遠影響。

「稟賦效應」的重要性在於，它挑戰了傳統經濟學中「人們總是理性決策」的假設，展示了情感與心理因素如何在市場行為中發揮關鍵作用。理解這一效應可以幫助我們更好地解釋消費者行為，並設計出更有效的政策與策略來引導市場活動。

克服「稟賦效應」的方法

在市場行銷中，企業經常利用「稟賦效應」來設計策略，例如：透過提供免費試用或體驗服務，讓消費者感受到對產品的「心理所有權」，從而增加購買可能性。一個典型的例子是試用，試用期間的擁有感能顯著提升消費者對產品的偏好。此外，在定價策略中，「稟賦效應」也能影響企業的促銷活動設計，企業可以調整折扣幅度或額外附贈物品，利用消費者對失去物品的抗拒心理來促進購買決策。

在談判與交易中，「稟賦效應」同樣具有啟示性。理解對方可能對已擁有物品有過高評價，有助於談判雙方找到更公平的交易條件。譬如在房地產交易中，賣家常常因對房屋的情感

連結而高估其價值，買家則需要透過數據和理性分析來平衡雙方預期。

　　爲了克服「稟賦效應」所帶來的負面影響，可以採取以下策略。首先，在做決策時，應努力進行理性評估，將焦點放在物品的客觀市場價值，而非情感因素。其次，可以透過自我反思來認識情感連結對價值判斷的影響，嘗試將這些情感因素與實際決策分離。最後，透過多角度考量，包括長期經濟效益和交易的實際需求，減少對已擁有物品價值的高估。

　　「稟賦效應」雖然是一種普遍的心理偏誤，但透過有效應用和理性克服，可以轉化爲更明智的決策工具，不僅促進個人發展，也爲企業和組織創造更多價值。

生活應用

案例一：出售古董收藏品

　　投資者因對古董的情感連結而不願出售，這是一種「稟賦效應」的典型案例。對古董等收藏品的情感連結使得投資者不願意面對客觀的市場價值，從而錯過了可能的交易機會或者資金利用的更佳選擇。為了減少「稟賦效應」對投資決策的影響，投資者可以考慮以下策略。

　　首先，嘗試從市場角度評估收藏品的價值非常重要。投資者應該定期查詢古董在市場上的最新估價，並嘗試擺脫情感因素的影響，客觀看待其財務價值，例如：透過專業估價師或參考古董拍賣的市場行情，來獲得有關收藏品的客觀價值評估。這種評估能幫助投資者在情感連結與經濟收益之間取得平衡，避免過於情感化而放棄一個合理的出售機會。市場評估不僅能讓投資者對收藏品的價值有更準確的了解，也能為未來的決策提供更具體的依據。

　　其次，定期檢視收藏品並根據市場變化和個人需求做出理性的決策，也是非常有效的策略。收藏品的市場價值會隨著時間和市場需求的變化而改變，因此，投資者應該對自己的收藏進行定期的審視，根據最新的市場資訊做出調整。在這個過程中，投資者應該考慮自己當前的財務狀況、資金需求以及市場行情，理性評估是否應出售某些收藏品，進而獲得更好的資金流動性或投資機會。這種定期的檢視能幫助投資者在合理的時機做出出售決策，而不是因情感因素而長期持有不符合最佳經濟利益的收藏品。

案例二：房地產買賣

　　當屋主因對房子的情感連結而高估其價值，這是一個典型的「稟賦效應」的案例。這種情感連結可能源自於多年的居住經歷、家庭回憶等，這些情感因素常常使屋主對房屋的真實市場價值產生不切實際的期待，從而影響到房屋的出售或財務決策。為了降低「稟賦效應」對決策的負面影響，屋主可以採取以下策略。

　　首先，請專業的房地產評估師進行客觀評估是非常關鍵的一步。專業評估師可以根據房屋的地理位置、市場行情、建築狀況以及其他相關因素，為房子提供一個客觀、合理的市場價值。這樣的評估有助於屋主了解房屋在當前市場中的實際價值，而不是依賴於主觀的情感判斷。專業評估結果可以作為制定出售價格的依據，幫助屋主做出更符合市場現實的決策，避免因為對房屋價值的錯誤認識而導致長期無法售出，或者錯過潛在的交易機會。

　　其次，學會將情感與資產分離，也是幫助屋主做出理性決策的有效方法。房屋對於屋主而言，常常不僅僅是一個資產，而是充滿回憶和情感的空間。然而，當涉及到財務決策時，屋主應該嘗試將這些情感因素與房屋的資產性質分開，從財務狀況和市場價值的角度來考慮是否出售或者如何定價，例如：可以將房屋看作是一種資產投資，與其他投資類似，其價值應該由市場決定，而不是由個人的情感來衡量。這樣可以幫助屋主更理性地處理與房屋相關的決策，確保這些決策能夠帶來最大化的財務利益。

案例三：企業出售

　　當業主因為對創辦公司的情感價值而不願意出售，這是一個典型的「稟賦效應」案例。創辦一家公司對於創業者來說，往

往承載了大量的努力、心血以及個人成就感，因此，業主容易賦予公司超過其客觀市場價值的主觀情感價值，進而不願意出售公司，即使出售可能是財務上更合適的選擇。為了降低稟賦效應對企業決策的影響，業主可以考慮以下策略。

首先，尋求財務顧問的專業建議至關重要。財務顧問可以幫助業主從更客觀的角度來評估公司的市場價值，並且考慮出售可能對財務狀況的影響。透過這種專業分析，業主可以更清楚地了解公司的實際財務狀況以及未來的潛力，從而做出更符合自身長期利益的決策。財務顧問的專業建議還能幫助業主思考出售資金的其他用途，例如：進行新計畫投資或者多樣化資產配置，以更好地管理和利用資金。這樣的專業支持能有效減少情感價值對決策的影響，讓業主的選擇更加理性且基於財務實際需求。

其次，制定公司的長期發展規畫，並根據市場需求和競爭環境進行調整，也是克服「稟賦效應」的重要手段。當公司面臨出售或繼續經營的選擇時，應該從未來的發展潛力、行業競爭力以及市場需求等多方面進行考量。如果市場環境日益惡化，競爭壓力增大，而公司難以適應這些變化，可能出售會是更好的選擇。同時，制定清晰的長期發展規畫也有助於業主評估公司的持續經營能力以及可能的成長空間，從而在感性與理性之間找到平衡點。透過客觀分析公司的競爭優勢、經營風險和資源配置，業主可以更加理性地決定是否持續經營或將公司出售給更有能力發展其潛力的人或企業。

案例四：購物退貨

當消費者因為已購買的商品而不願退貨，這是一種「稟賦效應」的典型表現。消費者往往因為已經擁有某件商品而賦予它更

多的價值，這使得他們即使發現商品並不符合預期，也不願意將其退回，即使退貨可能更符合經濟利益。為了幫助消費者做出更理性和合適的決策，可以考慮以下策略。

首先，應根據商品的實際用途和價值做出退貨決策，避免情感影響。購買商品後，消費者應客觀地評估這件商品是否真的符合自己的需求，或者其實際使用價值是否足以支撐花費的成本。如果發現商品並未達到預期的效果，或者發現自己其實並不需要這個商品，那麼退貨應被視為一個合理的選擇。這樣的理性評估能幫助消費者減少因為「稟賦效應」而產生的固有偏見，避免長期保留一件並無實際用途的物品。這不僅有助於節約資金，也能保持更精簡和有效的生活方式。

其次，在購買前仔細考慮商品的需求和價值，是減少「稟賦效應」的根本措施。消費者在購物之前應進行充分的思考，考慮這個商品是否真的有需求，以及它的價值是否與價格相符，例如：問自己一些簡單的問題：「我真的需要這個商品嗎？」「這個商品的用途是否能為我的生活帶來改變？」透過這樣的預先思考，可以大大減少衝動購物的可能性，從而在一開始就避免因購買不合適的商品而陷入稟賦效應的影響。購物時保持冷靜和理智，能幫助消費者避免因後悔而不得不考慮退貨的情況。

案例五：繼承家庭財產（家具）

當繼承者因為上一代留下的家具而不願意出售，這是一個典型的「稟賦效應」的案例。這些家具常常承載著家庭的回憶和情感，因此繼承者賦予它們超越實際市場價值的情感意義，這使得他們不願意出售，即使家具在現實生活中可能不再實用或影響空

間利用。為了在情感與財務之間找到平衡，繼承者可以考慮以下策略。

　　首先，保留有重要情感價值的物品，其餘根據實際需要和市場價值做決定。對於某些家具，它們可能在家庭歷史中有著特別的意義，例如：家族祖先的擺設，這些物品可以被視作家族的傳承而保留下來。然而，對於那些雖有情感價值但並無特殊歷史意義或實際用途的家具，繼承者可以考慮根據市場價值來做出售的決定。這樣的處理方式能夠有效減少因情感價值而造成的經濟損失，也能讓繼承者從過多的物品中解脫出來，保留最具意義的部分，同時釋放空間和資金。

　　其次，與家人共同討論和決策是另一個重要的策略。這些家具往往不僅屬於某一位繼承者的情感連結，而是整個家庭的共同回憶。因此，在處理這些家具的時候，最好與家人一起進行討論，了解每位成員的意見和想法，達成一致的決策。這樣可以確保每個家庭成員的情感需求都被考慮，並且在財務和情感價值之間找到一個共同接受的平衡點，例如：可以考慮共同保留某些有重要意義的家具，並將其他部分出售或捐贈。透過這樣的共同討論，可以避免因個人決策而引發的家庭矛盾，也能讓每個人對最終的決策更加認同和支持。

3.

怎麼選才對？「選擇架構」教你做出明智的決定！

透過精心設計選擇環境，可以「助推」人們做出對他們自己更有利的決策，而不需要強制性措施。

餐盤上的心機，如何引導大眾選擇健康飲食

在這個飲食選擇豐富的時代，肥胖和慢性病已成為全球性的健康威脅。事實上，採用一種巧妙的方式來改善民眾的飲食習慣——「選擇架構」（choice architecture）有機會可以改變民眾的飲食選擇。這種方法不是強制規定人們該吃什麼，而是透過精心設計的環境引導，讓人們自然而然地選擇更健康的食物。

以學校午餐為例，當學生走進校園餐廳，首先映入眼簾是琳瑯滿目的新鮮水果和蔬菜，而非薯條和漢堡。這種擺放位置的調整看似簡單，卻能有效引導學生做出更健康的選擇。餐廳還善用視覺設計，用綠色標示健康食品，紅色標示高熱量食品，讓學生一目了然地辨識食物的營養價值。

在超市中，這種隱形的手同樣無處不在。當你推著購物車走進超市，映入眼簾的不再是糖果和零食，而是新鮮的蔬果。貨架的設計也大有學問，健康食品被放置在眼睛高度的黃金位置，而高糖、高脂食品則被安排在較不顯眼的位置。超市的會員系統更會根據顧客的購物習慣，適時推送健康飲食建議，鼓勵消費者嘗試更營養的選擇。

餐廳的菜單設計也可以融入這種智慧，菜單不再只是冰冷的價目表，而是變成了引導健康飲食的工具，例如：健康菜餚被特別標注，配上如「富含 omega-3 的香煎鮭魚」這樣的描述性文字，讓人不知不覺就對這些選項產生興趣。菜單還會標注

每道菜的熱量和營養成分，幫助食客做出明智的選擇。

　　經過這樣的環境設計，有望將健康食品的銷售量明顯上升，人們的飲食習慣也逐漸改善。長期來看，這種改變有望降低肥胖率和慢性病的發病率，也可以為公共衛生帶來積極影響。

　　然而，在應用「選擇架構」時，我們也需要謹慎考慮其中的倫理問題。如何在引導健康選擇的同時，保持消費者的自主權？如何確保這種設計不會演變成對特定族群的歧視？這些都是需要認真思考的問題。

　　未來的挑戰在於，如何讓「選擇架構」變得更加智慧和個性化。隨著科技的發展，我們可能會看到更多創新的應用，例如：根據個人健康狀況提供客製化的餐飲建議，或是運用人工智慧優化食品擺放位置。這些進步都將幫助我們在享受美食的同時，也能維護健康。

　　健康飲食不應該是一種負擔，而是自然而然的選擇。透過巧妙的選擇架構設計，我們可以創造一個支持健康飲食的環境，讓每個人都能輕鬆地走上健康之路。這不僅關係到個人的福祉，更是整個社會的共同利益。

如何存到退休金儲蓄？

　　在全球人口結構快速老齡化的趨勢下，退休金儲蓄制度的設計與執行已成為各國政府與金融機構的核心關注議題。大多

數人在面對退休規畫時普遍存在一些認知偏誤，不僅系統性地低估退休所需資金，更因決策延遲而錯失最佳儲蓄時機。這時候，可以利用「選擇架構」理論的創新應用，解決這一困境開闢了新的途徑，其核心在於透過優化決策環境來引導更理性的退休規畫行為。

自動加薪計畫透過將退休金增資與薪資調整自動掛鉤的方式，巧妙運用了行為慣性原理。這個方法在保障選擇自由的前提下，透過默認加入的設計，顯著降低了參與者的退出意願。計畫配套的互動式退休金規畫工具，強化了決策的視覺化效果，而採用正向框架的溝通策略則有效凸顯了長期投資的收益前景。定期回饋系統的建立進一步增強了參與者的投資信心，使整個機制形成良性循環，例如：自願加入 6% 的個人自願提繳退休金，儲存於勞保局設立的勞工退休金個人專戶，就是一種讓自己強迫儲蓄的有效方案。

另一種是目標日期基金引入生命週期投資理念，實現了風險的動態調整。其自動化再平衡機制有效降低了投資者的操作風險，而透明的績效追蹤系統則為投資決策提供了可靠依據。透過簡化投資決策流程，該基金顯著減輕了投資者的認知負荷，個性化的風險評估工具和定期投資回顧機制則進一步優化了投資體驗。

精簡選擇集原則的實施有效避免了決策癱瘓現象，分層次的投資組合架構則為不同風險偏好的投資者提供了清晰指引。

全方位的財務諮詢平臺和智能化投資建議系統的引入，大幅提升了退休規畫的專業性和可及性。定制化退休規畫方案的提供更是確保了投資策略與個人需求的精準匹配。

在推進未來發展時，「選擇架構」的應用需要在尊重個人選擇權的基礎上，充分考慮不同團體的特殊需求。確保決策資訊的充分性和易懂性同樣重要，而持續完善的動態評估機制則是保障整個系統長期有效運行的關鍵。隨著行為經濟學理論的深化和技術手段的進步，「選擇架構」在退休金體系中的應用將更加精準和有效，為應對全球養老挑戰提供更有力的支撐。

作為一種創新的行為干預工具，「選擇架構」不僅優化了退休金儲蓄的決策環境，更為建構更加包容和可持續的養老保障體系指明了方向。這種基於行為科學的制度創新，將在未來發揮愈來愈重要的作用。

「助推」人們做出對他們自己更有利的決策

「選擇架構」是設計和安排選擇環境的方式，其目的是影響人們的決策行為。這一概念由理查‧塞勒（Richard Thaler）和卡斯‧桑斯坦（Cass Sunstein）提出，並在他們的著作《推力》（Nudge）中詳細討論。「選擇架構」的核心在於不依靠強制措施，而是透過改變選擇環境幫助人們做出對自己更有利的決策。

「默認選項」（default options）是選擇架構的重要特徵之

一。當人們面對需要明確選擇的情境時，「默認選項」能有效影響行為，例如：在器官捐獻中，默認為同意捐獻的政策通常會顯著提高同意率，因為人們傾向於接受「默認選項」以節省決策成本。另一個特徵是選項的呈現方式，將健康食品放在顯眼位置或在菜單上凸顯標注低卡路里食物，能引導人們選擇更健康的選項。此外，選擇數量也會影響決策。過多的選擇可能使人感到困惑，而適量的選擇能幫助更快速地做出決定。

回饋機制在選擇架構中同樣重要，例如：電費帳單顯示用電量與鄰居平均值的比較能促使家庭減少用電，這是一種即時回饋機制，有助於改變行為。資訊框架則是另一個常用策略，例如：使用「90% 的成功率」而非「10% 的失敗率」來描述治療成功率，能讓人更願意接受治療。

「選擇架構」的理論基礎包括行為經濟學、心理學和設計思維。行為經濟學揭示了人們在決策過程中的認知偏誤，例如：「損失規避」和「默示偏好」，這些偏誤影響了選擇架構的設計。心理學理論，例如：「前景理論」和「社會影響」，進一步解釋了人們的心理機制。設計思維則提供了一種實用方法，透過理解使用者需求來創造有效的選擇環境。

實驗研究支持了「選擇架構」的有效性。在一項研究中，研究者將健康食品放置於超市顯眼位置，結果顯示健康食品的銷售量明顯增加，證明選項的呈現方式能顯著影響選擇。在另一個研究中，加入鄰居用電量比較資訊的電費帳單使家庭用電

量顯著下降，表明回饋機制是改變行爲的有效方法。

「選擇架構」透過巧妙設計選擇環境，幫助人們克服非理性行爲，做出更有利的選擇。這一概念不僅在市場行銷和公共政策中有廣泛應用，也爲理解人類決策行爲提供了重要的理論和實踐基礎。

「默示偏好」與「推力」

「默示偏好」與「推力」在行爲經濟學中存在許多共同點，因爲它們都關注非理性決策模式並強調潛意識層面的影響力。「默示偏好」表現出人們未經深思熟慮而自然流露的偏好，這些偏好通常由潛意識驅動。「推力」則利用這些直覺性選擇，透過改變選擇架構來影響人們的行爲。

兩者的核心相似之處在於，它們都依賴潛意識決策機制。「默示偏好」反映了個人基於過往經驗和直覺快速做出的選擇，而「推力」的設計透過環境或選項的改變，讓這些潛意識偏好爲其目標服務，例如：「默示偏好」可能讓人自然而然地選擇預設選項，而「推力」則經常將預設選項設計成有利於政策目標的行爲。

「默示偏好」和「推力」都避免強制措施，而是透過微妙方式影響行爲，例如：企業在設計自動續訂服務時，利用「默示偏好」讓人們選擇保留當前選項，而「推力」則將續訂設爲默認設定，以提升參與率。

同樣的，這兩者還高度重視決策環境對行為的影響。「默示偏好」導致人們偏好那些情境中更容易接觸的選項，而「推力」透過改變環境來達到目標，例如：超市將健康食品放在顯眼處既符合默示偏好的自動選擇，也利用了「推力」的環境干預功能。

「認知偏誤」是兩者的共同基礎。「默示偏好」可能受短視或損失規避影響，讓人過度偏好短期收益，而「推力」則利用這些偏誤設計方案，例如：設置提醒來幫助人們專注於長期利益。

「默示偏好」和「推力」在實踐中相輔相成，例如：在退休金計畫中，「默示偏好」讓人們傾向於保持現狀，不願主動加入。「推力」則將自動加入設為默認選項，保留退出自由的同時提升參與率。健康行為推廣中，「默示偏好」可能讓人選擇不健康食品，「推力」則透過改變食品的擺放位置促使更健康的選擇。

總之，「默示偏好」解釋了人們如何自然流露出選擇傾向，而「推力」則透過干預設計這些傾向，兩者共同提供了理解與改進人類決策的重要框架。

「選擇架構」的應用與挑戰

「選擇架構」理論應用於公共政策、市場銷售、健康管理和金融理財等多個領域，這些應用旨在透過設計選擇環境，影

響人們的決策行為。公共政策方面，政府可以透過設定「默認選項」與即時回饋，鼓勵民眾在器官捐贈或能源節約等議題上做出有利於社會的決策。市場銷售中，企業設計「默認選項」和優化產品展示，能有效引導消費者的購買行為。同樣的，醫療機構可透過改變健康選項的呈現方式和資訊框架，促使患者採取更健康的生活方式。金融理財中，「默認選項」的應用幫助客戶選擇適合的理財產品，並透過回饋機制提高財務決策的品質。

雖然「選擇架構」是強大的工具，但其設計與應用也面臨挑戰。透明度是關鍵，「選擇架構」的設計過程需要公開透明，以建立公眾對其目標與方法的信任。倫理考量必不可少，需確保不侵犯個人自主權或隱私。持續評估能幫助檢視其效用並優化設計，而多樣化設計則確保能滿足不同背景和需求的群眾。

「選擇架構」的應用能有效影響決策過程，但同時也強調需要謹慎的實施方式。在不同領域中，其成果已證明能對社會和個人產生正向影響。然而，設計者需要同時關注其透明性、倫理性以及適應性，確保其應用具有長期的效用和可持續性。理解其理論基礎並考量實際情境的需求，能更好地幫助我們設計與應用這一理論於日常生活和更廣泛的社會議題中。

生活應用

案例一：餐廳菜單設計中的資訊框架

　　當消費者因為看到菜單上標注的低卡路里和健康推薦而受到影響，這是一個「選擇架構」的典型案例。餐廳透過在菜單上標示「健康推薦」或「低卡路里」，可以有效影響顧客的飲食選擇，使得他們更傾向於做出健康的選擇。然而，這樣的選擇性也可能影響顧客的自由決策，讓他們在不完全理解實際情況下被引導到某個特定選擇。為了在促進健康飲食與保持顧客選擇自由之間找到平衡，餐廳可以考慮以下策略。

　　首先，在菜單上標注健康選項，例如：低卡路里、低脂肪和高纖維，可以幫助顧客更輕鬆地做出健康選擇。這樣的標注能讓顧客快速了解某些菜色的營養特點，從而在選擇菜色時能夠根據自己的健康需求做出決策，例如：如果顧客想控制卡路里攝取，看到「低卡路里」標籤會使他們更容易選擇符合自己健康目標的餐點。這種標注不僅能引導顧客選擇更健康的飲食，還能提升餐廳的形象，使其被認為是更關注顧客健康的餐廳。

　　其次，使用簡單明瞭的圖示和顏色來標注健康菜色，是提升顧客選擇效率的有效方法。顧客在瀏覽菜單時，通常時間有限且可能無法仔細閱讀每個菜色的詳細說明。因此，使用如「心形」表示健康推薦、「葉子」表示素食或「藍色標示」表示低卡路里的圖示，能夠幫助顧客在短時間內快速識別和選擇適合自己的菜色。這種直觀的資訊呈現方式能有效減少顧客的認知負擔，使他們更容易做出健康的決策。同時，也應該確保顧客能夠看到更全

面的營養訊息，避免僅僅依賴標籤而誤解食物的整體營養價值。

案例二：超市貨架布局中的選項呈現方式

當消費者因為健康食品被放在顯眼位置而受到影響，這是一個典型的「選擇架構」影響消費選擇的案例。當健康食品被放置在顯眼位置時，這種策略能增加其被選擇的可能性，因為消費者往往會更容易注意到處於視線中央或者交通動線上的商品，從而受到潛意識的影響。為了更好地運用這種影響方式來促進健康的消費行為，可以考慮以下策略。

首先，將健康食品放置在顯眼位置，如貨架的中間和前端，是一種有效的選擇架構方式，能夠更好地吸引顧客的注意力。消費者在購物時，通常會注意到那些處於視線正前方、取用方便的商品。因此，將富含營養、低卡路里或者天然無添加的健康食品放在這些顯眼位置，可以提高它們被選擇的可能性，例如：將水果和蔬菜擺放在進入超市後的第一個區域，或者將全穀類零食擺放在貨架中間高度，這些方式都能幫助顧客更容易看到並選擇健康食品，促進更加健康的消費行為。

其次，在促銷活動中，優先展示健康食品也是一種推動健康選擇的有效策略。促銷活動往往對消費者購買決策有很大影響，透過將健康食品列入主要促銷項目，可以進一步引導消費者做出更有益於健康的選擇，例如：超市可以設置專門的健康食品促銷區域，提供包括低糖飲料、有機零食等健康選項的特惠促銷，或者在打折公告中凸顯健康食品的優惠。這樣的促銷策略能使健康食品在價格和可見度上占有優勢，從而引導消費者更加積極地選擇這些產品。

案例三：理財產品設計

　　當投資者因為某些產品被設為默認選項而受到影響，這是一個典型的「默認選項」影響理財決策的案例。這種策略常見於金融機構的理財產品中，比如默認的基金投資或退休計畫選項。儘管默認的選項可以幫助一些客戶做出決策，避免選擇困難，但它也可能讓客戶不經過深思熟慮就接受了某個選項，從而錯失其他可能更適合的理財機會。為了提高理財決策的品質，可以考慮以下策略。

　　首先，金融機構可以根據客戶的風險承受能力和理財目標，設置適合的默認的選項，幫助客戶做出更明智的決策。默認選項可以成為引導客戶的工具，讓他們避免錯失投資機會或做出高風險的選擇。這需要金融機構仔細評估每位客戶的個人資料，包括年齡、風險偏好、財務狀況和長期目標，從而為他們推薦最合適的選項，例如：對於風險承受能力較低的客戶，可以設置保守型基金作為選項，而對於年輕且追求高收益的客戶，則可以選擇一個具有增長潛力的混合型基金。這樣的選項設置能幫助客戶在不熟悉理財產品的情況下，仍然能選擇到最適合他們需求的產品。

　　其次，提供多樣選擇並詳細介紹理財產品，是確保客戶在默認的選項之外有充分的自主選擇權的重要手段。金融機構應該確保客戶能輕易地看到其他可用的理財產品，並且清楚地了解這些選項的優勢、風險和回報潛力，例如：可以提供一份簡單且易於理解的比較表，展示不同產品的特點、風險等級和歷史收益率，讓客戶能夠根據自己的需求和偏好進行比較和選擇。這樣的多樣化選擇不僅可以幫助客戶做出更加符合自身目標的決策，還能讓他們感受到選擇的自由和金融機構的透明度。

案例四：電費帳單設計中的回饋機制

當民眾因為看到用電量的比較資訊而受到影響，這是一個回饋機制對節能行為的典型影響。回饋機制是指透過向個人提供有關其行為的即時資訊，讓他們了解自己的行為狀況並根據這些資訊做出調整，例如：當電費帳單上顯示用電量與鄰居的比較資訊時，這樣的回饋往往能激發用戶的節能動機，特別是在用戶發現自己的用電量高於平均水準時，他們會受到激勵而採取節能行為。為了更好地利用回饋機制促進節能，可以考慮以下策略。

首先，提供即時回饋，顯示當期用電量與前期和鄰居的比較，可以有效地激發節能意識。在電費帳單中，加入對用電量的比較資訊，讓用戶一眼看到他們的用電情況與鄰居相比如何。這樣的比較能讓人們更直觀地感受到自己在能源使用方面的表現，從而激發競爭心理，促使他們更加注重節約能源，例如：帳單中可以顯示用電量比鄰居平均高的用戶，並在旁邊加入一個簡單的鼓勵語句，像是「您的用電量比鄰居平均高了 20%，可以試著採取一些簡單的節能措施來降低耗電哦！」這樣的即時回饋能有效促使用戶更積極地管理用電行為。

其次，在帳單上附加節能建議和技巧，幫助家庭降低用電量和節省開支，是進一步提高節能效果的好方法。當用戶看到自己的用電量較高時，僅僅給出回饋還不足以幫助他們找到具體的解決方法。因此，電力公司可以在帳單上附加一些簡單的節能建議，例如：「將空調設定溫度調高 1-2 度，可以減少 10% 的用電量」或者「避免在高峰時段使用大功率電器，這樣可以降低電費」。這些實用的小技巧能讓用戶了解具體的行動措施，進一步激發他們採取節能行動的意願，從而真正實現節能減碳和降低家庭開支的效果。

案例五：器官捐贈

在器官捐贈的情境中，當默認的選項設為同意捐贈時，捐贈率往往顯著提高，因為人們傾向於保持現狀，而不會積極改變默認設定。然而，這樣的默認選項需要平衡民眾的知情權和選擇權，以確保人們做出自願且知情的決定。為了提高捐贈率並且保護民眾的選擇權，可以考慮以下策略。

首先，在器官捐贈計畫中設置默認同意捐贈選項是一種有效提高捐贈率的方式。研究表明，當默認選項設為「同意捐贈」時，器官捐贈率明顯高於需要主動選擇捐贈的情況。這是因為多數人不願意花時間改變默認設定，或者對於這樣的決策感到猶豫不決，因此接受「默認選項」變得相對容易。如果默認為「同意捐贈」，那麼更多人會無意識地參與到器官捐贈的行動中來，這對於提高社會整體的器官可用率、挽救生命具有非常積極的意義。不過，需要確保在政策設計中尊重個人的選擇權，任何人都應有自由選擇不同意捐贈而不受到額外的壓力或阻礙。

其次，提供詳盡的捐贈資訊，讓民眾了解捐贈的意義和流程，是增強人們信任感和確保知情選擇的關鍵。默認同意捐贈的政策雖然有效，但仍然需要讓民眾充分理解器官捐贈的意義、流程以及如何退出的選擇。這樣可以讓他們在知情的基礎上做出符合自身意願的決策，例如：政府或相關機構可以透過網站、宣傳手冊或社群媒體，詳細解釋器官捐贈的好處，如挽救他人生命，並告知他們如何進行選擇改變的程序。這樣的透明資訊傳遞，能讓民眾確認自己參與器官捐贈的權利和義務，減少由於不知情而產生的恐懼或誤解，進而提高整體的社會支持度。

擁抱行爲經濟學，開啓智慧人生

當我們走過這本書的每一頁，行為經濟學已經不再只是冷冰冰的理論，它成為了一把讓我們深入理解自身決策模式的鑰匙。這本書的真正價值在於啟發我們如何更好地掌控自己的人生，如何在不確定與選擇繁多的現代社會中找到清晰的方向。

行為經濟學教會我們，許多決策背後的動力不是理性計算，而是情感、習慣與環境的微妙影響。這些影響可能讓我們陷入從眾的漩渦，讓我們高估過去的投入而不願改變，或者讓我們為了避免眼前的損失而錯失長遠的機會。理解這些心理偏誤的存在，不是為了苛責自己的不完美，而是為了在這些偏誤中找到成長的契機。

一、擁抱不完美，走向更好

這本書啟發我們擁抱自己的不完美，承認人性中的弱點是一個成長的起點。當我們認識到決策中的種種偏誤，我們便能更加理解自己的行為模式，並在需要改變的時候找到方法。改變並不一定要巨大或劇烈，甚至不需要追求完美，而是一步一步地變得更好，讓今天的自己比昨天更接近目標。

生活中的每一個小選擇都是我們前進的墊腳石，正因為我們有機會在每一次選擇中做得更好，未來的可能性才變得更加豐富。我們不再需要為偶爾的錯誤決策感到沮喪，而是應該把它們當作學習和進步的機會。

二、改變選擇環境，為自己設計人生

行為經濟學還啟發我們思考如何改變選擇的環境，進而影響我們的行為和結果。我們可以有意識地設計自己的生活環境，使得對我們有利的選擇變得更容易，例如：想要養成運動習慣，我們可以選擇把健身裝備放在隨手可及的地方，或者與朋友共同設定運動計畫，以增加動力與約束。

我們的選擇並不完全由意志力決定，環境和習慣的力量更為強大。因此，我們需要把行為經濟學的智慧應用到生活的各個角落，透過改變選擇的架構來改善行為。設立明確的目標、善用默認選項，以及為自己製造積極的行為回饋，這些都是可以幫助我們更容易達到目標的具體方式。

三、從他人行為中學習，為集體智慧做出貢獻

這本書也提醒我們，個體的行為不僅僅是孤立的，而是置身於社會網路之中。我們會受到他人行為的影響，同時我們的選擇也會影響他人。理解這一點後，我們可以更有意識地塑造周圍的環境，用正面的行為影響家人、朋友，甚至是同事。

當我們選擇參與公共政策，或是支持某些社會倡議時，我們其實是在為集體智慧的形成做出貢獻。透過行為經濟學的視角，我們可以更加理解自己在社會中的角色，找到如何在影響自己生活的同時，去促進群眾的福祉。

四、在選擇中找回自由

　　行為經濟學的一大智慧是提醒我們，我們的選擇不一定那麼自由，但這也意味著我們可以學會找回自由。理解各種心理偏誤的存在，並不代表我們永遠無法擺脫它們，而是讓我們有機會在每一次重要選擇中多思考一步，避免成為無意識決策的囚徒。

　　自由的核心在於意識的覺醒，當我們能夠理解自己為何做出某些選擇，我們便能有意識地挑戰這些選擇，為自己開闢出更多可能性。即使無法在每次選擇中都達到理想的結果，但每一次覺醒的決策都讓我們更接近一個真正自主的人生。

五、智慧人生的核心：活出自己真正的價值

　　這本書最終希望為讀者帶來的啟發，是如何在複雜而多變的世界中活出自己的價值。行為經濟學揭示了我們在做選擇時的種種偏誤和弱點，但它更重要的意義在於幫助我們突破這些限制，找到一條能夠最大化自己幸福的道路。

　　我們每個人的人生都充滿了各種選擇，這些選擇可能帶來不同的結果。智慧不在於追求永遠的正確，而在於在錯誤中學習、在迷茫中尋找方向。我們應該學會如何在一片資訊超載和選擇過多的環境中，找到最適合自己、最符合自己價值的生活方式。

　　行為經濟學提供的這些工具和概念，最終是為了讓我們活出一個更豐富、更有意義的人生。無論是在個人決策、家庭選

擇，還是職場挑戰中，我們都可以利用這些智慧來改善生活，
從而實現自我成長。

六、結語：成就智慧人生

　　走到這裡，我們可以看到，行為經濟學的智慧並不是遠離
生活的理論，而是我們每天都在面對的現實。它幫助我們看到
那些常被忽略的決策細節，理解人性的複雜，並學會如何從不
完美中找到成長的契機。

　　智慧的人生並不需要完美無瑕，而是要能夠不斷反思，勇
於改變，並且擁抱那些因人性而生的多樣性和不確定性。希望
讀完這本書的你，能夠擁抱行為經濟學，讓它成為指引你人生
的一盞明燈，幫助你在每一次選擇中，找到屬於自己的智慧和
幸福。

附　錄

　　本書使用案例角色、情境與使用的行為經濟學分析工具，下表提供完整且清晰的行為經濟學理論工具的對應。

情境或角色	使用的行為經濟學理論對策工具
消費者購物時面對大量商品選擇感到疲憊，做出了草率的購物決策	• 決策疲勞：提前列出購物清單以減少現場決策負擔。 • 有限理性：將購物任務分批完成以減少認知負荷。
上班族因為對現有工作的熟悉感而不願意嘗試新工作機會	• 現狀偏誤：根據職業發展長期目標評估新機會。 • 損失規避：考慮新工作潛在收益，減少對改變的恐懼。
消費者因為朋友的選擇而猶豫是否開始新的健身計畫	• 從眾效應：獨立思考並根據自身需求進行決策。 • 社會認同：尋求專業教練的意見以克服社會壓力。
投資者因為持有股票的時間長而不願賣出	• 稟賦效應：根據市場價值而非持有時間評估投資。 • 損失規避：設立停損點，根據市場分析進行理性決策。
消費者因為折扣描述被吸引而購買不必要的商品	• 框架效應：從多角度理解折扣資訊，避免被描述方式影響。
學生因為同學的選擇而選擇某門課程	• 從眾效應：根據個人興趣與學習目標選擇課程。 • 規範性從眾：尋求師長建議以減少同儕壓力。
投資者因為市場波動而感到恐懼，影響了投資決策	• 損失規避：採取長期視角避免因短期波動而恐懼。 • 情緒決策管理：尋求專業顧問幫助進行理性分析。

情境或角色	使用的行為經濟學理論對策工具
學生因為害怕失敗而猶豫是否選擇難度較高的課程	• 損失規避：看到挑戰中的學習機會，增強自信心。 • 現狀偏誤：尋求支持以減少恐懼，增強挑戰意願。
上班族因為評估挑戰和升遷機會而考慮是否接受新專案	• 策略性行為：制定長期職業發展規畫以做出戰略性決策。 • 損失規避：考慮挑戰帶來的潛在成長收益。
投資者因為對古董的情感連結而不願出售	• 稟賦效應：嘗試從市場價值而非情感角度評估。 • 情感分離：定期檢視收藏品，根據市場變化調整決策。
消費者因為預測未來折扣而猶豫是否現在購買	• 策略性行為：預測促銷週期以做出最佳購買時機決策。 • 時間折扣：平衡當前需求與未來可能的優惠。
上班族因為壓力和疲憊而猶豫是否開始運動	• 情緒管理：學習情緒管理技巧減少壓力影響。 • 小步驟行動計畫：設立可實現的短期健康目標，逐步增加運動強度。

博雅文庫 289

巷子口行為經濟學

作　　　者 — 鍾文榮

編輯主編 — 侯家嵐

責任編輯 — 吳瑀芳

文字校對 — 溫小瑩

封面設計 — 姚孝慈

出 版 者 — 五南圖書出版股份有限公司

發 行 人 — 楊榮川

總 經 理 — 楊士清

總 編 輯 — 楊秀麗

地　　　址：106臺北市大安區和平東路二段339號4樓

電　　　話：(02)2705-5066　傳　　　真：(02)2706-6100

網　　　址：https://www.wunan.com.tw

電子郵件：wunan@wunan.com.tw

劃撥帳號：01068953

戶　　　名：五南圖書出版股份有限公司

法律顧問：林勝安律師

出版日期：2025年6月初版一刷

定　　　價：新臺幣420元

國家圖書館出版品預行編目（CIP）資料

巷子口行為經濟學 / 鍾文榮著. -- 初版. -- 臺北
　市；五南圖書出版股份有限公司，2025.06
　面；　公分
　ISBN 978-626-423-377-4（平裝）

1.CST: 經濟學　2.CST: 行為心理學

550.14　　　　　　　　　　　　114005177